国家自然科学基金项目（71971171）、陕西省自然科学基金项目（2018JM7001）、西北工业大学精品学术著作培育项目资助出版

基于 Agent 的多产品扩散仿真研究

乔 健 著

电子工业出版社

Publishing House of Electronics Industry

北京·BEIJING

未经许可，不得以任何方式复制或抄袭本书之部分或全部内容。
版权所有，侵权必究。

图书在版编目（CIP）数据

基于 Agent 的多产品扩散仿真研究/乔健著. —北京：电子工业出版社，2022.4
ISBN 978-7-121-43080-0

Ⅰ. ①基…　Ⅱ. ①乔…　Ⅲ. ①产品－扩散模型－系统仿真－研究　Ⅳ. ①F224.0

中国版本图书馆 CIP 数据核字（2022）第 042913 号

责任编辑：邓茗幻
印　　刷：天津千鹤文化传播有限公司
装　　订：天津千鹤文化传播有限公司
出版发行：电子工业出版社
　　　　　北京市海淀区万寿路 173 信箱　　邮编：100036
开　　本：720×1000　1/16　　印张：11.25　　字数：215 千字
版　　次：2022 年 4 月第 1 版
印　　次：2024 年 1 月第 2 次印刷
定　　价：79.00 元

凡所购买电子工业出版社图书有缺损问题，请向购买书店调换。若书店售缺，请与本社发行部联系，联系及邮购电话：(010) 88254888，88258888。
质量投诉请发邮件至 zlts@phei.com.cn，盗版侵权举报请发邮件至 dbqq@phei.com.cn。
本书咨询联系方式：(010) 88254134。

前　　言

产品扩散是创新扩散的一种。创新是指那些被采纳者视为新颖的观念、实践或事物。创新在社会系统中传播的过程被称为创新扩散。多产品扩散是指多个品牌或代际的同类产品并存的扩散，这种情形在耐用消费品市场很常见。

理解产品扩散，不仅对供方极其重要，而且对需方很有益。只有既掌握宏观规律，又明晰微观机理，才能全面理解产品扩散。构建模型是理解产品扩散的最佳途径。产品扩散模型有总体和个体之分。总体模型仅用于分析宏观规律，个体模型可同时用于分析宏观规律及其微观机理。总体模型的研究始于20世纪60年代，已持续60余年，有关模型与理论已相当丰富与成熟。个体模型的研究始于2000年前后，仅有约20年的历史，加之来自产品、消费者和社会环境的众多因素对采纳行为异常复杂的影响，有关模型与理论还相当匮乏和稚嫩，基于Agent的多产品扩散模型与理论的研究尤其如此。正是在这种背景下，笔者带领课题组开展了一系列基于Agent的多产品扩散仿真研究。望本书能够对读者理解多产品扩散有所启迪。

先后参与研究工作的有刘梦莉、王攀和王国庆三位硕士，感谢他们做出的贡献。本书受西北工业大学精品学术著作培育项目资助出版，对此深表谢意。

书中的一些观点和见解，可能存在不准确甚至不妥当之处，敬请读者批评指正。

乔健

西北工业大学

2022年1月

目　录

第1章　绪论 ··· 1
1.1　研究背景及意义 ·· 1
1.2　研究进展 ·· 3
1.2.1　多产品扩散模型 ·· 4
1.2.2　线上口碑对扩散过程的影响 ·· 6
1.2.3　社交网络对扩散过程的影响 ·· 8
1.2.4　研究进展述评 ··· 9
1.3　研究内容 ·· 10
1.3.1　消费者决策分析 ··· 10
1.3.2　多代产品扩散仿真 ·· 11
1.3.3　多品牌产品扩散仿真 ··· 12
1.3.4　多品牌多代产品扩散仿真 ··· 12
1.4　研究思路及方法 ·· 12
1.4.1　消费者决策分析 ··· 12
1.4.2　多代产品扩散仿真 ·· 13
1.4.3　多品牌产品扩散仿真 ··· 13
1.4.4　多品牌多代产品扩散仿真 ··· 14
1.5　主要创新 ·· 14
1.6　本章小结 ·· 15

第2章　相关理论与技术 ·· 16
2.1　效用理论 ·· 16
2.1.1　概述 ··· 16
2.1.2　效用函数的由来 ··· 16
2.1.3　消费者偏好 ·· 17
2.1.4　效用函数的类型 ··· 18
2.1.5　边际效用 ··· 19
2.1.6　期望效用 ··· 20

- 2.1.7 间接效用 ········ 21
- 2.1.8 预算约束 ········ 21
- 2.2 模糊集理论 ········ 22
  - 2.2.1 概述 ········ 22
  - 2.2.2 概念定义 ········ 23
  - 2.2.3 模糊逻辑 ········ 25
- 2.3 网络科学 ········ 28
  - 2.3.1 概述 ········ 28
  - 2.3.2 网络属性 ········ 29
  - 2.3.3 网络模型 ········ 32
- 2.4 ABMS 理论与技术 ········ 35
  - 2.4.1 什么是 Agent ········ 35
  - 2.4.2 基于 Agent 的模型 ········ 36
  - 2.4.3 Repast Symphony 建模仿真平台 ········ 39
  - 2.4.4 Mesa 建模仿真框架 ········ 42
- 2.5 本章小结 ········ 45

第3章 消费者决策分析 ········ 46
- 3.1 购买决策分析 ········ 46
  - 3.1.1 消费者属性 ········ 46
  - 3.1.2 产品属性 ········ 49
  - 3.1.3 社会环境 ········ 53
- 3.2 评论决策分析 ········ 55
- 3.3 本章小结 ········ 55

第4章 多代产品扩散仿真 ········ 57
- 4.1 多代产品扩散模型设计 ········ 57
  - 4.1.1 多代产品子模型 ········ 57
  - 4.1.2 消费者 Agent 子模型 ········ 58
  - 4.1.3 社交网络子模型 ········ 67
  - 4.1.4 总体框架 ········ 67
- 4.2 多代产品扩散仿真实验 ········ 68
  - 4.2.1 模型验证 ········ 68
  - 4.2.2 敏感性分析 ········ 74
  - 4.2.3 购买者动力学分析 ········ 86

目　录

　　　4.2.4　延伸讨论 ··· 88
　4.3　本章小结 ·· 88

第 5 章　多品牌产品扩散仿真 ·· 90
　5.1　多品牌产品扩散模型设计 ··· 90
　　　5.1.1　多品牌产品子模型 ··· 90
　　　5.1.2　消费者 Agent 子模型 ·· 91
　　　5.1.3　社交网络子模型 ·· 96
　　　5.1.4　总体框架 ··· 97
　5.2　多品牌产品扩散仿真实验 ··· 97
　　　5.2.1　模型验证 ··· 98
　　　5.2.2　敏感性分析 ··· 101
　　　5.2.3　购买者动力学分析 ··· 117
　　　5.2.4　延伸讨论 ·· 122
　5.3　本章小结 ·· 123

第 6 章　多品牌多代产品扩散仿真 ·· 125
　6.1　多品牌多代产品扩散模型设计 ··· 125
　　　6.1.1　多品牌多代产品子模型 ··· 125
　　　6.1.2　消费者 Agent 子模型 ·· 126
　　　6.1.3　社交网络子模型 ·· 131
　　　6.1.4　总体框架 ·· 132
　6.2　多品牌多代产品扩散仿真实验 ··· 136
　　　6.2.1　模型验证 ·· 136
　　　6.2.2　敏感性分析 ··· 141
　　　6.2.3　购买者动力学分析 ··· 146
　　　6.2.4　延伸讨论 ·· 150
　6.3　本章小结 ·· 151

第 7 章　总结与展望 ·· 153
　7.1　总结 ··· 153
　7.2　展望 ··· 155

参考文献 ·· 157

第1章 绪 论

1.1 研究背景及意义

产品扩散是创新扩散（Rogers，1983）的一种。所谓创新是指人们感知到的新颖的产品、服务、实践或想法等，所谓扩散则是一种社会过程，在这个过程中，创新通过沟通渠道随着时间推移在社会系统中传递或共享。沟通是人们交换和创造信息，进而理解创新的一种手段。沟通渠道包括面对面沟通和电子沟通等形式。

随着时间推移和技术进步，绝大多数产品或服务都会经历更新换代过程。例如，个人计算机的中央处理器从 8086 发展到 80286、80386、80486、80586 等，内存从 8KB 发展到 16KB、32KB、64KB、128KB 等。在更新换代的过程中，新旧多代同类产品同台竞争扩散的现象很普遍。在同一代产品中，多个品牌参与竞争扩散的现象也很普遍，如智能手机市场的 Apple、Samsung、Huawei 等，数码相机市场的 Canon、Nikon、Sony 等。本书把只区分代际而忽略品牌差别的产品扩散称为多代产品扩散，把只区分品牌而忽略代际差别的产品扩散称为多品牌产品扩散，把同时区分品牌和代际的产品扩散称为多品牌多代产品扩散，把上述三者统称为多产品扩散。

智能手机、数码相机、平板电脑等众多产品因附加值很高、市场潜力巨大等特点吸引了大批企业投身其中，导致这些产品品牌众多、竞争异常激烈。例如，从 1996 年开始，曾经的全球龙头企业 Nokia 的智能手机在连续 14 年保持市场占有率排名第一后，2011 年被 Apple 的智能手机和 Samsung 的智能手机超越，并于 2013 年被微软公司收购，从此 Nokia 智能手机成为历史。从 2011 年开始，异军突起的 Samsung 智能手机连续多年成为市场占有率新霸主。不过，2007 年问世的 Apple 智能手机却凭借出色的性能和用户体验，始终位居高端产品市场占有率的第一名，其利润更是在智能手机行业中占有 90% 以上的惊人份额。再如，Samsung 公司为赢得先发优势，于 2016 年 8 月赶在 Apple 公司发布 iPhone 7 前发布了 Galaxy Note 7，但因电池质量不过关，该产品一经推出便连续发生爆炸事件，迫使 Samsung 公司立刻召回并停止了生产该款手机，由此造成公司业绩甚至整个韩国经济瞬间下滑。Galaxy Note 7 事件发生后不久，互联网上又传出了 iPhone 7 发生爆炸的消息，Apple 公司获悉后立刻回应并做出质量承诺，但并未召回产品，在此后也未再出现类似报道，一切很快恢复了平静。

  Nokia 智能手机为何会逐渐失去市场占有率霸主地位并成为历史？Samsung 智能手机为何能后来居上，但在成为市场占有率新霸主的同时却始终无法在利润上与 Apple 智能手机抗衡？同样是产品爆炸问题，为何 Samsung 智能手机必须立刻召回并停产而 Apple 却无须如此就能平息事件？其中，产品因素肯定是 Nokia 智能手机、Apple 智能手机和 Samsung 智能手机市场表现各异的主要原因。但是，自发传播于消费者中的关于某个品牌、某种产品或某项服务的口头交流——口碑（Word of Mouth）的作用也不能忽视。在媒体上做广告或邀请专家做评论虽然是企业经常采用的产品促销手段，但研究表明，口碑不仅是最具说服力的"广告"和"评论"（Day，1971），而且能显著影响消费者的购买决策（Arndt，1967b）。消费者满意所购产品时会传播该产品的正面口碑，从而起到促进产品扩散的作用；消费者不满意所购产品时会传播该产品的负面口碑，从而起到抑制产品扩散的作用。研究发现，当非常满意和非常不满意时，消费者传播口碑的意愿最强烈（Anderson，1998）。而且，某个产品的口碑数量越大，越能吸引更多的购买者评论该产品，从而产生"富者更富效应"（Hu 和 Li，2011）。

  回看智能手机扩散问题，消费者对不同智能手机有明显不同的使用感受，必然会导致 Nokia 智能手机因负面口碑较多而扩散放缓，Apple 智能手机和 Samsung 智能手机因正面口碑较多而扩散加快。"富者更富效应"使 Nokia 智能手机的市场形象持续恶化，加之负面口碑比正面口碑的影响力更大（Lutz，1975），导致 Nokia 智能手机的市场占有率越来越小，Apple 智能手机和 Samsung 智能手机的市场占有率越来越大。Apple 智能手机出色的性能为它赢得了最好的口碑，好口碑又为 Apple 智能手机争取了更多的高端客户和更大的利润空间，这种良性循环的长期保持，是 Apple 智能手机盈利能力始终领先的根本原因。时间证明，iPhone 7 并不存在质量隐患，因此，质量方面的负面口碑即使出现，也不会长久存在。Galaxy Note 7 则不同，它的电池确实存在质量问题，如果不及时召回并停产，类似事件还会发生，届时后果将更严重。

  智能手机扩散的市场变化说明，口碑可能不是产品成败或企业兴衰的导火索，却可能是导致这种成败或兴衰提前到来的催化剂和加速器。对产品扩散或企业决策进行实证分析固然重要，它可以帮助企业找到症结所在，有利于企业未来发展，但这种事后分析即使正确，也常常于事无补，因为产品或企业可能已经失去未来的发展机会。目前来看，构建微观模型模拟产品扩散过程，是及时发现各种口碑何时出现、为何出现、如何发展、如何影响扩散过程、影响程度如何，以及何为最佳应对方案的理想方法。但遗憾的是，目前还未出现考虑口碑因素的微观多产品扩散模型。

如今，互联网已彻底改变了人们创造和获取信息的方式，消费者可以从中收集其他消费者提供的产品信息与产品评价，针对特定主题分享经验、意见与相关知识，从而在互联网上形成产品的口碑——线上口碑（Online Word of Mouth）。研究发现，线上口碑比现实生活中的线下口碑的传播速度更快、范围更广、影响力更大（Dellarocas，2003）；线上口碑数量增加 10%，就会导致酒店预订量增加 4.4%、电影营业额增加 6.3%（Duan 等，2008a）。一项调查发现，44%的受访者在购物前搜寻过线上口碑，59%的受访者认为线上口碑比专家评论更有价值（Hankin，2007）。如今，随着互联网的普及，线上口碑已取代线下口碑，成为产品口碑的主要形式。线上口碑又称电子口碑（Electronic Word of Mouth）、线上评论（Online Review）等。为简便起见，除非特别说明，下文中出现的口碑均特指线上口碑。

除了线上口碑，社会环境也是影响产品扩散的重要因素。如今，随着信息技术和互联网的迅速发展，中国的微博、微信、QQ，以及美国的推特、脸书、YouTube 等在线社交网络（Online Social Network）已取代现实社交网络（Real Social Network），成为口碑传播和产品扩散的主要媒介。在线社交网络又称虚拟社交网络（Virtual Social Network）。为简便起见，除非特别说明，下文中出现的社交网络均特指在线社交网络。

基于上述背景，本书采用效用理论、模糊集理论、网络科学和基于 Agent 的建模与仿真（Agent-Based Modeling and Simulation，ABMS）理论与技术，分别构建了多代产品扩散模型、多品牌产品扩散模型和多品牌多代产品扩散模型，分别在 Repast Simphony 和 Mesa 仿真平台上用 Java 语言和 Python 语言编程实现了这些模型的仿真程序，并用这些程序通过仿真实验研究了社交网络及正面口碑和负面口碑影响下多代产品、多品牌产品和多品牌多代产品的扩散规律。本书为创新扩散理论注入了新血液，为创新扩散实践提供了新方法。

1.2 研究进展

本节首先介绍多产品扩散模型（包括多代产品扩散模型、多品牌产品扩散模型和多品牌多代产品扩散模型）的研究进展，其次回顾线上口碑和社交网络如何影响产品扩散的研究进展，最后评述多产品扩散问题的研究进展。

1.2.1 多产品扩散模型

1. 多代产品扩散模型

大多数多代产品扩散模型是基于平均场理论构建的宏观模型，最早研究这类扩散模型的研究者是 Fisher 和 Pry（1971）。不过，Norton 和 Bass（1987）提出的 Norton-Bass（NB）模型被认为更具先驱意义。NB 模型假设每代产品的市场潜力和渗透过程独立，消费者可以购买新代产品替换旧代产品，即首次购买和替换购买并存，允许首次替代（First-time Substitution，即放弃原购买计划而首次购买更新一代产品）和代际转移（Generation Switching，即购买相邻后代产品替换相邻前代产品），不允许代际跳蛙（Generation Leapfrogging，即购买相隔后代产品替换相隔前代产品）。在 NB 模型之后又陆续出现了一些多代产品扩散模型。Mahajan 和 Muller（1996）基于购买者数量和在用品数量的关系与区别，提出可捕获每代产品在用品数量、跳蛙占比和转移占比上固定的模型，并用该模型研究了各代产品入市的最佳时机问题；Danaher 等（2001）设计了跳蛙占比和转移占比可变的模型，并通过选择适当的购买时间分布函数考虑价格的影响；针对 NB 模型在统计后代产品购买者数量时无法区分首次替代购买者和代际转移购买者的问题，Jiang 和 Jain（2012）开发了具备这种区分能力的 GNB 模型；Speece 和 Maclachlan（1995）的模型则在 NB 模型的基础上考虑了产品定价和市场增长的影响；Islam 和 Meade（1997）提出创新系数和模仿系数可变的多代产品扩散模型，研究了模仿系数逐代递增的竞争扩散效果；胡知能等（2012）开发的三代产品扩散模型考虑了免费赠送、定价策略和重复购买因素；Shi 等（2014）提出了考虑未来产品前瞻行为的多代产品扩散模型。

另一类常见的多代产品扩散模型是用 ABMS 理论与技术构建的微观模型，大多数这种扩散模型基于效用理论设计消费者选择行为。在 Lattin 和 Roberts（2000）及 Kim 和 Srinivasan（2003）提出的模型中，如果后代产品比前代产品的期望效用大，消费者 Agent 将选择后代产品；Jun 和 Park（1999）及 Jun 等（2002）设计了两个将扩散效果与选择效果相结合的微观模型，模型Ⅰ区分了首次购买需求和升级需求，模型Ⅱ未做此区分；Kreng 和 Wang（2009）开发了具有技术替换和市场潜力增长特性的微观模型；Kim 和 Srinivasan（2009）提出的微观模型由一个基于产品价格和属性的联合效用模型及一个风险函数结合而成；Zsifkovits 和 Gunther（2015）提出考虑多种创新阻力的微观模型，分析了氢燃料电池汽车及基础设施建设的扩散过程。

除了上述基于平均场理论的宏观模型和基于 Agent 的微观模型，近年还出现了采用其他方法构建的多代产品扩散模型。例如，Tsai（2013b）提出考虑价格因素的扩展 Gompertz 模型，预测各代 LCD 电视机的市场增长情况；Kreng 和 Wang（2013）用系统动力学方法构建具有动态市场潜力的多代产品扩散模型，研究耐克高尔夫公司的两代高尔夫球杆的竞争与扩散过程。

2. 多品牌产品扩散模型

广告策略对扩散的影响是多品牌产品扩散模型的研究热点之一。大多数这类扩散模型是基于微分博弈论构建的宏观模型，并且分为静态市场假设（Viscolani，2012）和动态市场假设。Vidale-Wolfe 模型（Vidale 和 Wolfe，1957）和 Lanchester 模型（Kimball，1957）是最著名的基于动态市场的多品牌产品扩散模型，同时也是很多多品牌产品扩散模型的基础。例如，Bass 等（2005）在 Lanchester 模型的基础上提出了可推出闭环纳什均衡广告策略的两品牌产品扩散模型；Erickson（2009）的模型不仅可推出闭环纳什均衡广告策略，而且可支持更多品牌产品的竞争扩散；艾兴政和唐小我（2000）将 Bass 模型扩展为广告作用下的两品牌产品扩散模型；谭建和王先甲（2014）建立了广告作用下具有替代关系的两品牌产品扩散模型。

入市时间及模仿行为对多品牌产品扩散的影响也受到了研究者的较多关注。大多数这类扩散模型是基于平均场理论构建的宏观模型。丁士海和韩之俊（2011）通过开发基于类别级模仿行为（各品牌产品共享市场）和各品牌产品同时入市的多品牌产品模型，研究了产品需求与竞争者数量之间的变化关系，以及具有重复购买行为的两品牌产品扩散问题；Guseo 和 Mortarino（2012）通过设计基于类别级模仿行为和各品牌产品先后入市的多品牌产品模型，研究了新品牌产品的进入对市场潜力和老品牌产品的影响，以及在新品牌产品进入时允许改变老品牌产品的参数对老品牌产品的市场结构的影响。更多模型则基于更符合市场现实的品牌级模仿行为（各品牌产品市场独立）和各品牌产品先后入市的假设（Guseo 和 Mortarino，2014）。有些模型又有扩展，例如，Parker 和 Gatignon（1994）的模型将新老品牌的产品之间规定为竞争关系或替代关系，进入者属于前者就共享市场，否则就市场独立；Savin 和 Terwiesch（2005）的模型具有将类别级知识分解为品牌级知识的能力；Guidolin 和 Guseo（2015）的模型则考虑了客户流失问题。

近年来，采用 ABMS 理论与技术设计的微观多品牌产品扩散模型逐渐增多。Schramm 等（2010）提出包括消费者 Agent 和品牌 Agent 微观模型，消费者 Agent 的选择行为决策受自身属性、品牌属性和邻居 Agent 行为的影响；在 Kim 等（2011）提出的微观模型中，消费者 Agent 根据大众媒体上的产品信息、产品属性权重和邻居 Agent 的行为进行多属性模糊选择行为决策；Kim 和 Hur（2013）用设计的微观模型研究了意见的垄断性、局部性和多样性对多品牌产品扩散的影响。李英和胡剑（2014）构建微观模型，研究了传统汽车主导下两种新能源汽车的竞争与扩散过程；Stummer 等（2015）提出的微观模型考虑了重复购买机制和产品在时空两个维度的竞争与扩散；Jiang 等（2016）设计微观模型，模拟了多品牌产品的在线竞争过程与扩散过程。

3. 多品牌多代产品扩散模型

多品牌产品扩散模型和多代产品扩散模型描述了多产品扩散的两种特例，即区分品牌不区分代际和区分代际不区分品牌。事实上，同时区分品牌和代际的多品牌多代扩散更符合多产品扩散的实际情况。基于上述事实，Kim 等（2000）提出兼顾同类产品竞争和异类产品互补，并且市场潜力增长的多品牌多代产品扩散模型；张磊等（2008）在 Kim 等（2000）的模型的基础上，提出考虑互补品已购买人数和同类不同代产品的相对价格对潜在购买者数量的影响的多品牌多代产品扩散模型；Li 等（2013）开发了允许市场需求在品牌或代际之间转移、考虑竞争影响和市场潜力增长的多品牌多代产品扩散模型；Shi 和 Chumnumpan（2019）针对单一产品类别开发了目前唯一的宏观多品牌多代产品扩散模型，并用日本的移动通信服务实例验证了该模型的有效性、品牌竞争与代际替代的并存现象，以及在模型中同时考虑这两种影响因素的重要性。对于多品牌多代产品扩散模型的研究还非常有限，上述是目前仅有的几例。

1.2.2 线上口碑对扩散过程的影响

对于线上口碑对扩散过程的影响的研究可分为实证方法和模型方法两类，下面分别回顾基于这两类方法的研究进展。

1. 实证方法研究进展

在 Nyilasy（2006）提出的一个线上口碑的概念框架中，线上口碑的参与者被划分为传播者和接收者两类。Nyilasy 认为，人们传播和接收线上口碑均有其原因和结果，人们传播线上口碑的原因包括提升自身声望、创新精神、意见领袖、传播技能、能力自信、与众不同、神经过敏和利他主义等。但是，

Hennig-Thurau 和 Walsh（2003）发现，创造线上口碑的最大群体并非利他主义者，而是利己主义者。人们传播线上口碑给传播者带来的结果包括增加了学习机会、强化了对重点品牌的使用、给受众留下了好印象、提高了社会资本和声望等。人们接收线上口碑的原因包括减少搜索产品评论的成本、减少购买风险、寻找社会保障和归属感、更关注负面口碑等。人们接收线上口碑的结果是影响接收者的购买花费、支付意愿、信任度、忠诚度和参与意愿等。

口碑均有正面和负面之分。研究发现，对产品越不满意的购买者劝告朋友不要购买的行为越频繁（Day 和 Landon，1976）；满意度与口碑之间是 U 形函数的关系，很不满意和很满意的消费者最有可能传播口碑（Anderson，1998）；客户传播口碑的频次随着忠诚度的提高而增加，忠诚客户仅在不满意的时候才传播负面口碑（Bowman 和 Narayandas，2001）；消费者赋予负面口碑的权重比正面口碑大（Lutz，1975）；听到正面口碑者购买新产品的可能性远远大于听到负面口碑者（Arndt，1967b）；将负面口碑的产生归因于品牌会降低消费者对品牌的评价，将负面口碑的产生归因于传播者会提升消费者对品牌的评价（Laczniak 等，2001）；即使最初对产品不满意的消费者很少，负面口碑仍然对企业的净现值影响很大。弱连接的社会关系有助于传播负面口碑并且能够成为影响产品扩散的负面力量（Goldenberg 等，2007）；负面口碑既会降低市场熟知产品的销量，也会通过增强消费者意识提高市场未知产品的销量（Berger 等，2010）。

关于线上口碑实证研究的全面回顾，可参考相关文献（King 等，2014）。

2．模型方法研究进展

Midgley（1976）是最早在产品扩散模型中引入口碑因素的研究者，他用微分方程描述了正面口碑和负面口碑的复杂交互行为。此后，Mahajan 等（1984）通过构建宏观产品扩散模型，证明了应对某些负面口碑的最佳策略是限制广告；Kalish 和 Lilien（1986）通过使用设计的宏观产品扩散模型研究发现，不成熟的产品过早入市会导致负面口碑和市场规模过小。在微观产品扩散模型方面，Moldovan 和 Goldenberg（2004）通过构建元胞自动机（Cellular Automaton，CA）模型解释了负面口碑是如何导致市场规模萎缩的。他们发现，一旦出现负面口碑，广告和正面口碑对市场增长的正面影响将很有限；Deffuant 等（2005）构建了基于 Agent 的微观产品扩散模型，研究发现，社会价值高但个人收益低的产品比社会价值低但个人收益高的产品成功的机会大。上述宏观产品扩散模型和微观产品扩散模型均针对单一产品扩散情形，目前还没有出现引入线上口碑因素的多产品扩散模型。

1.2.3 社交网络对扩散过程的影响

宏观产品扩散模型描述的情况相当于全连通同质社交网络中的产品扩散过程，忽略了消费者的异质性和网络结构对扩散过程的影响。在 Erdös-Rényi 随机网络模型（简称 ER 模型；Erdös 和 Rényi，1960）发表后，Watts-Strogatz 小世界网络模型（简称 WS 模型；Watts 和 Strogatz，1998）和 Barabási-Albert 无标度网络模型（简称 BA 模型；Barabási 和 Albert，1999）的提出极大地促进了网络科学的发展。微观产品扩散模型与复杂网络的结合，则为研究消费者的异质性和网络结构对扩散过程的影响提供了最佳解决方案。

关于社交网络对扩散过程影响的研究，可分为网络结构的影响和意见领袖的影响两类，下面分别回顾这两类研究的进展。

1. 网络结构的影响

ER 模型网络、WS 模型网络、BA 模型网络、规则网络和全连通网络是五种常见的网络结构。Alkemade 和 Castaldi（2005）发现在稀疏网络中，即使引发购买的邻居购买者比例下限较高，也会发生产品扩散从局部网络到充满大部分网络或全部网络的瀑布效应，增加网络密度会使瀑布效应的发生概率和临界阈值下降。WS 模型网络和规则网络的临界阈值相近，当 ER 模型网络密度过低时瀑布效应消失。Delre、Jager 和 Janssen（2007）的研究显示，产品在规则网络中比在 ER 模型网络中扩散得快，个人圈子规模越大，产品扩散得越慢。Kocsis 和 Kun（2008）发现，增强网络的随机性对产品扩散的影响方向取决于产品的优势程度。Martins 等（2009）构建了包含拒绝机制的产品扩散模型，研究发现，增强网络的随机性可促进产品扩散，此结果与 Kocsis 和 Kun（2008）的结果矛盾，可能是引入拒绝机制造成的。他们还发现，随机选择比指定一个社团为初始购买者时扩散得快。Choi 等（2010）将购买意愿定义为消费者感知到的产品内在价值和邻居中购买者比例的函数，所得结果与 Kocsis 和 Kun（2008）的结果一致。Pegoretti 等（2012）的研究表明，高社会凝聚力将降低垄断产品的扩散概率，当信息不完备时在 WS 模型网络中扩散得更快。Rahmandad 和 Sterman（2008）对比了产品在全连通网络、ER 模型网络、WS 模型网络、BA 模型网络和规则网络中的扩散过程，发现网络的聚类性越高，产品扩散得越慢，在 WS 模型网络和规则网络中，产品扩散的峰值范围更小、峰值时间更长。Bohlmann 等（2010）对比了产品在规则网络、ER 模型网络、WS 模型网络和 BA 模型网络中的扩散过程，发现瀑布效应的发生概率同时受购买阈值和网络结构的影响，高聚类网络上较高的阈值更容易产生瀑布效应，阈值越大，对网络结构的影响越显著。黄玮强等（2013）发现，扩散深度和速度在不同网络中由高到低有如下关系：BA 模型网络>ER 模型网络>WS 模型网络>规则网络。

2. 意见领袖的影响

Abrahamson 和 Rosenkopf（1997）构造了由稠密核心和稀疏外围组成的网络，模拟从核心到外围及从外围到核心的产品扩散进程。段文奇等（2006）发现，把意见领袖作为赠样目标比随机选择目标的市场份额大。Goldenberg 等（2009）发现，创新者领袖对购买速度的影响大，而跟随者领袖对市场规模的影响大。Delre 等（2010）基于有向赋权 BA 模型网络的研究发现，在购买者数量达到临界规模后，意见领袖对扩散有正向影响，当创新质量太低时意见领袖会抑制扩散，普通消费者与意见领袖连接的权重越大，产品扩散的渗透率越高，连边方向对最终渗透率没有显著影响。van Eck 等（2011）的研究表明，意见领袖的重要性不仅在于他们所处的网络位置，而且在于他们有更准确的产品信息和更强的求新意识。还有研究发现（Peres，2014），网络的平均度和意见领袖的相对度对产品扩散有正向影响，聚类系数对产品扩散有负向影响。最近，仅有 Ramezanian 等（2015）初步分析了多层 ER 模型网络的层数和边数对产品扩散的影响规律。

1.2.4 研究进展述评

从前述多产品扩散模型和两种产品扩散影响因素的研究进展可知，研究者在多产品扩散问题上已取得相当丰硕的研究成果。但是，经笔者深入分析发现，至少在以下 4 个方面还有很大的挖掘空间。

1. 基于 Agent 的多产品扩散仿真研究不足

目前，研究者已提出了不少基于平均场理论的宏观多产品扩散模型，尤其是多代产品扩散模型和多品牌产品扩散模型，也出现了最符合实情的多品牌多代产品扩散模型。但是，对基于 Agent 的微观多产品扩散模型的研究还很不充分。在这方面，仅出现了少量未经真实数据充分验证的多代产品扩散模型和多品牌产品扩散模型，对多品牌多代产品扩散模型的研究还是空白。在大多数消费品市场上，品牌竞争与代际替换并存是一种常态，这种情形下的产品扩散比只考虑其中之一的产品扩散要复杂得多。驱动多品牌多代产品扩散的因素有哪些？它们如何驱动多品牌多代产品的扩散过程？多品牌多代产品的扩散规律是什么？这些问题是由消费者行为决定的，而消费者行为固有的异质性意味着必须构建微观多品牌多代产品扩散模型才能回答这些问题。

2. 线上口碑对多产品扩散的影响尚不清楚

目前，关于口碑对产品扩散的影响仍以实证研究为主，主要集中在口碑传播及接收行为的因果关系方面（King 等，2014）。考虑口碑的产品扩散模型还非常少，仅有少数研究者通过构建宏观模型（Kalish 和 Lilien，1986；Mahajan 等，1984；Midgley，1976）和微观模型（Deffuant 等，2005；Moldovan 和 Goldenberg，2004）探索了负面口碑对单一产品扩散的影响。正面口碑和负面口碑并存对多产品扩散的影响尚不清楚，有待构建相应的多代产品扩散模型、多品牌产品扩散模型和多品牌多代产品扩散模型，以对此问题展开深入研究。

3. 退市时间对多产品扩散的影响有待探索

研究表明，一个产品的上市时间对于确立该产品的先发优势非常重要，因此，一直以来受到企业界和学术界的重视。目前，针对上市时间对产品扩散的影响已有较多研究，但是，由于研发周期和竞争产品的制约，上市时间的调整余地并不大，因此，产品的上市周期通常是固定的，极少调整。事实上，一个产品的退市时间对其自身及竞争产品的扩散都会产生影响。目前，考虑退市时间的多产品扩散模型尚未见报道。

4. 基于模糊集理论的多产品扩散模型须丰富

人们在日常生活和工作中，每天都需要做大量有意识或无意识的决策，而且很多时候基于对决策因素的模糊判断，但这并不影响决策结果的正确性。例如，当气温变化时，人们依靠对气温的模糊判断就可以做出穿何衣物的正确决策；当步行上课时，师生们依靠对距离的模糊判断就可以做出何时出发的正确决策。与上述例子类似，当消费者购买或者评论产品时依靠对各种因素的模糊判断就可以做出购买什么或者如何评论的正确决策。可见，选购产品和评论产品均属于模糊决策问题，非常适合用模糊集理论建模决策过程。目前，基于模糊集理论的多产品扩散模型几乎没有，因此，笔者认为，需要投入更多资源加以深入研究。

1.3 研究内容

1.3.1 消费者决策分析

一次完整的购物活动一般要经历"产生需求→选择产品→做出购买或放弃

决定→执行决定"这 4 个阶段。消费者对新产品的需求可能是"必须拥有"的刚性需求，也可能是"可有可无"的弹性需求。刚性需求一般是提前形成的，弹性需求往往是外界影响导致的临时动议，如朋友推荐、新品发布等。需求的产生还与消费者个性有关，风险偏好型、追求新潮的消费者容易成为新产品的早期购买者，风险规避型、追求实用的消费者则要等购买者多到能证明产品没有问题时才愿意购买。

选择消费品时，消费者可能面对一个或多个品牌及每个品牌中一代或多代的候选产品。个性独立的消费者可能根据价格、性能、外观、品牌、代际和售后服务等产品属性就会做出选择，多数消费者除了详细了解产品属性信息，还会从社交网络中或产品评论网站上获得其他消费者对每个产品的正面口碑和负面口碑，以帮助自己进行产品选择。例如，主动向特定朋友咨询、向朋友圈征询及从产品评论网站上获取他人分享的评论，或者被动收到来自特定朋友或朋友圈的产品评论。另外，产品广告和专家评论等企业行为，也会影响消费者的选择。总之，由于个体行为的异质性，面对同样的候选对象，不同消费者的选择结果可能不同。当消费者选到满意的消费品时，将做出购买决策并执行，未选到满意产品时则将放弃决策并终止购物活动，并在产生新需求后再开始新一轮购物活动。当购买者使用一段时间后很满意或者很不满意所购产品的某个或某些方面时，有可能将这种感受以正面口碑和负面口碑的形式发送给特定朋友、发布到朋友圈与所有朋友分享，或者发布到产品评论网站与所有人分享。

通过文献分析掌握上述与产品购买和口碑传播相关的消费者决策影响因素，为设计多代产品扩散模型、多品牌产品扩散模型和多品牌多代产品扩散模型中的消费者 Agent 模型提供理论依据。

1.3.2 多代产品扩散仿真

多代产品扩散模型用于模拟多个代际的产品在一个由消费者构成的虚拟社交网络中的扩散过程。根据对消费者行为的分析，分别设计包含多代产品主要属性的多代产品模型及具有效用评估、购买决策和评论决策能力的消费者 Agent 模型，并基于多代产品模型、消费者 Agent 模型和现有的社交网络模型构建多代产品扩散模型，描述各种因素影响下多代产品在消费者 Agent 网络中的扩散过程。

通过收集多代产品的真实销量数据检验和修正设计的多代产品扩散模型，再用经过检验和修正的多代产品扩散模型进行消费者动力学分析、产品属性和社交网络的结构对多代产品扩散的影响规律的敏感性分析，以及在线上口碑影响下多代产品的扩散规律分析。

1.3.3　多品牌产品扩散仿真

多品牌产品扩散模型用于模拟多个品牌的产品在一个由消费者构成的虚拟社交网络中扩散的过程。根据对消费者行为的分析，分别设计包含多品牌产品主要属性的多品牌产品模型及具有购买决策能力和评论决策能力的消费者 Agent 模型，并基于多品牌产品模型、消费者 Agent 模型和现有的社交网络模型构建多品牌产品扩散模型，描述在各种因素影响下多品牌产品在消费者 Agent 网络中的扩散过程。

通过收集多品牌产品的真实销量数据检验和修正设计的多品牌产品扩散模型，再用经过检验和修正的多品牌产品扩散模型进行产品属性和社交网络的结构对多品牌产品扩散的影响规律分析，以及在线上口碑影响下多品牌产品的扩散规律分析。

1.3.4　多品牌多代产品扩散仿真

多品牌多代产品扩散模型用于模拟多个品牌的产品及每个品牌中多个代际的产品在一个由消费者构成的虚拟社交网络中的扩散过程。根据对消费者行为的分析，分别设计包含多品牌多代产品主要属性的多品牌多代产品模型，以及具有购买决策能力和评论决策能力的消费者 Agent 模型，并基于多品牌多代产品模型、消费者 Agent 模型和现有的社交网络模型构建多品牌多代产品扩散模型，描述在各种因素影响下多品牌多代产品在消费者 Agent 网络中的扩散过程。

通过收集多品牌多代产品的真实销量数据检验和修正设计的多品牌多代产品扩散模型，再用经过检验和修正的多品牌多代产品扩散模型进行消费者动力学分析、产品属性和社交网络的结构对多品牌多代产品扩散的影响规律的敏感性分析，以及在线上口碑影响下多品牌多代产品的扩散规律分析。

1.4　研究思路及方法

1.4.1　消费者决策分析

可以通过文献分析掌握消费者对产品进行效用评估、购买决策和评论决策的规律与影响因素。分别针对多代、多品牌和多品牌多代 3 种多产品扩散情形，广泛收集并深入研读和分析国内外高质量研究文献，梳理总结相关消费者决策规律，从收入水平和风险偏好等消费者属性，从价格、性能、质量和品牌声誉等产品属性，以及从消费者所处的社会环境中寻找并发掘影响消费者的效用评估、购买决策和评论决策的关键因素。

1.4.2 多代产品扩散仿真

运用效用理论、模糊集理论、网络科学和 ABMS 理论与技术构建多代产品扩散模型。首先，根据对消费者行为的分析，设计具有针对多代产品的效用评估、购买决策和评论决策等行为，具有收入水平和产品更新周期等属性，以及具有潜在购买者和购买者等状态的消费者 Agent 模型。其次，分别将不同的复杂网络模型与消费者 Agent 模型集成为消费者 Agent 网络模型。再次，设计多代产品的入市和退市规则、线上口碑发表机制，以及消费者 Agent 之间的信息传播与行为交互规则。最后，将这些模型、机制和规则集成为多代产品扩散模型。

运用多代产品扩散模型进行仿真研究。首先，在 Repast Simphony 仿真平台上用 Java 语言编写多代产品扩散模型的仿真程序，通过设计模型测试参数考察仿真过程中各种流程、机制和消费者行为是否合理，验证扩散模型的逻辑正确性。其次，从公开的互联网资源和第三方数据库中收集多代产品的销量数据，用仿真程序模拟其扩散过程。再次，用 Python 编写数据处理程序，比较仿真结果与销量数据的匹配程度，以验证扩散模型的实证正确性，并在此基础上进行消费者动力学分析。最后，制订仿真实验方案，通过敏感性分析掌握产品属性和社交网络的结构对多代产品扩散的影响规律，以及在线上口碑影响下多代产品的扩散规律。

1.4.3 多品牌产品扩散仿真

运用效用理论、模糊集理论、网络科学和 ABMS 理论与技术构建多品牌产品扩散模型。首先，根据对消费者行为的分析，设计具有针对多品牌产品的购买决策和评论决策等行为、具有收入水平和产品更新周期等属性，以及具有潜在购买者和购买者等状态的消费者 Agent 模型。其次，分别将不同的复杂网络模型与消费者 Agent 模型集成为消费者 Agent 网络模型。再次，设计多品牌产品的入市和退市规则、线上口碑发表机制，以及消费者 Agent 之间的信息传播与行为交互规则。最后，将这些模型、机制和规则集成为多品牌产品扩散模型。

运用多品牌产品扩散模型进行仿真研究。首先，在 Repast Simphony 仿真平台上用 Java 语言编写多品牌产品扩散模型的仿真程序，通过设计模型测试参数考察仿真过程中各种流程、机制和消费者行为是否合理，验证扩散模型的逻辑正确性。其次，从公开的互联网资源和第三方数据库中收集多品牌产品的销量数据，用仿真程序模拟其扩散过程。再次，用 Python 编写数据处理程序，比较仿真结果与真实数据，以检验扩散模型的实证正确性。最后，制订仿真实验方案，通过敏感性分析掌握产品属性和社交网络的结构对多品牌产品扩散的影响规律，以及在线上口碑影响下多品牌产品的扩散规律。

1.4.4 多品牌多代产品扩散仿真

运用效用理论、网络科学和 ABMS 理论与技术构建多品牌多代产品扩散模型。首先，根据对消费者行为的分析，设计具有针对多品牌多代产品的购买决策和评论决策等行为、具有收入水平和产品更新周期等属性，以及具有潜在购买者和购买者等状态的消费者 Agent 模型。其次，将 BA 模型与消费者 Agent 模型集成为消费者 Agent 网络模型。再次，设计多品牌多代产品的入市和退市规则、线上口碑发表机制，以及消费者 Agent 之间的信息传播与行为交互规则。最后，将这些模型、机制和规则集成为多品牌多代产品扩散模型。

运用多品牌多代产品扩散模型进行仿真研究。首先，在 Mesa 仿真框架下用 Python 语言编写多品牌多代产品扩散模型的仿真程序，通过设计模型测试参数考察仿真过程中各种流程、机制和消费者行为是否合理，验证扩散模型的逻辑正确性。其次，从公开的互联网资源和第三方数据库中收集多品牌多代产品的销量数据，用仿真程序模拟其扩散过程。再次，用 Python 编写数据处理程序，比较仿真结果与真实数据，以检验扩散模型的实证正确性。最后，制订仿真实验方案，通过敏感性分析掌握产品属性和社交网络的结构对多品牌多代产品扩散的影响规律，以及在线上口碑影响下多品牌多代产品的扩散规律。

1.5 主要创新

笔者针对 3 种多产品扩散情形下的问题进行了系统的建模与仿真研究，即仅存代际替换的多代产品扩散问题、仅存品牌竞争的多品牌产品扩散问题，以及品牌竞争和代际替换并存的多品牌多代产品扩散问题。其创新体现在以下 4 个方面。

（1）在多代模型和多品牌多代模型中引入退市时间。入市时间对产品先发优势的确立和扩散过程的影响很大，此前已有较多研究。退市时间同样会影响产品的竞争和扩散过程，但至今笔者仍未看到引入退市时间的产品扩散模型，无论是宏观还是微观、单产品还是多产品扩散模型。

（2）在多品牌产品扩散模型中考虑购买经验对购买决策的影响。重复购买是一种常见的消费行为，这种行为在很大程度上受到消费者以往购买经验的影响。但是，在现有的微观多产品扩散模型中，均没有考虑购买经验对重复购买行为的影响。本书在构建多品牌产品扩散模型时充分考虑了购买经验对购买决策的影响。

（3）在所有模型中同时考虑正面口碑和负面口碑对购买决策的影响。对负面口碑影响下单产品扩散的研究已有几例，然而，在多产品扩散情形下，正面口碑和负面口碑并存对扩散过程的影响还未曾探讨过。虽然负面口碑较正面口碑的影响更大，但在信息爆炸的网络环境中，正面口碑的作用也不容忽视。正负口碑的发表机制及其对消费者行为的综合影响值得深入探讨。

（4）在多品牌模型和多代模型中，将效用理论和模糊集理论相结合建模消费者 Agent 的购买决策和评论决策过程。目前，研究者已提出不少购买决策的建模方法，如简单规则、效用主义、状态转移、社会心理学等。不过，消费者对产品的选购和评论属于一种模糊环境下的决策问题，而将效用理论和模糊集理论相结合并用于购买决策和评论决策的建模还非常少见，特别是在多产品并存环境下。

1.6 本章小结

本章首先以智能手机的扩散为例，从多产品的扩散特点及线上口碑和社会网络对多产品扩散的影响视角，论述了本书展开多产品扩散仿真研究的背景及意义，从多产品扩散模型及线上口碑和社会网络对扩散过程的影响等方面详细回顾和评述了多产品扩散模型的研究进展，指出了现有多产品扩散模型研究存在的局限性；然后介绍了本书的研究内容，即消费者决策分析、多代产品扩散仿真、多品牌产品扩散仿真和多品牌多代产品扩散仿真；接着详细说明了针对上述内容设计的研究思路及方法；最后指出了本书的主要创新。

第 2 章 相关理论与技术

本章彩图

2.1 效用理论

2.1.1 概述

在经济学中,效用被用来代表价值。随着时间推移,效用的用法已发生显著变化。该术语起初由 Jeremy Bentham 和 John Stuart Mill 等道德哲学家作为快乐或幸福的衡量标准引入功利主义理论。如今,它代表某个消费者对选择集独一无二的偏好排序,并在主导现代经济理论的新古典经济学中,以函数形式经适当修改后再次被应用。效用基于个人选择而非已获得的快乐,因此比原始定义更为严格,但也降低了其在道德决策方面的适用性。

2.1.2 效用函数的由来

一个人对候选方案集有一个偏好排序。如果可以为每个候选方案分配一个实数,就可以用一个效用函数表示该偏好排序,以便当且仅当这个人更喜欢候选方案一而非候选方案二时,就可以为方案一分配一个大于方案二的数字。在这种情况下,一个人如果选择最偏好的候选方案,必然也会选择最大化相关效用函数的候选方案。

在经济学术语中,效用函数用来衡量消费者对一组商品和服务的偏好。通常效用与难以衡量的幸福感、满意度和福利等概念相关。因此,经济学家用偏好来衡量这些抽象的、不可量化的想法。

Debreu(1954)精确定义了用效用函数表示偏好排序所需的条件。对于一组有限的候选方案,只要求偏好排序完备即可,因此消费者能够确定任何两个候选方案的偏好顺序,并且这种偏好顺序是可传递的。

候选方案通常是无限的,因为即使商品数量有限,选择的数量也可以是区间上的任何实数。消费者的选择中通常指定的选择集是 $\mathbb{R}_+^n$,n 代表商品数量。在这种情况下,当且仅当消费者偏好完备、可传递且连续时,存在一个可用来表示消费者偏好的连续的效用函数。

效用通常被应用于无差异曲线中,该曲线描绘了个人为维持给定满意度而接受的商品组合。效用和无差异曲线是理解供需分析中消费者需求曲线的基础,供需分析用于分析商品市场的运作。

常见的无差异曲线如图 2-1 所示。垂直轴和水平轴分别代表消费者对商品包 A 和商品包 B 的消费。商品包 A 和商品包 B 沿着同一条无差异曲线的所有组合对消费者而言是无差异的,这意味着所有分布在无差异曲线上的组合都有相同的效用价值。

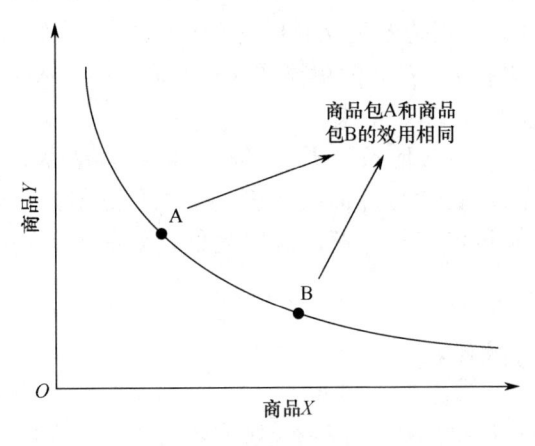

图 2-1 无差异曲线

个人效用和社会效用可以分别解释为效用函数的价值和社会福利函数的价值。当与生产约束或商品约束相结合时,在某些假设下这些函数可用于分析帕累托效率,它是福利经济学的核心概念。在人工智能领域,效用函数用于将各种结果的价值传递给 Agent,Agent 便据此计划行动,以最大化可用选项的效用或价值。

2.1.3 消费者偏好

偏好作为人类特定的好恶,主要用于个人在不同选择之间做出选择或决定。个人偏好的形成受到地理位置、性别、文化和教育等各种因素的影响。效用排序表明了个人偏好。

偏好是微观经济学的传统基础,用效用函数表示偏好并间接分析人类行为通常很方便。假设 X 为消费者可以选择的所有的互斥消费篮子集。消费者的效用函数 $u:X \to \mathbb{R}$ 对消费篮子集中的每个消费篮子进行排序。如果消费者严格偏好 x 而非 y,或者认为它们无区别,那么 $u(x) \geqslant u(y)$。在微观经济模型中,假设存在 L

种商品，消费者可以消费任意数量的每种商品，因此消费集为 $\mathbb{R}_+^L$，每个商品包 $x \in \mathbb{R}_+^L$ 是一个由每种商品的数量构成的向量。偏好有 3 个主要属性。

（1）完备性。假设一个消费者有 A 和 B 两种选择。关于这两种选择的关系，以下关系中有且只有一种是正确的：该消费者严格偏好 A（A>B）；该消费者严格偏好 B（B>A）；该消费者对 A 和 B 的偏好无差别（A～B）。

（2）传递性。候选方案通常是无限的，因为即使商品种类有限，选择的商品数量也可以是区间上的任何实数。消费者选择中通常指定的选择集是 $\mathbb{R}_+^L$，L 代表商品种类。如果该消费者在 A、B 之间更偏好 A，在 B、C 之间更偏好 B，那么可以得出他在 A、C 之间更偏好 A 的结论。如果 A≽B 且 B≽C，那么对于所有的（A，B，C），A≽C 都成立。

（3）不满足性。当其他条件不变时，消费者总是偏好更多正商品而非负商品，反之亦然。就无差异曲线而言，个人总是偏好位于较高无差异曲线上的商品。也就是说，相同商品越多越好，好的商品越多越好，差的商品越少越好。

2.1.4 效用函数的类型

关于效用是否可衡量的问题一直存在争议。曾有研究者认为，消费者能准确说出从商品中获得了多少效用。持此观点者属于经济学中的基数主义学派。如今，效用被表示为各种所消费商品数量的函数，并且分为基数和序数两种形式。具体采用哪种形式，取决于是否需要效用函数提供比偏好排序更多的信息，如关于偏好强度的信息。

1. 基数效用函数

持基数效用观点者认为，从消费中获得的效用可以客观地被测量和排序，并且可以用数字表示。基数效用基于一些基本假设。消费者能根据自身偏好或效用对不同商品进行排序，并能对两种商品的不同转换进行分类（Lin 和 Peng，2019）。从数学角度看，基数效用函数在正线性变换之前是唯一的。一个效用函数 $U(x)$ 乘以一个正数并加上任意数，可以转换为另一个函数，这两个效用函数表示相同的偏好（Moscati，2013）。

当使用基数效用时，效用差异的程度被视为具有一定的道德意义或行为意义。从经济学角度来看，基数效用可以看作一种假设，即效用可以通过可量化的特征来衡量，如身高、体重、温度等。有时，基数效用被用于汇总个人效用以得到社会效用。

2. 序数效用函数

序数效用并非赋予每种商品一个实际数，而是对不同商品的效用进行排序（Frank，2004）。例如，序数效用知道两个苹果比一个苹果的效用大，但不知道大了多少。也就是说，在序数效用下，消费者无须说明从偏好商品中获得了多少额外效用，只须告知偏好哪种商品即可。当使用序数效用时，效用值的差别没有任何道德意义或行为意义。效用值只用于对所有候选商品进行完整的消费行为排序，而与偏好程度无关。

序数效用函数对于递增单调变换是唯一的。例如，若将一个函数 $u(x)$ 视为序数，则它等效于函数 $u(x)^2$，因为取 2 次幂也是递增单调变换的。这意味着虽然这两个函数的形式不同，但它们导出的偏好排序是相同的。相反，基数效用仅在递增线性变换时是唯一的，因此，如果将 $u(x)$ 视为基数，那么它不等效于 $u(x)^2$。

2.1.5 边际效用

经济学家对总效用和边际效用做了区分。总效用是一个候选方案的效用。由改变一种商品的消费量而引起的效用变化速率称为该商品的边际效用。因此，边际效用用来衡量一个商品变化时效用函数的斜率（Castro 和 Araujo，2019）。边际效用常随商品消费的增加而下降，即"边际效用递减"思想。在微积分中，商品 x 的边际效用表示为 $MU_x = \partial U/\partial x$，其中 U 代表总效用。若边际效用为正，则增加消费会提高效用；若边际效用为零，则因继续消费将降低效用而不再消费；若边际效用为负，则将减少消费（Layard 等，2008）。

1. 边际效用递减定律

理性消费者只有在增加边际效用时才会消费额外的商品。然而，边际效用递减定律意味着一个单位的额外消费将带来比之前一个单位消费少的边际效用。例如，喝一瓶水使口渴的人感到满意，但随着喝水量的增加，他可能会逐渐感到难过，从而导致边际效用降到零甚至负值。

2. 边际替代率

边际替代率（MRS）是无差异曲线的斜率，它用来衡量消费者愿意从一种商品转向另一种商品的程度。数学方程 $MRS = -dx_2/dx_1$ 使 $U(x_1, x_2)$ 始终保持常量。因此，MRS 意味着一个人愿意放弃多少 x_2 以消费更多的 x_1。

MRS 与边际效用有关，两者的关系为 $MRS = MU_1/MU_2$。

2.1.6 期望效用

期望效用理论常用于在具有多个（可能是多维）结果的风险项目中进行选择的分析。圣彼得堡悖论最初由 Nicholas Bernoulli 于 1713 年提出，并于 1738 年由 Daniel Bernoulli 解决。Daniel Bernoulli 认为，如果决策者表现出风险厌恶，并主张采用对数基数效用函数，那么这个悖论就可以得到解决。一项国际调查的分析结果表明，用效用代表幸福时，效用确实与对数收入成正比。

期望效用理论的第一个重要应用是 John Von Neumann 和 Oskar Morgenstern 在创立博弈论时使用了期望效用最大化假设。从每个可能的结果中查找效用的概率加权平均值：

$$EU = \left[\Pr(z) \times u(\text{value}(z))\right] + \left[\Pr(y) \times u(\text{value}(y))\right] \tag{2-1}$$

其中，$\Pr(z)$ 表示结果 z 发生的概率，$\text{value}(z)$ 表示结果 z 的价值。

Von Neumann 和 Morgenstern 求解了选择结果不确定但概率已知的情况。他们关于一种彩票的说明如下——如果选项 A 和 B 中彩票的概率分别为 p 和 $1-p$，那么可将其写为线性组合：

$$pA + (1-p)B \tag{2-2}$$

对于具有许多可能选项的彩票，其线性组合可写为

$$\sum_i p_i A_i \tag{2-3}$$

其中，$\sum_i p_i = 1$。

通过对选择的行为方式做出一些合理假设，von Neumann 和 Morgenstern 证明，如果一个 Agent 可以在彩票之间进行选择，那么这个 Agent 就具有一个效用函数，且该效用函数使得任意彩票的合意性可以表示为各部分效用的线性组合，权重是它们发生的概率。这被称为期望效用定理。

期望效用定理所需的假设是 Agent 针对一种简单彩票的偏好关系属性的 4 个公理，这些彩票只有两个选项。B⩽A 意味着 "A 弱优先于 B"，即 A 至少与 B 一样受欢迎，4 个公理如下。

（1）完备性：对于任意两个简单彩票 L 和 M，L⩽M 或 M⩽L（或两者兼而有之，这种情况下被视为同样合意）。

（2）传递性：对于任意 3 个彩票 L、M 和 N，若 L⩽M 且 M⩽N，则 L⩽N。

（3）连续性：若 L⩽M⩽N，则存在概率 p，使得彩票 $pL + (1-p)N$ 与 M 同样受欢迎。

（4）独立性：对于任意 3 个彩票 L、M 和 N，以及任意概率 p，L⩽M 当且仅当 $pL + (1-p)N ⩽ pM + (1-p)N$。直观地说，如果由 L 和 N 的概率组合

形成的彩票并不比由 M 和 N 的相同概率组合形成的彩票更合意，那么有且只有 L≤M。

公理（3）和公理（4）使人们能够决定两种资产或彩票的相对效用。von Neumann-Morgenstern 效用函数是一个从选择到实数的函数：$u: X \to \mathbb{R}$，它为每个结果分配一个实数，用于表示 Agent 对简单彩票的偏好。根据上述 4 个假设，Agent 将优先选择彩票 L_2 而不是彩票 L_1，当且仅当 L_2 的期望效用大于 L_1 的期望效用：$L_1 \leq L_2$ if $u(L_1) \leq u(L_2)$。

Castagnoli 和 Calzi（1996）、Bordley 和 LiCalzi（2000）为 von Neumann 和 Morgenstern 的理论提供了另一种解释。特别地，对于任何效用函数，存在一个假设的参考彩票，任意彩票的期望效用是其性能不比参考彩票差的概率。假设获得的结果不比参考彩票的结果差就定义为成功，那么这种数学上的等价意味着最大化期望效用等同于最大化成功概率，这使得在许多情况下效用概念更容易被证明和应用。例如，一家公司的效用可能是满足不确定的未来客户期望的概率。

2.1.7 间接效用

间接效用函数给出了一个指定效用函数的最优可达值，这取决于商品的价格和个人拥有的收入或财富水平。

间接效用概念可以用来表示货币效用的概念。货币的（间接）效用函数是一个非线性函数，它在原点周围有界且不对称。效用函数在正区间 $(0, +\infty)$ 是凹的，代表边际效用递减现象。有界性代表了这样一个事实，即超过一定数量的货币不再有用，因为任何经济的规模都是有限的。原点不对称性则反映了这样一个事实，即获得和损失金钱能够对个人和企业产生截然不同的影响。货币效用函数的非线性对决策过程具有深远影响：当选择结果通过金钱的得失影响效用时，给定决策的最佳选择取决于同一时段内所有其他决策的可能结果（Berger，1985）。

2.1.8 预算约束

个人的消费受到其预算收入的限制。预算线是介于 X 轴和 Y 轴之间的一条线性向下倾斜的直线。因为总预算大于商品包的总成本，所以预算线下所有的商品包都允许个人在不使用整个预算的情况下消费，预算约束如图 2-2 所示。若只考虑一个商品包中两种商品的价格和数量，则可以将预算约束表

述为 $p_1X_1 + p_2X_2 = Y$，其中 p_1 和 p_2 是两种商品的价格，X_1 和 X_2 是两种商品的数量。

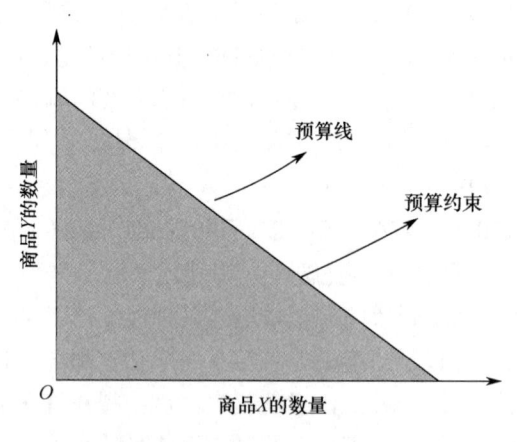

图 2-2 预算约束

理性消费者希望最大化他们的效用。然而，由于他们面临预算约束，商品价格的变化将影响消费者的需求量。有两种因素可以解释这种情况。

（1）购买力。当商品价格降低时，消费者会获得更强的购买力。价格降低允许消费者增加储蓄，从而使他们能够负担得起其他商品的消费。

（2）替代效应。如果商品 A 降价，那么 A 相对于其替代品就变得更便宜。消费者将愿意消费更多的 A，因为这样做可以增加效用。

2.2 模糊集理论

2.2.1 概述

模糊集合由 Zadeh 等（1996）作为经典集合概念的扩展独立引入。在经典集合论中，集合中元素的成员资格是根据二值条件以二元项评估的——元素要么属于集合要么不属于集合。模糊集合论借助以[0,1]为值域的隶属函数，允许逐渐评估集合中元素的成员资格。模糊集合是对经典集合的推广，因为经典集合的特征函数是模糊集合的隶属函数的特例（Dubois，1980）。在模糊集合论中，经典的二值集合通常被称为清晰集合。模糊集合论可用于信息不完整或不精确的领域（Liang 等，2006）。

第2章 相关理论与技术

2.2.2 概念定义

模糊集可表示为一个二元组 (U,m)，其中 U 是一个集合，$m:U \to [0,1]$ 是隶属函数。参考集 U 被称为论域，对于每个 $x \in U$，值 $m(x)$ 被称为 x 在 (U,m) 中的隶属度。函数 $m = \mu_A$ 被称为模糊集 $A = (U,m)$ 的隶属函数。

对于有限集合 $U = \{x_1,\cdots,x_n\}$，模糊集 (U,m) 通常由 $\{m(x_1)/x_1,\cdots,m(x_n)/x_n\}$ 表示。

令 $x \in U$，则 x 被认为有3种情形。

（1）若 $m(x)=0$（非成员），则 x 不包含在模糊集 (U,m) 中。

（2）若 $m(x)=1$（完全成员），则 x 完全包含在模糊集 (U,m) 中。

（3）若 $0<m(x)<1$（模糊成员），则 x 部分包含在模糊集 (U,m) 中。

论域 U 上所有模糊集的集合用 $SF(U)$ 表示。

1. 与模糊集相关的清晰集

对于任何模糊集 $A = (U,m)$ 和 $\alpha \in [0,1]$，定义了以下清晰集。

$A^{\geqslant \alpha} = A_\alpha = \{x \in U \mid m(x) \geqslant \alpha\}$ 被称为 A 的 α-截集（又名 α-水平集）。

$A^{>\alpha} = A'_\alpha = \{x \in U \mid m(x) > \alpha\}$ 被称为 A 的强 α-截集（又名强 α-水平集）。

$S(A) = \text{Supp}(A) = A^{>0} = \{x \in U \mid m(x) > 0\}$ 被称为 A 的支持集。

$C(A) = \text{Core}(A) = A^{=1} = \{x \in U \mid m(x) = 1\}$ 被称为 A 的核〔或者有时为 $\text{Kern}(A)$〕。

2. 其他定义

模糊集 $A = (U,m)$ 为空（$A = \varnothing$），当且仅当 $\forall x \in U: \mu_A(x) = m(x) = 0$。

两个模糊集 A 和 B 相等（$A=B$），当且仅当 $\forall x \in U: \mu_A(x) = \mu_B(x)$。

模糊集 A 包含于模糊集 B（$A \subseteq B$），当且仅当 $\forall x \in U: \mu_A(x) \leqslant \mu_B(x)$。

对于任何模糊集 A，满足 $\mu_A(x) = 0.5$ 的元素 $x \in U$ 称为交叉点。

给定一个模糊集 A，满足 $A^{=\alpha} = \{x \in U \mid \mu_A(x) = \alpha\}$ 的任何 $\alpha \in [0,1]$ 称为 A 的水平。

A 的水平集是表示不同截集的所有水平 $\alpha \in [0,1]$ 的集合，它是 μ_A 的图像：

$$\Lambda_A = \{\alpha \in [0,1]: A^{=\alpha} \neq \varnothing\} = \{\alpha \in [0,1]: \exists x \in U(\mu_A(x) = \alpha)\} = \mu_A(U) \quad (2\text{-}4)$$

对于模糊集 A，其高度由式（2-5）给出。

$$\text{Hgt}(A) = \sup\{\mu_A(x) \mid x \in U\} = \sup(\mu_A(U)) \quad (2\text{-}5)$$

其中，sup 表示上确界，它之所以存在，是因为 $\mu_A(U)$ 非空且 1 为其上界。如

果 U 是有限的，那么可以简单地用最大值替换上确界。

模糊集 A 被认为是规范化的，当且仅当 $\text{Hgt}(A)=1$。

在有限情况下，上确界是最大值，这意味着模糊集中至少有一个元素具有完全成员资格。对于非空模糊集 A，可以用其隶属函数除以其高度所得的结果 $\tilde{A}$ 进行规范化：

$$\forall x \in U : \mu_{\tilde{A}}(x) = \mu_A(x)/\text{Hgt}(A) \tag{2-6}$$

除了相似性，这与通常的归一化不同，因为归一化常数并不是总和。

对于具有有界支持的实数（$U \subseteq \mathbb{R}$）的模糊集 A，其宽度被定义为

$$\text{Width}(A) = \sup(\text{Supp}(A)) - \inf(\text{Supp}(A)) \tag{2-7}$$

在 $\text{Supp}(A)$ 是有限集合或更一般的闭集的情况下，其宽度为

$$\text{Width}(A) = \max(\text{Supp}(A)) - \min(\text{Supp}(A)) \tag{2-8}$$

在 n 维情况下（$U \subseteq \mathbb{R}^n$），式（2-8）可以用 $\text{Supp}(A)$ 的 n 维体积替换。一般来说，给定 U 上任何度量的情况下，它可以通过 $\text{Supp}(A)$ 的积分定义。

一个真模糊集 A（$U \subseteq \mathbb{R}$）被称为模糊意义上的凸集（不要与清晰凸集混淆），当且仅当

$$\forall x, y \in U, \forall \lambda \in [0,1] : \mu_A(\lambda x + (1-\lambda)y) \geq \min(\mu_A(x), \mu_A(y)) \tag{2-9}$$

可以取 $x \leq y$，从而有如下等价公式：

$$\forall z \in [x, y] : \mu_A(z) \geq \min(\mu_A(x), \mu_A(y)) \tag{2-10}$$

对于一般拓扑空间 U，这个定义可以扩展到 U 的任何子集 Z，当式（2-11）的条件成立时模糊集 A 是凸的。

$$\forall z \in Z : \mu_A(z) \geq \inf(\mu_A(\partial Z)) \tag{2-11}$$

其中，∂Z 表示 Z 的边界，而 $f(X) = \{f(x) | x \in X\}$ 表示函数 f（此处为 μ_A）下集合 X（此处为 ∂Z）的图像。

3. 模糊集运算

对于给定的模糊集 A，其补集 $\neg A$（或表示为 A^c）由式（2-12）的隶属函数定义。

$$\forall x \in U : \mu_{\neg A}(x) = 1 - \mu_A(x) \tag{2-12}$$

设 t 为 t 范数，s 为相应的 s 范数。给定一对模糊集 A、B，它们的交集 $A \cap B$ 由式（2-13）定义。

$$\forall x \in U : \mu_{A \cap B}(x) = t(\mu_A(x), \mu_B(x)) \tag{2-13}$$

它们的并集 $A \cup B$ 的定义为

$$\forall x \in U : \mu_{A \cup B}(x) = s(\mu_A(x), \mu_B(x)) \tag{2-14}$$

根据 t 范数的定义，可以看到并集和交集是可交换的、单调的和关联的，并且同时具有一个空元素和一个单位元素。交集的空元素和单位元素分别为 $\varnothing$ 和 U，并集的空元素和单位元素正好相反。然而，模糊集合及其补集的并集可能不是完整的论域 U，并且它们的交集可能不是空集 $\varnothing$。由于交集和并集是关联的，因此可以很自然地以递归方式定义有限模糊集族的交集和并集。

如果标准否定运算符 $n(\alpha)=1-\alpha$，$\alpha\in[0,1]$ 被另一个强否定运算符替换，那么模糊集差的推广公式为

$$\forall x\in U:\mu_{\neg A}(x)=n(\mu_A(x)) \tag{2-15}$$

给定模糊集 A、B，两者的差 $A\setminus B$（也可表示为 $A-B$）可以通过隶属函数直接定义：

$$\forall x\in U:\mu_{A\setminus B}(x)=t(\mu_A(x),n(\mu_B(x))) \tag{2-16}$$

这意味着 $A\setminus B=A\cap\neg B$，如 $\forall x\in U:\mu_{A\setminus B}(x)=\min(\mu_A(x),1-\mu_B(x))$。

对模糊集差的另一种定义为

$$\forall x\in U:\mu_{A-B}(x)=\mu_A(x)-t(\mu_A(x),\mu_B(x)) \tag{2-17}$$

2.2.3 模糊逻辑

1. 概述

在逻辑学中，布尔逻辑是二值逻辑，其中变量的真值只能是整数值 0 或 1，只允许得出真或假的结论。不同的是，模糊逻辑是多值逻辑，可用于处理部分真实的情况，其中变量的真值可以是 0 到 1 之间的任何实数，介于完全真和完全假之间。例如，在要求一群人识别颜色时可能发现，真相是从不准确知识或部分知识中推理的知识。

模糊逻辑基于人们根据不精确信息和非数字信息做出决策的观察。模糊模型或集合是表示模糊性和不精确信息的数学手段。这些模型具有识别、表示、操纵、解释和利用模糊且缺乏确定性的数据与信息的能力。

2. 语言变量

在模糊逻辑的应用中，非数字值通常用于方便规则和事实的表达（Zadeh 等，1996）。语言变量（如年龄）可以接受诸如"年轻的"及其反义词"老的"之类的值。自然语言并不总是包含足够的值项来表示模糊值刻度，因此通常用形容词或副词修改语言值。例如，可以使用模糊限制词"很"和"有点儿"来构建更多的语言值"很年轻的"和"有点儿老的"（Zadeh，1975）。

3. 模糊系统

1）基于 Mamdani 规则的系统

基于 Mamdani 规则的系统是最著名的模糊系统，应用时应遵循以下步骤。

（1）将所有输入值模糊化为模糊隶属函数。

模糊化是将系统的输入分配给具有一定隶属度的模糊集的过程。隶属度值域为[0,1]。隶属度为 0 的输入不属于给定模糊集；隶属度为 1 的输入完全属于给定模糊集；隶属度介于 0 和 1 之间表示输入属于给定模糊集的不确定程度。模糊集中的元素通常用单词描述。在系统的输入模糊化后，就可以用自然语言形式进行推理。

例如，在图 2-3 中描绘了天气的隶属度函数，"寒冷""温暖"和"炎热"模糊集的含义由映射气温的隶属函数表示。一个气温对应三个代表隶属度的真值。对于图中垂线处的气温，三个箭头指向该气温对应的三个真值。红色箭头指向 0，橙色箭头指向 0.4，蓝色箭头指向 0.8。说明该气温在"炎热"模糊集中隶属度为 0，被解释为"不热"；在"温暖"模糊集中隶属度为 0.4，被解释为"不太温暖"，在"寒冷"模糊集中隶属度为 0.8，被解释为"相当冷"。为每个气温在每个模糊集中分配的隶属度就是模糊化的结果。

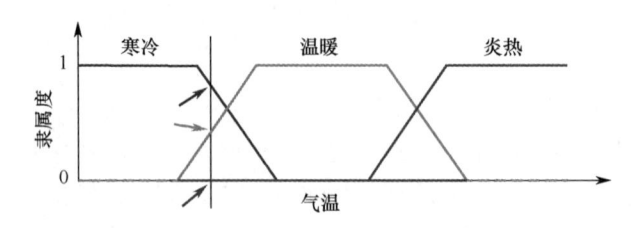

图 2-3 天气的隶属度函数

模糊集通常定义为三角形或梯形曲线，因为每个值都有一个值递增的斜率、一个值等于 1 的峰值（长度可以为 0 或更大值）和一个值递减的斜率。它们也可以使用 sigmoid 函数进行定义。一种常见的情况是标准的逻辑函数被定义为

$$S(x) = \frac{1}{1+e^{-x}} \tag{2-18}$$

它具有以下对称属性：

$$S(x) + S(-x) = 1 \tag{2-19}$$

由此可见：

$$(S(x)+S(-x)) \cdot (S(y)+S(-y)) \cdot (S(z)+S(-z)) = 1 \tag{2-20}$$

（2）执行规则库中的所有适用规则，以计算模糊输出函数。

① 模糊逻辑运算符。

模糊逻辑以模仿布尔逻辑的方式处理隶属度值。为此，必须提供基本运算符 AND、OR 和 NOT 的替代运算符。常用的替代运算符为 Zadeh 运算符，运算符对应关系如表 2-1 所示。

表 2-1 运算符对应关系

布尔运算符	模糊运算符
AND(x, y)	MIN(x, y)
OR(x, y)	MAX(x, y)
NOT(x)	1−x

对于 TRUE/1 和 FALSE/0，模糊表达式生成与布尔表达式相同的结果。

还有其他在本质上更具语言性的运算符，即前面提到过的模糊限制词。这些词通常是副词，如"非常"或"某种程度上"，它们使用数学公式修改集合的含义。

AND/OR 运算符基于乘法，其中，x AND $y = x×y$，NOT $x = 1−x$，因此，x OR y = NOT(AND(NOT(x), NOT(y))) → x OR y = NOT(AND(1−x, 1−y)) → x OR y = NOT((1−x)×(1−y)) → x OR y = 1−(1−x)×(1−y)。

给定 AND/OR/NOT 中的任何两个运算符的运算规则，可以推导出第三个。AND 的泛化被称为 t 范数。

② IF-THEN 规则。

IF-THEN 规则将输入或计算的真值映射到所需的输出真值上。映射方式如下。

- IF 气温 IS 寒冷 THEN 电扇转速 IS 停止。
- IF 气温 IS 温暖 THEN 电扇转速 IS 中速。
- IF 气温 IS 炎热 THEN 电扇转速 IS 高速。

IF-THEN 规则规定了输入变量的模糊值的真值与输出变量的模糊值之间的映射关系。例如，在上述第三条规则中，"气温"的模糊值"炎热"的真值被映射为"电扇转速"的模糊值"高速"。

如果输出变量出现在多个 THEN 部分中，则用 OR 运算符合并各个 IF 部分的值。

（3）对模糊输出函数进行去模糊化处理，以获得"清晰"的输出值。

去模糊化的目的是从模糊真值中获取连续变量。若输出的真值恰好是通过给定数值的模糊化获得的真值，则很容易完成去模糊化处理。但是，因为所有输出真值都是独立计算的，所以在大多数情况下，它们并不是通过模糊化给定数组获得的。因此，必须确定一个与真值中编码的"意图"最匹配的数值。例如，对于电扇转速，必须找到最符合模糊值"停止""中速""高速"等的真值的实际速度。目前，并没有专门为此设计的单一算法。一种常见算法的步骤如下：①对于每个真值，在该值处剪切隶属函数；②使用 OR 运算符组合生成曲线；③查找曲线下区域的重心；④此重心的 x 位置是最终输出。

2）基于 Takagi-Sugeno-Kang 规则的系统

Takagi-Sugeno-Kang（TSK）规则类似于 Mamdani 规则，但在规则的执行过程中包括去模糊化过程。因此，规则的后件是一个常量或线性多项式。一个具有常量输出的规则示例为"IF temperature IS very cold = 2"，其中，输出就是后件中的常量 2。在大多数情况下可以得到完整的规则库。当规则库完整时，整个规则库的输出为

$$\frac{\sum_i (h_i \cdot Y_i)}{\sum_i h_i} \tag{2-21}$$

其中，Y_i 表示第 i 条规则的后件，h_i 表示第 i 条规则的前件的隶属度值。

一个具有线性输出的规则示例为"IF temperature IS very cold AND humidity IS high = 2×temperature+1×humidity"，其中，规则的输出是后件中函数的结果。函数中的变量表示模糊化后的隶属度值，而非清晰值。与之前一样，当规则库完整时，总输出是每个规则输出的加权平均值。

与 Mamdani 规则相比，TSK 规则的主要优点是计算效率高，并且可以在其他算法（如 PID 控制算法和优化算法）中很好地工作。它还可以保证输出表面的连续性。但是 Mamdani 规则更直观，更易被人们使用。因此，TSK 规则常用于其他复杂方法中，如自适应神经模糊推理系统。

2.3 网络科学

2.3.1 概述

网络科学是研究电信网络、计算机网络、生物网络、语义网络及社交网络等复杂网络的学术领域。网络中的节点（顶点）表示不同的元素或参与者，连接（边）表示元素或参与者之间的联系。该领域需要用到图论、统计力学、数据挖掘、信息可视化、推理建模，以及社会结构等理论和方法。美国国家研究

委员会将网络科学定义为"研究物理、生物和社会现象的网络表示,从而形成这些现象的预测模型"的科学(Lewis,2011)。

最早研究复杂网络领域的论文是瑞士数学家 Leonhard Euler 于 1736 年撰写的柯尼斯堡七桥问题。他对顶点和边的数学描述是图论的基础,图论是研究网络结构中成对关系性质的数学分支。匈牙利数学家 Dénes König 于 1936 年撰写的"有限图和无限图的理论"是图论领域的第一本书(König,1990)。20 世纪 30 年代,心理学家 Jacob Moreno 提出了用来表示一群小学生的社会结构的社会图谱。他发现男孩是男孩的朋友,女孩是女孩的朋友,只有一个男孩说他喜欢一个女孩,但这种感受并不是双向的。由于这种用网络表示的社会结构引起了人们的广泛兴趣,后来被刊登在了《纽约时报》上。此后经过大量应用,社会图谱已发展为如今的社交网络分析领域。匈牙利数学家 Paul Erdös 和 Alfred Rényi 于 1959 年提出的 ER 模型是复杂网络领域的又一个标志性事件(Erdös 和 Rényi,1960)。

20 世纪末以来,网络研究集中于对网络拓扑的数学描述。Duncan Watts 和 Steven Strogatz 在实证网络数据的基础上用数学描述了小世界网络。Albert-László Barabási 和 Reka Albert 提出了无标度网络,其中包含少数有许多连接的中心顶点,其增长方式是保持连接数量与节点数量的恒定比率。学术界对于真实网络是否无标度存在较大的分歧,一些研究者认为无标度无处不在(Gilbert,1959),而另一些研究者则认为无标度很罕见(Fienberg,2012)。网络科学界的许多研究者认为,知道度分布是否肥尾比知道它是否符合更严格的无标度标准更加重要(Erdös 和 Rényi,1960;Newman 等,2001)。

2.3.2 网络属性

通常,网络具有某些用来刻画其特征的属性。这些刻画网络特征的行为通常定义了网络模型,并可用于分析某些模型之间的对比。网络科学中许多术语的定义都可以在图论中找到。

1. 网络规模

网络规模可以指节点的数量 N,或者不常见的边的数量 E,对于没有多边的连通图,其取值范围可以从 $N-1$(树)到 E_{max}(完全图)。对于简单图[每对顶点之间最多存在一个(无向)边的网络,并且没有顶点连接到自身],$E_{max} = \binom{N}{2} = N(N-1)/2$;对于没有自连接节点的有向图,$E_{max} = N(N-1)$;

对于允许自连接的有向图，$E_{max} = N^2$；对于一对顶点间可能存在多条边的图，$E_{max} = \infty$。

2. 网络密度

网络密度 D 被定义为具有 N 个节点的网络中的边数 E 与可能边数的比值，在简单图的情况下，给定二项式系数 $\binom{N}{2}$，得到

$$D = \frac{E-(N-1)}{E_{max}-(N-1)} = \frac{2(E-N+1)}{N(N-3)+2} \tag{2-22}$$

另一个可能的方程是

$$D = \frac{T-2N+2}{N(N-3)+2} \tag{2-23}$$

其中，关系 T 是单向的。使用式（2-23）对网络密度进行概括效果更好，因为网络中的单向关系可以被测量。

3. 平均度

节点的度 k 是连接到该节点的边数。与网络密度密切相关的是平均度，无向图的平均度为 $\langle k \rangle = \frac{2E}{N}$，有向图的平均度为 $\langle k \rangle = \frac{E}{N}$。在 ER 模型 $G(N,p)$ 中，一个随机顶点在网络中有 $N-1$ 个其他可连接的顶点，并且以概率 p 连接到每个顶点。因此，$\langle k \rangle$ 的期望值（等于任意顶点的 k 的期望值）为 $\mathbb{E}[\langle k \rangle] = \mathbb{E}[k] = p(N-1)$。

4. 平均最短路径长度

平均最短路径长度的计算方法是：找到所有节点对之间的最短路径，并取这些最短路径长度的平均值（长度指路径中包含的中间边的数量，即图中两个顶点 u 和 v 之间的距离 $d_{u,v}$）。这反映了从一个节点到另一个节点所需的平均步数。平均最短路径长度的期望值（平均最短路径长度的总体均值）是随机网络模型的顶点数 N 的函数，它决定了该模型是否具有小世界效应；若该期望值的时间复杂度为 $O(\ln N)$，则该模型将生成小世界网络；若该期望值的时间复杂度大于 $O(\ln N)$，则该模型不会产生小世界效应；若该期望值的时间复杂度为 $O(\ln \ln N)$，则该模型将产生超小世界效应。

5. 网络直径

作为测量网络的另一种方法，可以将网络直径定义为在网络中计算出的所有最短路径中最长的。它是网络中两个最远节点之间的最短距离。换句话说，

一旦计算出从每个节点到其他所有节点的最短路径长度,直径就是计算出的所有路径长度中最长的。直径代表网络的线性大小。

6. 聚类系数

聚类系数是对"我的所有朋友都知道彼此"这一特征的度量,也可以描述为"我的朋友的朋友是我的朋友"。更准确地说,节点的聚类系数是连接节点邻居的现有边数与最大可能边数的比值。整个网络的聚类系数是所有节点的聚类系数的平均值。

第 i 个节点的聚类系数为

$$C_i = \frac{2e_i}{k_i(k_i-1)} \quad (2\text{-}24)$$

其中,k_i 是第 i 个节点的邻居数,e_i 是这些邻居之间的连接数,则邻居之间的最大可能连接数为

$$\binom{k}{2} = \frac{k(k-1)}{2} \quad (2\text{-}25)$$

从概率角度看,局部聚类系数的期望值是同一个节点的两个任意邻居之间存在连接的可能性。

7. 连通性

网络连接的方式在很大程度上影响了网络的分析方式和解释方式。网络分为 4 个不同的类别。

(1)派系/完全图:一个完全连接的网络,其中所有节点都连接到其他每个节点。这种网络是对称的,因为所有节点都有来自其他所有节点的入连接和出连接。

(2)巨型子图:单个连通的子图,包含网络中的大多数节点。

(3)弱连通子图:一个节点集合,在忽略边的方向性的条件下,其中存在从任何节点到任何其他节点的路径。

(4)强连通子图:一个节点集合,其中存在从任何节点到任何其他节点的定向路径。

8. 节点中心性

中心性指数可以用来识别网络模型中最重要的节点的排名。不同的中心性指数的重要性含义不同。例如,中介中心性理论认为,若一个节点在许多其他节点之间形成桥梁,则该节点非常重要。相反,特征值中心性理论认为,若许多其他非常重要的节点连接到某节点,则该节点非常重要。

中心性指数仅用于识别最中心的节点，很少对其余节点有意义（Lawyer，2014；Šikić 等，2013）。一种中心性指标仅在特定上下文中是准确的，在其他上下文中很可能是错的（Borgatti，2005）。例如，假设两个独立社区的唯一联系是每个社区中两个最初级成员之间的边。因为从一个社区到另一个社区的任何转移都必须经过此边，所以两个初级成员具有高度的中介中心性。但是，因为这些成员是初级的，所以它们与社区中重要节点之间几乎没有边，这意味着他们的特征值中心性会相当低。

9. 节点影响力

中心性指标的局限性促使研究者们陆续开发了更具一般性的指标。一个例子是可访问性指标，它使用随机散步的多样性来衡量从给定的起始节点到网络其余部分的可访问性（Travençolo 和 Costa，2008）；另一个例子是平均力指标，它由节点产生的感染力的平均值导出（Lawyer，2014）。这两个指标都可以从网络结构中计算出来。

10. 社团结构

网络中的节点可以划分为代表社团的组。根据上下文，社团可能不同或重叠。通常，此类社团中的节点将强连接到同一社团中的其他节点，但与社团外的节点的连接较弱。在缺乏描述特定网络的社团结构的基本事实的情况下，研究者已经开发了多种用有监督聚类方法或无监督聚类方法推测可能的社团结构的算法。

2.3.3 网络模型

网络模型是理解实证复杂网络中相互作用的基础。各种随机图生成模型产生的网络结构可用于与现实世界的复杂网络进行比较。

1. ER 模型

ER 模型用于生成随机网络，其中节点之间以相同概率用边连接。它可以在概率方法中用于证明满足各种属性的图的存在，或者为几乎所有图的属性具有的含义提供严格的定义。

要生成 ER 模型 $G(n, p)$ 必须指定两个参数：节点总数 n 和随机节点对具有边的概率 p。因为模型生成不偏向于特定节点，所以它的度服从二项式分布。对于随机选择的顶点 v，其度为 k 的概率为

$$P(\deg(v) = k) = \binom{n-1}{k} p^k (1-p)^{n-1-k} \qquad (2\text{-}26)$$

$G(n,p)$ 的聚类系数为 0，其行为分 3 种情况：①亚临界的 $np<1$，所有组件都简单且非常小，最大的组件具有尺寸 $|C_1|=O(\log n)$；②临界的 $np=1$，最大的组件具有尺寸 $|C_1|=O(n^{2/3})$；③超临界的 $np>1$，最大的组件具有尺寸 $|C_1|\approx yn$，其中 $y=y(np)$ 是方程 $\mathrm{e}^{-pny}=1-y$ 的正解。最大连通组件具有很高的复杂性，其他组件简单且小，最大的组件具有尺寸 $|C_2|=O(\log n)$。

2. 配置模型

配置模型以度序列或度分布（随后用于生成度序列）作为输入，并在除度序列以外的所有方面生成随机连接的图。这意味着对于给定的度序列选择，该图是从符合此度序列的所有图中随机选择的。随机选择的顶点的度 k 是具有整数值的独立且分布相同的随机变量。当 $\mathbb{E}[k^2]-2\mathbb{E}[k]>0$ 时，配置图包含规模无限的巨型连通子图。其余子图的规模有限，可以用规模分布的概念量化。随机抽样节点连接到规模为 n 的子图的概率 $w(n)$ 由度分布的卷积幂给出：

$$w(n)=\begin{cases}\dfrac{\mathbb{E}[k]}{n-1}u_1^{*n}(n-2),&n>1\\u(0),&n=1\end{cases}\quad(2\text{-}27)$$

其中，$u(k)$ 表示度分布，并且

$$u_1(k)=\frac{(k+1)u(k+1)}{\mathbb{E}[k]}\quad(2\text{-}28)$$

可以通过随机删除所有边的临界量 p_c 来破坏巨型组件，该过程称为随机网络上的渗透。当度分布的二阶矩有限，即 $\mathbb{E}[k^2]<\infty$ 时，p_c 由式（2-29）给出。

$$p_c=1-\frac{\mathbb{E}[k]}{\mathbb{E}[k^2]-\mathbb{E}[k]}\quad(2\text{-}29)$$

并且巨型分量中平均顶点—顶点距离 l 与网络规模的对数成正比，$l=O(\log N)$。

3. WS 模型

WS 模型是一个具有小世界特性的随机网络模型。初始晶格结构用于生成 WS 模型。网络中每个节点最初都连接到其 $\langle k\rangle$ 个最近的邻居节点。另一个参数为重连概率，每条边都以概率 p 被随机重连。模型中的重连边数为 $pE=pN\langle k\rangle/2$。

WS 模型以非随机晶格结构开始，因此它具有非常高的聚类系数和长的平均路径长度。每次重连都可能在高度连通的类之间创建一条短路径。随着重连概率的增加，聚类系数的降速将慢于平均路径长度，导致网络的平均路径长度显著减少，而聚类系数仅略有下降。p 越大，则重连边越多，这使得 WS 模型成为随机网络。

4. BA 模型

BA 模型是一个用于展示偏好连接或"富者更富"效应的随机网络模型。在该模型中，一条边最有可能连向度较大的节点。该网络从 $m_0 \geqslant 2$ 个节点的初始网络开始（m_0 为初始网络中节点的数量）。初始网络中每个节点的度应至少为 1，否则将始终与网络中的其余节点没有边连接。

在 BA 模型中，每次向网络添加一个新节点，并将其连接到 m 个现有节点，其连接概率与现有节点的度成正比。新节点连向节点 i 的概率 p_i 为（Albert 和 Barabási，2002）

$$p_i = \frac{k_i}{\sum_j k_j} \tag{2-30}$$

其中，k_i 是节点 i 的度。节点的度越大，被连向新节点的机会越多；节点的度越小，被连向新节点的机会越少。

BA 模型网络的度分布具有无标度特性，它服从以下幂律分布：

$$P(k) \sim k^{-3} \tag{2-31}$$

在 BA 模型中，大多数节点的度很小，极少数节点的度很大。那些度很大的节点被称为中心节点，它们的存在缩短了节点之间的路径长度。因此，BA 模型往往具有非常短的平均路径长度和非常小的聚类系数。虽然包括 ER 模型和几个小世界网络在内的许多模型的直径 D 与 $\log N$ 成正比，但 BA 模型却表现为 $D \sim \log\log N$（超小世界；Cohen 和 Havlin，2003）。

5. 适应度模型

Caldarelli 等（2002）提出了一种以顶点性质为关键因素的模型，在该模型中，在两个顶点 i 和 j 之间创建一个链接的概率由所涉及顶点的适应度的连接函数 $f(\eta_i, \eta_j)$ 决定。顶点 i 的度（Servedio 等，2004）为

$$k(\eta_i) = N \int_0^\infty f(\eta_i, \eta_j) \rho(\eta_j) \mathrm{d}\eta_j \tag{2-32}$$

若 $k(\eta_i)$ 是 η_i 的可逆且递增函数，则概率分布 $P(k)$ 为

$$P(k) = \rho(\eta(k)) \cdot \eta'(k) \tag{2-33}$$

因此，如果适应度 η 按幂律分布，则节点的度也如此。不太直观的是，快速衰减的概率分布为 $\rho(\eta) = \mathrm{e}^{-\eta}$，连接函数为

$$f(\eta_i, \eta_j) = \Theta(\eta_i + \eta_j - Z) \tag{2-34}$$

其中，若 Z 为常量，则 Θ 为 Heavyside 函数，得到的还是无标度网络。

2.4 ABMS 理论与技术

2.4.1 什么是 Agent

人类社会是由有着自身目标、愿望和本能的个体——人组成的环境。人类为了实现自身目标而相互竞争或合作，从而推动社会向前发展。随着人类面临的问题越来越复杂，对计算技术的要求不断提高。在此背景下，模拟人类社会发展的分布式开放计算技术——基于 Agent 的建模与仿真应运而生。

Agent 的原意是代理，即一个人或组织代表另一个人或组织完成任务，在人工智能领域被引申为具有智能行为的个体，中文常译为智能体、主体、自主体等。最早提出 Agent 概念的是 Minsky（1988），他认为，Agent 是社会中具有交互性和智能性，并能通过协商或竞争解决问题的个体。Wooldridge 和 Jennings（1995）认为，Agent 是处于某环境中并能自主采取行动以实现设计目标的计算机系统。Russell 和 Norvig（2002）认为，Agent 是能感知环境、自主采取行动以实现目标，并通过学习或运用知识提高能力的任何事物，可以简单或者复杂。目前，Agent 一词还没有被普遍接受的确切定义，但是，研究者关于 Agent 的以下特性已达成广泛共识。

（1）独立性（Self-contained）。Agent 是独立的、模块化的和唯一的可识别个体。模块化要求意味着 Agent 具有边界，因此，能容易地确定其专有属性和共享属性，并通过专有属性区分和识别彼此。

（2）意图性（Goal-directed）。Agent 的行为具有预期目标和意图，Agent 具有比较行为结果与预期目标的能力。

（3）自治性（Autonomy）。Agent 能在没有外界干预的情况下，根据预期目标或意图主动、自发地控制其行为和内部状态。

（4）社交性（Sociability）。Agent 具有通过某种语言或协议与其他 Agent 进行交互，并识别和区分彼此特征的能力。

（5）反应性（Reactivity）。Agent 除了能彼此进行交互，还能与环境进行交互，能观察环境、感知环境，并通过行为改变环境。

（6）预动性（Preactiveness）。Agent 能根据目标要求和环境制约制订行动计划，并根据环境变化改变预期目标和行动计划。

（7）灵活性（Flexibility）。Agent 具有某种形式的记忆能力，能根据经验,学习和调整其行为,并具有修改其行为规则的规则。

(8)状态(State)。Agent 具有随时间变化的、由其属性集或子集组成的状态。Agent 的行为取决于其状态。其状态越丰富,可能的行为也就越丰富。

构建基于 Agent 的模型时,无须赋予 Agent 上述所有特性,满足需要即可。例如,构建基于 Agent 的供应链模型时,如果目的是评估一组特定的库存管理规则,那么就没必要对 Agent 的灵活性进行建模。Agent 的属性和行为规则一般是多样、异质和动态的。

20 世纪 90 年代,分布式人工智能和面向对象编程技术的兴起,使人们能将 Agent 建模为计算机程序中包含异质变量、参数和行为的对象,能赋予Agent 类似于人的认知和行为属性,能编程模拟真实社会环境,即地理空间、制度规则和/或社会结构。

2.4.2 基于 Agent 的模型

1. 模型概述

基于 Agent 的模型(Agent-Based Model,ABM)是一种计算模型,用于模拟个体或组织的行为和交互,目的是掌握系统级行为及其结果的影响因素。ABM 基于博弈论、复杂系统、计算社会学、多 Agent 系统(Multi-Agent System,MAS)和进化编程等理论与技术。

ABM 是一种微观模型(Gustafsson 和 Sternad,2010),用于模拟多个个体或组织的同步行为和交互行为,以再现或预测复杂现象的涌现过程。有些研究者称其为"整体大于部分之和",或者说,高级系统的特性从低级子系统的相互作用中产生,宏观状态的变化来自 Agent 的微观行为,简单的个体行为生成复杂的系统行为。一般假定,Agent 是有限理性的,用启发式或简单规则以利己的方式行事,并且具有学习环境和适应环境的能力(Bonabeau,2002)。

多数 ABM 包含 5 个部分:①不同粒度的大量 Agent;②用于决策的启发式算法;③学习规则或自适应流程;④用于交互的拓扑结构;⑤外部环境。

通常,通过定制或者利用 ABM 工具包,将 ABM 实现为一个计算机仿真系统,可用于测试个体行为的变化是如何影响系统行为的涌现的。

2. 基本理论

ABM 的三大核心思想是对象、涌现和复杂性。ABM 由动态交互的基于规则的 Agent 构成,Agent 所在的系统能够产生类似于现实世界的复杂性。通常,Agent 具有空间属性和时间属性,生存在网络或晶格状区域中。Agent 的

第 2 章 相关理论与技术

位置和响应行为以算法形式存在于计算机程序中。Agent 是否是智能性和有目的的，要视情况而定。例如，在生态 ABM 中，当 Agent 仅代表森林中的树木时是不考虑其智能性的，但是，站在优化水资源的可获取性的角度，它们是有目的的。建模者最好用归纳推理的方式描述建模过程，根据身边的真实情况形成模型假设，然后用建立的模型进行仿真实验，从 Agent 的交互过程观察涌现的现象。实验结果有时是一种平衡状态，有时是一种涌现模式，有时也可能是一种难以理解的混乱。

在某种程度上，ABM 是传统解析方法的一种补充。解析方法使人类能够表征系统的均衡状态，而使用 ABM 则能够产生这种均衡状态，这种创造性贡献可能是采用 ABM 最大的潜在优势。ABM 可以解释仿真系统涌现出的高阶模式，例如，恐怖组织和互联网的网络结构、交通拥堵、战争和股市崩盘等事件的规模的幂律分布，以及虽然人们对待异族很宽容但种族分离现象仍然存在的原因。ABM 还可用来识别杠杆点（干预具有极端后果的事件的时刻），以及区分路径依赖的类型。许多研究者用 ABM 研究问题的重点并非系统的稳定性，而是系统的稳健性，即系统适应其内部压力和外部压力以保持自身功能完好的方式或途径。研究这类问题则需要考虑 Agent 本身，即 Agent 的多样性、连通性和交互水平。

ABM 的一大优势是能够协调不同尺度的信息流。当需要 Agent 的额外信息时，可以将 ABM 与描述此信息的模型集成；当对 Agent 群体的涌现行为感兴趣时，可以将 ABM 与描述群体动力学的连续模型相结合。例如，在研究 CD4+ T 细胞时，Wertheim 等（2021）构建了 ABM 模型，描述了发生在不同空间（细胞内、细胞间和全身）、时间和组织尺度（信号转导、基因调控、新陈代谢、细胞行为和细胞因子运输）上的生物现象。在该模块化模型中，信号转导和基因调控用逻辑模型描述，新陈代谢用基于约束的模型描述，细胞群动态用 ABM 描述，系统性细胞因子浓度用常微分方程描述。在该多尺度模型中，ABM 居于中心位置，负责协调不同尺度间的信息流。

3. 集成其他模型方法

ABM 是一种建模框架而非特定的软件或平台，因此，常常与其他模型与技术结合使用。例如，ABM 与地理信息系统（Geographic Information System，GIS）结合就有一定的价值，其中，ABM 用作过程模型，GIS 负责提供模式模型（Brown 等，2005）。类似的还有社会网络分析（Social Network Analysis，SNA）工具与 ABM 的集成，ABM 用于模拟发生在社会网络上的动态现象，SNA 工具则用于建模和分析交互网络（Zhang 等，2015）。

Niazi（2017）提出一种将 ABM 与复杂网络结合的四级模型框架，其中，复杂网络用于为系统组件的交互数据可用的情况开发复杂网络模型，以检测所研究系统中的涌现模式；探索性 ABM 用于为所研究的系统开发概念验证模型，主要用于探索进一步研究的可行性；描述性 ABM 使用分步方法、复杂网络和基于伪代码的模型规范开发；虚拟覆盖 MAS（Virtual Overlay MAS，VOMAS）用于验证和确认 ABM。

描述 ABM 的方法还包括代码模板、ODD（概述、设计概念和设计细节）协议等基于文本的方法（Grimm 等，2006）。Agent 生存的宏观环境和微观环境正成为影响 ABMS 的重要因素。简单环境足以供简单 Agent 生存，但复杂环境可以产生行为的多样性（Simon，2019）。

4. 模型实现

许多 ABM 基于串行的冯·诺依曼计算机架构设计，因而限制了模型的速度和可扩展性。大规模 ABM 的涌现行为取决于群体规模（Lysenko 和 D'Souza，2008），但不可扩展性阻碍了模型的验证和确认（Gulya's 等，2009）。近年出现的 Repast HPC（Collier 和 North，2013）等运行于计算机集群和超级计算机架构之上、专门用来实现大规模 ABM 的分布式 Agent 平台已解决了该问题。不过，通信和同步问题（Fujimoto，2015；Shook 等，2013）以及部署的复杂性（Jonas 等，2017），仍然会影响分布式计算被广泛采用的进程。

一项最近的研究是在 GPU（图形处理单元）上用数据并行算法进行 ABM 仿真（Richmond 和 Romano，2008）。极致的内存带宽与多 GPU 强大的数据处理能力相结合，能够以每秒数十帧的速度仿真数百万个 Agent。

5. 模型验证与确认

ABM 的验证和确认（Verification and Validation，V&V）非常重要（Balci，1997；Galán 等，2009）。验证确保实现的模型与概念模型相匹配，确认确保实现的模型与现实世界具有正确的对应关系。表面确认、敏感性分析、校准和统计性确认用于不同方面的确认（Klügl，2008）。Fortino 等（2005）提出了一种确认 ABM 的离散事件仿真框架。关于 ABM 的实证确认，可以参考 Windrum 等（2007）的研究。Niazi（2017）以森林火灾仿真模型为例，说明了如何用 VOMAS 验证和确认 ABM。另一种确认 ABM 的软件工程方法是测试驱动开发（Onggo 和 Karatas，2016），它允许用单元测试工具自动验证。

2.4.3 Repast Symphony 建模仿真平台

1. 平台简介

Repast Simphony 是一个基于 Agent 的建模工具包，也是一个基于 Java 并且可在 Windows、Mac OS 和 Linux 操作系统上运行的跨平台建模系统。Repast Simphony 支持开发用于工作站和计算集群的、极其灵活的交互型 Agent 模型。Repast Simphony 模型有 ReLogo、Groovy、Statecharts 和 Java 四种形式，彼此可以交替使用。

2. 项目设置与配置

在使用 ReLogo、Groovy、Statecharts 或 Java 开发一个 Repast Simphony 模型前，需要创建一个新项目，或者可以配置一个现有的 Java 项目或 Groovy 项目，使之能够使用 Repast 的功能。创建新的 Repast Simphony 项目，只需要按照 Eclipse IDE 提供的新项目创建向导的标准流程操作即可，但创建过程中需要自定义一些用于 Repast 项目的选项。

3. 基本概念

1）上下文

上下文（Context）是 Repast Simphony 中的核心概念和对象，它提供了一种从建模和软件视角组织 Agent 的数据结构。本质上，虽然上下文只是一个装满了 Agent 的容器，但它的作用不仅仅是一个容器。

上下文是一种数据结构，也是一种基于集合语义的简单容器。任何类型的对象都可以放入上下文，但它只包含任何给定对象的一个实例。从建模角度看，上下文表示一个抽象的对象群体，这些对象没有空间或关系概念，故被称为原型 Agent。上下文是一种用于定义群体及其个体交互的基础结构，但并不为其中的原型 Agent 提供任何交互机制和具体实现。所以说，上下文拥有一群具有理想化行为的原型 Agent，但在将某种结构施加于上下文之前，行为本身无法实现。

上下文可以分层嵌套为由父上下文和子上下文构成的树。Agent 可以随时加入或离开上下文，并且可以同时存在于多个父上下文和子上下文中。

2）投影

投影（Projection）用于指定给定上下文中 Agent 之间的关系。有 4 种类型的投影，即多维网格、多维连续空间、网络和 GIS 空间。

上下文也是投影的容器。每个上下文可以包含给定模型所需的任意数量的投影。每个上下文中的每个投影定义了该上下文中每对 Agent 之间的一组关系。例如，给定上下文中的三维连续空间投影定义了每对 Agent 之间的空间关系（欧氏距离）。在同一个上下文中，第一个网络投影可以定义 Agent 之间的友谊关系，第二个网络投影可以定义 Agent 之间的家庭关系。

当上下文创建容器保存 Agent 时，投影会把特定结构施加于这些 Agent 上。投影允许建模者创建一种定义空间、网络或其他关系的结构。附加于一个上下文的投影将作用于该上下文中所有的 Agent。因此，一个 Agent 必须首先存在于一个上下文中，然后才能在一个投影中使用。

可以将多个投影添加到同一个上下文中，例如，上下文同时容纳网格、网络和 GIS 空间是可行的。

3）查询

Repast Simphony 提供了一种用来查询一个模型的上下文层次结构及关联的投影和 Agent 的机制。该机制提供了查找具有特定类型、特定个体属性和特定投影属性的 Agent（例如，处于网格中特定位置的 Agent，或者与其他 Agent 之间具有特定类型的连接的 Agent）的方法。

查询由 16 个概念谓词定义。基于这些概念谓词的搜索也可以用 Java 语法强制执行，或者用观察器语法以声明方式执行。在强制模式下使用时，查询通常返回一个扫描对象或迭代器列表。这些迭代器可用于程序化的 Agent 行为，以对列表成员进行操作和响应。

4）观察器

观察器机制建立在上下文层次结构和查询系统之上，目的是提供行为触发器。观察器使建模者能轻松完成下列工作：①定义查询以查找要监视的其他 Agent；②定义要监视的其他 Agent 的属性；③定义受监视属性和其他属性的激活条件；④指定触发激活条件时响应的时间；⑤指定触发激活条件时要调用的行为。

Repast Simphony 的上下文、投影、查询和观察器的组合，为 ABMS 的实现提供了一个强大而灵活的环境。

4．时序调度

Repast Simphony 有 5 种调度（Schedule）方法，每种方法都有其特定目的。

1）使用模型初始化器

模型初始化方法有多种，哪种最合适取决于特定的建模需求。Eclipse 的新类向导用 initialize()方法创建了一个模板类，其中可以包含模型初始化代码。

第 2 章 相关理论与技术

ModelInitializer 实现代码在每个运行时会话中只执行一次，即使模型已重置/重新启动，并且在执行 ContextBuilder 实现代码之前也是如此。

常见的模型初始化设计考虑是在 tick=0 时进行 GUI 初始化，在 tick=1 时进行模型初始化，然后在 tick>1 处调度所有模型行为。Repast Simphony 允许使用 GUI 参数和用户面板来设置任何模型初始化信息。

2）直接调度行动

这种调度类似于在 Repast Simphony 中始终调动行动的方式，但又有区别。在采用这种调度方式时会生成一个记录何时运行及运行什么的调度计划。

3）用注释调度

注释在 Java 中是元数据的位，它可以附加到运行时可用的类、方法或字段上，以为系统提供更多信息。对于 Repast Simphony，注释非常适合将某些类型的调度信息与应该被调度的方法联系起来。使用注释调度的典型情况是在编译时已知一些行动的调度计划。

这种基于注释的调度不是为处理动态调度（行动的调度计划在编译程序时未明确定义）而设计的，只是为处理静态调度（行动的调度计划在编译程序时已明确定义）而设计的。

4）调度全局行为

有两种此类调度方法，两者都假定在 ContextBuilder Java 类中创建模型。第一种方法是让 ContextBuilder 扩展 DefaultContext。在完成此操作后，可以将 @ScheduledMethods 添加到此 ContextBuilder 中以执行一些全局操作。第二种方法是用 RunEnvironment 对象获取对当前计划的引用，通过该引用添加行动。

5）用观察器调度

观察器用于模型设计者完全理解典型工作流的动态调度中。基本上，观察器允许将另一个 Agent 的状态变化通知给另一个 Agent，并调度一个作为结果发生的事件。观察器用一个注释来设置。不过，使用者并非直接使用静态时间作为调度参数，而是指定一个查询用来定义要被观察的对象，再指定一个查询用来定义执行行动必须满足的触发条件。

6）停止或暂停调度

Repast Simphony 的调度可以通过模型代码停止或暂停，可以在预定时间停止或暂停，也可以通过某个事件立即停止或暂停。

2.4.4 Mesa 建模仿真框架

1. 框架概述

Mesa 是一种用 Python 编写的用于构建、分析和可视化 ABM 的模块化框架。该框架允许用户用内置核心组件（如空间网格和 Agent 调度程序）或自定义组件快速创建 ABM，用浏览器界面可视化 ABM，用 Python 的数据分析工具分析运行结果。

Mesa 包括 3 类模块：①建模模块，该模块用于构建模型本身，由一个模型类、一个代理类和一个用于确定 Agent 的行动顺序和移动空间的调度程序构成；②分析模块，该模块由一组用于收集从模型生成的数据，或使用不同的参数值多次运行该模型的工具构成；③可视化模块，该模块由一组通过具有 JavaScript 接口的服务器创建和启动交互式模型可视化的类构成。上述模块既彼此分离又协同工作。

2. 建模模块

大多数模型由一个表示模型本身的类、一个或多个 Agent 类和一个用来处理时间（Agent 以顺序执行操作）的调度程序构成，有时还包括一个供 Agent 寄宿与移动的空间。Mesa 的具体建模模块包括 mesa.Model、mesa.Agent、mesa.time 和 mesa.space。ABM 的一般框架如算法 2-1 所示。

算法 2-1　ABM 的一般框架

```
1    from mesa import Agent, Model
2    from mesa.time import RandomActivation
3    from mesa.space import MultiGrid
4    class MyAgent(Agent):
5        def __init__(self, name, model):
6            super().__init__(name, model)
7            self.name = name
8        def step(self):
9            print("{} activated".format(self.name))
10           # Whatever else the agent does when activated
11   class MyModel(Model):
12       def __init__(self, n_agents):
13           super().__init__()
14           self.schedule = RandomActivation(self)
15           self.grid = MultiGrid(10, 10, torus=True)
```

第 2 章　相关理论与技术

```
16            for i in range(n_agents):
17                a = MyAgent(i, self)
18                self.schedule.add(a)
19                coords = (self.random.randrange(0, 10), self.random.randrange(0, 10))
20                self.grid.place_agent(a, coords)
21        def step(self):
22            self.schedule.step()
```

如果实例化模型并运行一个仿真步（见算法 2-2），将会看到按随机顺序激活的若干 Agent。Mesa 的教程和 API（Application Program Interface）文档详细介绍了如何在模型中添加功能。

算法 2-2　实例化模型并运行一个仿真步

```
1    model = MyModel(5)
2    model.step()
```

3．分析模块

当用模型进行研究时经常需要收集每个模型运行生成的数据，还经常需要多次运行模型以查看某些输出如何随不同参数而变化。在 Mesa 框架下，实现数据收集和批处理运行的分析模块包括 mesa.datacollection 和 mesa.batchrunner。通过算法 2-3 可以向模型中添加数据收集器。

算法 2-3　向模型中添加数据收集器

```
1    from mesa.datacollection import DataCollector
2    # ...
3    class MyModel(Model):
4        def __init__(self, n_agents):
5            # ...
6            self.dc = DataCollector(model_reporters={"agent_count":
7                                    lambda m: m.schedule.get_agent_count()},
8                                    agent_reporters={"name": lambda a: a.name})
9        def step(self):
10            self.schedule.step()
11            self.dc.collect(self)
```

数据收集器将在模型的每个步骤中收集指定的模型级数据和代理级数据。数据收集完成后可以按算法 2-4 将其提取为 pandas 数据帧。

算法 2-4　将收集的数据提取为数据帧

```
1   model = MyModel(5)
2   for t in range(10):
3       model.step()
4   model_df = model.dc.get_model_vars_dataframe()
5   agent_df = model.dc.get_agent_vars_dataframe()
```

若希望在修改模型参数（如 n_agents 参数）的同时批量运行模型，则需要使用 batchrunner 模块（见算法 2-5）。

算法 2-5　使用 batchrunner 模块批量运行模型

```
1   from mesa.batchrunner import BatchRunner
2   parameters = {"n_agents": range(1, 20)}
3   batch_run = BatchRunner(MyModel, parameters, max_steps=10,
4                   model_reporters={"n_agents": lambda m: m.schedule.get_agent_count()})
5   batch_run.run_all()
```

与数据收集器一样，模型在批量运行结束后可以将数据提取为数据帧，如算法 2-6 所示。

算法 2-6　将数据提取为数据帧

```
1   batch_df = batch_run.get_model_vars_dataframe()
```

4．可视化模块

该模块用于直接观察运行时的模型。由一个本地 Web 服务器负责在浏览器中用 JavaScript 渲染模型。不同类型的数据需要用不同的组件绘制。例如，网格组件用于绘制 Agent 的移动过程，图表组件用于显示某些数据在模型运行时如何变化。核心的可视化模块包括 mesa.visualization.ModularVisualization 和 mesa.visualization.modules。算法 2-7 展示了如何快速启动模型可视化效果，它将在默认端口 8521 上启动基于浏览器的可视化效果。

算法 2-7　快速启动模型可视化效果

```
1   from mesa.visualization.modules import CanvasGrid
2   from mesa.visualization.ModularVisualization import ModularServer
3   def agent_portrayal(agent):
4       portrayal = {"Shape": "circle", "Filled": "true", "Layer": 0, "Color": "red", "r": 0.5}
5       return portrayal
```

6	grid = CanvasGrid(agent_portrayal, 10, 10, 500, 500)
7	server = ModularServer(MyModel, [grid], "My Model", {'n_agents': 10})
8	server.launch()

2.5 本章小结

本章简要介绍了本书后续研究中用到的效用理论、模糊集理论、网络科学，以及 ABMS 理论与技术。

关于效用理论，首先回顾了效用内涵的变迁和效用函数的由来，其次简要介绍了消费者偏好、基数效用函数、序数效用函数、边际效用、期望效用、间接效用、预算约束等与本书研究密切相关的概念和理论。

关于模糊集理论，首先简要回顾了模糊集理论的诞生历史，其次介绍了模糊集合、隶属函数、论域等基本概念，以及模糊集的并、交、补、差等模糊运算，最后简要介绍了模糊逻辑方面的相关内容，包括语言变量、基于 Mamdani 规则和 TSK 规则的两种模糊系统。

关于网络科学，首先回顾了网络科学的发展简史，其次介绍了网络规模、网络密度、平均度、平均最短路径程度、网络直径、聚类系数等 10 种复杂网络的属性，最后简要介绍了 ER 模型、WS 模型、BA 模型等 5 种经典的复杂网络模型。

关于 ABMS 理论与技术，首先从什么是 Agent、模型概述、基本理论、集成其他模型方法、模型实现及模型验证与确认 6 个方面介绍了 ABM，然后从平台简介、项目设置与配置、基本概念及时序调度 4 个方面简要介绍了 Repast Symphony 建模与仿真平台，最后从框架概述、建模模块、分析模块及可视化模块 4 个方面介绍了 Mesa 建模与仿真框架。

第3章　消费者决策分析

广义的消费者是指购买、使用各种消费物品或服务的个人或组织，广义的消费者决策是指消费者为获取、使用、处置消费物品或服务所做的各种决策，包括先于且决定这些决策的决策过程。本书中的消费者特指购买、使用和评价多品牌产品、多代产品或多品牌多代产品的个人，消费者决策特指消费者针对上述产品的购买决策和评论决策。本章主要分析这两种消费者决策的影响因素。

3.1　购买决策分析

影响消费者做购买决策的因素包括消费者属性、产品属性和社会环境3个方面。

3.1.1　消费者属性

大量实证研究表明，影响消费者做购买决策的消费者属性主要包括收入水平、消费需求，以及消费者对产品的属性偏好、风险偏好和购买经验。

1. 收入水平

众多研究表明，收入水平是影响消费者购买决策的重要因素。Kim等（2002）研究发现，人均收入和可支配收入是衡量消费者投入消费品资源数量的良好指标，消费者的收入水平会显著影响其产品选择行为。Alba等（1997）通过使用根据英国家庭的消费数据建立的收入水平和消费支出关系模型研究发现，收入水平的离差和均值对消费支出有较大影响。Gross和Souleles（2002）研究发现，消费者的收入水平越高，选择的产品价格越高，并且相对于低收入人群更容易做出产品选择。一般来讲，高收入者对价格的敏感性较低，他们在购买产品时优先考虑其他产品属性而非价格。价格昂贵的商品一般整体性能更高，高收入者更有可能购买；低收入者对价格的敏感性较高，他们在购买产品时更多关注价格而非其他产品属性。Davies（1969）研究发现，收入水平较高的消费者流动频率较高，他们更倾向于专业昂贵的定制消费品。Hawkins 等（2009）研究发现，大部分消费者会根据收入水平购买价格在可接受范围内的产品。少数攀比心理或个性展示需求较为强烈的消费者，有可能通过分期付款、贷款等方式购买其收入水平难以一次性承担的产品。

近年来，我国消费者人均收入水平随着我国经济实力的不断增长发生变化，并且总体呈现长期上升趋势。国家统计局发布的统计数据显示，2016—2020 年，我国居民人均可支配收入分别为 23821 元、25974 元、28228 元、30733 元、32189 元。

2．消费需求

消费需求是指在某一特定时期内，人们为满足某种需要而产生的拥有某物质的欲望。Park 和 Young（1986）将消费需求分为功能性需求、社会性需求和体验性需求。功能性需求常常是为解决消费者的某些问题而产生的，属于最低层次的激励性需求，例如，消费者对某品牌洗衣液格外关注，可能是因它满足了消费者对清洁剂的安全性和低刺激性的需要。社会性需求是消费者为表达社会归属感、社会地位等而产生的，例如，某些消费者只选择高知名度的品牌产品以示其个人身份等。体验性需求是消费者为满足感官愉悦而产生的，例如，消费者更倾向前往可以试穿的商店购买衣物。基于此三类需求，各类制造商不断研发新产品以满足消费者。从心理学视角看，人会在外界刺激下做出反应。消费者发生购买行为是因为受到外界刺激后大脑给予反馈并产生需求，一旦这个需求没有得到满足，消费者内心便会产生购买动机，主动寻求购买目标并完成购买决策（Howard 和 Sheth，1969）。

Homer 和 Kahle（1988）认为，消费需求可以作为消费态度和购买行为的前因变量。在消费者面对多样化产品时，他们考虑的不仅是产品的功能或性能是否满足预期，还会考虑该产品能否表达其个性、社会地位或满足其心理需求。当一个人对某种需求很迫切时便会想方设法去满足这种需求。从紧迫性角度又可将消费需求分为"必须拥有"的刚性需求和"可有可无"的弹性需求，例如，消费者在旧智能手机突然损坏或丢失的情况下，对新智能手机的消费需求就属于"必须拥有"的刚性需求；消费者在智能手机可以正常运行的情况下对新智能手机的消费需求就属于"可有可无"的弹性需求。相互攀比、个性展示、追求新鲜等心理，常常是弹性需求条件下发生购买行为的起因。

此外，消费者越渴望拥有某产品，大脑给予的刺激就会越大，对该产品的需求意愿就会越强，购买该产品的可能性就越高。如果该消费者发生购买行为，那么他对市场中该类产品的需求将达到最小，直到以后某个时间才会重新产生需求，发生回购行为。以智能手机为例，国际市场调研公司 Counterpoint 报告指出，全球消费者平均每 21 个月更换一次智能手机。这是因为从消费者购买智能手机并开始使用算起，智能手机性能会随着使用时间的增加而逐渐老化，并出现卡顿或死机等各种问题，将无法满足消费者的使用要求，这时消费者便会再次产生需求，发生购买决策。

3. 属性偏好

属性偏好是指不同消费者对产品的价格、质量、性能、外观等属性的重视程度。冯建英等（2006）认为，不同消费者由于收入、学历、年龄和性别等人口特征不同，在选择产品时对其质量、性能和品牌等属性的偏好权重也不同。因此，不同消费者面对同样产品的感知价值是不一样的。Swan 和 Combs （1976）研究发现，当消费者通过有限渠道获取产品属性信息后，产品属性与期望的差异越大，消费者的满意度越低，并且会根据产品性能的差异将各属性进行权重排序；Myers 和 Alpert（1968）认为，消费者会将产品属性分为自然属性和决定性属性，而且尤为关注后者。例如，如果所有家电产品都足够安全且能满足消费者要求，那么安全性便不是决定性属性。若安全性与产地或制造商相关，那么安全性高的日用品将拥有更高的销量，消费者在购买前的属性考虑排序将决定其购买后对产品的满意度（Alpert，1971）。Arnould 等（2002）也认为，消费者对已购产品的满意与否依赖该产品的某些属性；Shocker 和 Srinivasan（1979）将产品属性与消费者感知、偏好和决策联系起来。由于消费者的异质性，他们在挑选备选品时，必然会从产品属性角度考虑。消费者对产品属性的不同偏好，决定了各产品能否成为候选品。

4. 风险偏好

风险偏好是指消费者在决定采取行动降低风险前，为追求某种创新型目标而对风险的接受程度。它代表了不同消费者在创新带来的潜在优势和革新带来的潜在威胁之间进行权衡时的不同态度。风险偏好反映了消费者在购买决策错误时所能承受的风险程度（吕莉莉，2009）。风险偏好不同的消费者对相同产品的购买意愿有差别。风险偏好者更容易"尝鲜"，这部分人往往是新产品入市后的第一批购买者。风险谨慎者一般在新产品入市初期会选择观望，要等到有部分人购买后才会选择购买。

Rogers（1983）将风险接受度最高（购买时间最早）的消费者定义为创新者，按购买顺序分为早期购买者、早期大多数、晚期大多数和滞后者。它反映了每个消费者的个人特质，体现了消费者的异质性。对于新产品，消费者或许只了解产品的部分属性，也可能对产品的创新属性一无所知，这种所获信息的不完全性将转化为消费者的风险偏好程度。在面对这种不确定性时，风险接受度有差异的消费者会产生选择差别。Tsai（2013a）的研究显示，在面对创新时，消费者会由于专注产品的某方面属性而忽略其他因素（如其他消费者对产品的评价等）而直接做出决策。因此，在面对创新型产品时，消费者会把产品的创新融合到对各属性的偏好中进行综合分析。

5. 购买经验

消费者过往的购买经验对未来的购买决策至关重要，这里的购买经验是指消费者在使用某品牌产品的过程中对其的使用感受，也就是消费者在使用过程中对该品牌产品的满意度。黄劲松等（2004）研究发现，过去的购买经验（满意度）是影响消费者重复购买的重要因素；李东进（2000）研究发现，消费者在搜寻所要购买的产品时首先选择自己记忆存储中的经验或知识。

消费者在购买产品后，将在使用该产品的过程中获得经验，这些经验将直接影响消费者是否会再次购买同一品牌的产品。使用产品的满意度若高于预期，会增加重复购买该品牌产品的概率；若低于预期，将降低再次购买该品牌产品的可能性，消费者将有较大概率购买其他品牌的产品。

3.1.2　产品属性

消费者购买产品不仅为了获得产品，也为了获得产品的使用价值（Sengupta等，2007）。Rogers（1983）认为，产品本身的一些属性是影响消费者购买决策的关键因素，如价格、质量、性能、品牌、外观和创新等。除了这些属性，入市时间和退市时间对产品扩散的影响也很大。

1. 价格

据统计，消费者在做出购买决策前会考虑产品的多种属性因素。但是，大多数消费者会首先关注价格。Wathieu 和 Bertini（2007）研究发现，消费者对某个产品的购买意愿会随产品价格的浮动而发生变化。李阳（2016）从亚马逊上数码产品的在线评论中发现，价格是影响消费者购买哪款产品的关键。当消费者对产品的各项配置理解模糊、不易分辨其性能好坏时，价格将成为消费者做购买决策的首要参考因素。Kreng 和 Wang（2013）在研究价格、广告和产品间关系等营销组合变量对产品需求的影响时指出，价格在其中发挥着关键作用。

从企业角度看，产品的价格在一定程度上决定了其未来的扩散过程。

Golder 和 Tellis（1998）研究发现，价格升高会降低产品销量，抑制产品扩散。Dolan 和 Jeuland（1981）研究发现，企业推出新产品时会综合市场需求和产品特征进行定价，渗透和撇脂则是其中最经典的两类定价策略。渗透定价策略是指在产品或技术引入初期，通过低价吸引更多消费者购买，进而随着市场上对该产品接受度的提高，增加该产品的扩散速度。撇脂定价策略是指在产品入市早期，以高价出售获得高额利润，随着产品逐渐扩散，为提高市场占有率，再逐渐降低价格。许多研究者利用这些价格策略提出关于价格的响应函数，研究发现，价格会影响产品的市场潜量（Jain 和 Rao，1990）和扩散速度（Horsky，1990），并且可以作为销量预测的依据（Duan 等，2008b）。

2. 质量

Moorthy 和 Zhao（2000）和 Ayanwale 等（2005）研究发现，产品的质量是消费者进行购买决策时考虑的关键因素。很多产品竞争对手众多，只有质量过硬的产品才能获得竞争优势。Huawei 智能手机近年来在消费者心中的地位越来越高，在国际数据公司 IDC 公布的 2018 年第三季度全球智能手机销量排名榜上 Huawei 排名第二，这与 Huawei 在质量上的高投入，以及制定了很多远超业界常规的质量标准是分不开的。行业在检测智能手机质量时通常采用"6090"标准，即在温度 60℃、湿度 90%的环境下检测。Huawei 为了使智能手机质量更加过硬，将标准改为"双 85"，即温度 85℃、湿度 85%、连续检测 240 个小时。消费者希望在同样价格下获得最好的产品，而产品的好坏一般与质量相关。产品质量往往决定了消费者再次购买的意愿。如果某次购买的产品出现质量问题，将极大降低消费者对该产品品牌的印象，从而降低消费者再次购买该品牌产品的意愿（Moorthy 和 Zhao，2000）。Samsung 智能手机在早期智能手机市场一直排在前列，但 2016 年"电池门"事件的发生改变了局势。不仅导致 Samsung Galaxy 系列销量迅速下滑，更让消费者对 Samsung 智能手机整体的质量产生了怀疑。

3. 性能

随着社会的不断进步，消费者越来越离不开电子产品，如智能手机与计算机的普及极大提高了消费者的生活品质和工作品质。对于电子产品，消费者尤其看重的是使用体验。产品性能是消费者使用体验的决定性因素。以智能手机为例，运行速度、存储空间和续航时间等是消费者格外看中的性能指标。例如，很多智能手机 App 对内存的要求越来越高，特别是最近几年智能手机游戏的蓬勃发展，使不少消费者在购买智能手机时会优先考虑产品的性能。因此，电子产品的性能也是影响消费者购买决策的重要因素（李阳，2016）。产品的性能越好，消费者购买该产品的可能性也越高。

从配置分析，产品的硬件配置是影响消费者使用体验的重要因素。从近几年的智能手机新品发布会可以看出，智能手机的运行内存、存储空间、续航能力是消费者格外重视的硬件指标，产品的配置越好，购买该产品的可能性也会越高。

消费者在面对不同产品时，往往会综合产品的外观、质量、配置等方面产生不同的总体感知，并会从中选择一个表现更优的产品。产品本身的综合性能越高，购买的可能性就越大。

4. 品牌

研究表明，大多数消费者在购买产品前会看品牌（Kamins 和 Marks, 1991）。在消费者眼中，不同品牌不仅意味着产品来自不同厂商，更重要的是品牌背后所代表的潜在价值。每个品牌的价值都是从该品牌产品入市开始的一个积累过程。由于不同品牌产品的入市时间、价格、质量等属性不一样，每个品牌在消费者心中的价值也会有所区别。一般来说，消费者在购买产品时，会优先选择品牌价值较高的产品。因此，产品品牌也是影响消费者购买决策的一个重要因素，它在一定程度上代表着消费者的价值倾向。王家宝和秦朦阳（2011）通过实证研究发现，品牌知名度越高，越能促进消费者对产品的感知质量，从而增加消费者购买该产品的概率；李向辉和周刺天（2013）研究发现，消费者更倾向于选择品牌知名度高的产品。因此，品牌知名度可以有效降低消费者的感知风险，品牌知名度越高，消费者购买意愿就越大。

5. 外观

郭宇君等（2016）的调查结果表明，在产品的各种属性中，消费者对质量、性能、外观关注的比例分别达到 42.86%、35.71%、7.41%。根据实际经验，消费者选择产品时一般不会忽略产品的质量及性能，甚至非常重视。不同产品在质量及性能方面的差异也较容易区分。例如，通过对比不同智能手机的各部件材质、内核处理器、主屏像素等关键指标就很容易区分不同智能手机的优劣。

在外观方面，年龄段和用途的差异会令消费者选择不同样式的产品。米娜（2012）的研究显示，当不同产品的质量、性能等属性相近时，外观和设计便成为消费者做出购买决策的一个相当重要的因素。外观不存在优劣之分，不同职业、年龄的消费者对产品外观有着不同的理解。若消费者平时生活追求时尚潮流，则会偏向于选择外观新颖、握持舒适的数码产品；若消费者是个商务工作者，则会偏向选择外观普通的数码产品，更贴合其沉着冷静的工作形象；若消费者是老龄用户，一般仅作日常沟通使用，则更偏向于选择方便携带、操作简单的数码产品。

6. 创新

技术革新是产品创新的关键驱动力之一，创新型产品的市场往往以高创新率为特征，即新产品扩散量占总产品扩散量的比率（Acs 和 Audretsch，1987）。例如，电信设备行业的代际替换周期一般较短，两代产品之间的技术进步较小；汽车行业的代际替换周期一般较长，两代产品之间的技术进步较大（Christodoulos 等，2010）。

较大的创新使消费者判断其效能的不确定性增大，这可能会加大创新被消费者采纳的阻力。只要消费者未收到足够的可用信息，对创新价值的判断就存在不确定性。在获得足够信息的情况下，购买创新型产品的比例才会增加。一般来说，创新的首次引入不会带来显著的销量变化。第二次引入创新时，产品的实用性能将决定其购买率是否会明显上升或下降。Zsifkovits 和 Gunther（2015）将创新产品在消费者中扩散的复杂过程转化为创新阻力，这种创新阻力融合了消费者对创新产品的接受程度，它不仅可能阻碍消费者对创新产品的采纳，也可能改变决策者对该产品的评价。

综上所述，创新应被理解为中性词，若符合消费者口味便是有效创新，将为企业创造客观的效益，反之企业投入的研发、人力等资源将变为沉没成本。例如，Nokia 借鉴了 Apple 智能手机的无键盘触摸屏设计，研发了一款触摸屏与键盘结合的 N97 产品，当时在社交网络中的口碑褒贬不一。由于操作屏幕被占用，部分 Nokia 智能手机的忠实消费者对该产品产生疑虑并失去了兴趣，造成产品销售严重滑坡。这一将触摸屏与键盘结合的举动虽然是 Nokia 应对需求的创新举措，但错误的形势判断使这一创新效果甚微。因而，能否将创新转化为吸引消费者的实用性能，极大地影响了产品扩散的效果。

7. 入/退市时间

企业要想在激烈的市场竞争中不被淘汰，就需要通过不断改进和创新产品来增强自身的核心竞争力。产品研发周期越长，上市后的扩散速度越慢（Pae 和 Lehmann，2003）。任何产品都有生命周期，随着产品老化和新品推出，消费者会产生新的购买需求。

Wakolbinger 等（2013）指出，产品的入市与扩散是一个受各方市场参与者影响的复杂过程，产品何时退市取决于消费者的选择趋势。Williams（1992）认为，调整产品入市时间可以获得可持续的竞争优势。为获得最大效益，各代产品入市需要一定的时差，这种时差应随市场需求的改变而变。Williams 在研究多个细分市场中新产品何时上市的问题时发现，在前代产品达到最高销量前后上市新产品，能达到的后续扩散效果最好。Kreng 和 Wang（2013）在构建基于系统动力学的多代产品扩散模型时发现，入市时间过晚会导致产品销量急剧下降。多数情况下，新产品入市时前代产品并不会立即退市，多代产品并存为消费者提供了更多选择机会，其中竞争力弱的产品将被淘汰并退出市场。为了利益最大化，每代产品的入市时间和退市时间就需要格外考虑，要随市场需求的变化而灵活改变。

3.1.3 社会环境

大多数消费者在购买产品时很关注线上评论，希望从中掌握更多的产品信息和其他消费者的使用感受。大部分消费者做购买决策时受邻居（身边朋友或熟人）的购买行为的影响也很大，表现出明显的从众行为。为此，本节从线上评论和邻居行为两方面讨论社会环境对消费者购买决策的影响。

1. 线上口碑

线上口碑的主要形式包括星级评定和自由文本（Mudambi 和 Schuff，2010），互联网是其主要传播渠道。武鹏飞和闫强（2015）的研究表明，线上口碑是非常重要的影响购买决策的因素。据估计，97%的购买决策受到线上口碑的影响。大部分消费者之所以愿意相信线上口碑，是因为购买者的亲身经验更真实。线上口碑不像线下口碑依赖现实社交关系，所以传播范围更广、对购买决策的影响更大（冯娇和姚忠，2016；Chevalier 和 Mayzlin，2006）。Goh 等（2013）的研究表明，消费者普遍认为，线上口碑比线下口碑更可靠。

Hennig-Thurau 和 Walsh（2003）及 Datta 等（2005）都认为，线上口碑的可信度和真实度高于企业发布的产品信息，它一定程度上可消除购买决策的不确定性，可增强消费者对产品的信任（Bristor，1990）。Duan 等（2008b）发现，线上口碑对消费者具有意识效应和说服效应。Park 等（2007）的研究表明，参与度低的消费者容易受口碑数量的影响，而口碑质量和口碑数量都容易影响参与度高的消费者。Ahmad 和 Laroche（2017）的研究表明，消费者关注口碑有助于其做出正确的购买决策。线上口碑既能减少购买决策的不确定性，又能增加产品销量（Ba 和 Pavlou，2002）。

口碑有正负之分（Ni 等，2007）。正面口碑反映了购买者满意所购产品，会增强其他消费者对该产品的信任和购买意愿；负面口碑反映了购买者不满意所购产品，会减弱其他消费者对该产品的信任和购买意愿。研究表明，正面口碑可以显著促进产品销售（Ba 和 Pavlou，2002），增加正面口碑有助于扩大产品销量（Chevalier 和 Mayzlin，2006），正面口碑和负面口碑对消费者购买决策的影响程度不同（Zhang 等，2010），负面口碑的影响更大（Arndt，1967a；Richins，1983），尤其对那些风险厌恶的消费者（Casaló 等，2015）。因此，消费者更关注和更愿意相信负面口碑（李阳，2016），认为负面口碑更真实、更具有参考性，在做购买决策时更依赖负面口碑（Ahluwalia 等，2000）。某产品若负面口碑明显比正面口碑多，消费者购买该产品的可能性将大大降低，若该产品没有或者很少有负面口碑，则购买该产品的可能性就大得多（Lee 等，2008）。

口碑数量也是影响购买决策的重要因素。Duan 等（2008a）和 Clemons 等（2006）研究发现，口碑数量和产品销量呈显著正相关。口碑数量越多，说明购买者越多，产品越受欢迎，越容易激发其他消费者的购买意愿。口碑数量越少，说明购买者越少，产品越无人问津，这种情况下消费者无法从中获得足够有价值的信息，因而购买意愿降低（Godes 和 Mayzlin，2004）。

2．邻居行为

消费者选购产品时最信任其社交网络中邻居的意见，其次是线上口碑。这些邻居包括亲朋好友等熟人和意见领袖。Kelman（1961）研究发现，消费者认为从邻居购买者那里了解到的产品信息和使用感更可靠，这有助于他们正确决策，因此他们选购产品时更愿意听取亲朋好友的推荐或建议，更愿意购买邻居群体认可的产品（Sharma 和 Sheth，2004；Shimp 和 Bearden，1982）。

消费者的购买决策受家庭、朋友和所处阶层的影响很大（Childers 和 Rao，1992；Delre，Jager 和 Janssen，2007）。Venkatesan（1966）曾设计过一组实验，给 3 个完全相同的产品分别标上"A""B"和"C"，并告诉被实验者它们代表了不同品牌和品质。每组共 4 个学生，其中有 3 个被指示选择"B"。在大多数情况下第 4 个学生也会选择"B"。这一方面源自攀比心理，即邻居中拥有某产品的人数增多，消费者对该产品的需求越强烈；另一方面源自从众心理，即消费者为了与大多数人一致而更愿意购买与他们相同的产品。从众心理是一种普遍现象，指一个人因受周围群体影响而产生的在行动上想与他们保持一致的心理（李东等，2021）。从众现象反映了一种示范原理，即消费者与周围邻居一般具有相同的购买力，一旦有人购买某产品，他的邻居便会知道并有可能购买该产品，邻居的邻居也会知道并有可能购买该产品，进而促进产品扩散（Duesenberry，1949）。

因为意见领袖的信息获取渠道更多、社会参与程度更高，所以对消费者的购买决策影响更大（Kim 和 Hur，2013）。

3.2 评论决策分析

消费者是否发表线上口碑与他们是否满意所购产品有关。消费者对所购产品很不满意时通常想把这种坏心情告诉其他消费者，对所购产品很满意时通常也想把这种好心情和其他消费者分享（黄敏学等，2010）。对于购买者而言，线上口碑是一种很好的情绪表达方式。

产品性能会直接影响消费者的满意度。产品性能差，消费者的满意度就低。产品性价比也会影响消费者的满意度。俗话说，"一分价钱一分货"，并非性能越好，消费者就一定越满意，消费者是否满意还与产品的价格有关。Murgulets 等（2001）研究发现，消费者购买低价产品时会放低对产品质量的要求。因此，消费者若购买低价产品，表明他们已预见到并接受了低价产品的性能很可能不如高价产品，但这并不意味着消费者会对此产品不满意，消费者对此产品是否满意在于在此价格条件下产品的品质是否达到他的心理接受度。

Anderson（1998）研究发现，满意度与口碑发表的概率呈 U 形函数关系，对产品最不满意和最满意的消费者最可能发表口碑。Fernandes 和 Santos（2008）以巴西服务业为例的研究表明，消费者抱怨的态度越积极，发表负面口碑的概率越高。Wangenheim 和 Bayón（2007）对德国能源市场上初次购买者和重复购买者的研究显示，满意度对口碑生成倾向和口碑数量均有正向预测作用。Day 和 Landon（1976）研究发现，对产品越不满意的购买者劝告朋友不要购买该产品的行为越频繁。

3.3 本章小结

与多产品扩散有关的消费者行为有两种：产品购买决策和产品评论决策。掌握这两种消费者行为规律和影响因素，是后续构建多产品扩散模型的基础和关键。通过两种方法能够达到此目的，一是通过实证研究收集和分析一手数据；二是通过文献法收集和分析二手数据。消费行为及影响因素是一个已持续百年、积累了大量经典文献和成熟理论的研究领域，因此用文献法分析购买决策、评论决策及其影响因素，不仅结论更可靠，时间成本和经济成本也更加有优势。基于上述考虑，本章的研究采用了文献分析法。

首先，从消费者属性、产品属性和社会环境3个方面，分析了产品购买决策的影响因素。在消费者属性方面，对购买决策影响最大的是收入水平和消费需求，其次是消费者对产品的属性偏好、风险偏好和购买经验；在产品属性方面，对购买决策影响最大的是价格、质量和性能，其次是品牌、创新、外观、入市时间和退市时间；在社会环境方面，对购买决策影响最大的是线上口碑，其次是邻居行为，广告等广播式媒介的影响在逐渐减弱。

其次，从消费者对所购产品的满意度、影响满意度的因素、满意度与口碑发表的概率之间的关系三个方面，分析了影响产品评论决策的因素。

第 4 章 多代产品扩散仿真

本章首先构建一个基于 Agent 的多代产品扩散模型，其次在 Repast Simphony 仿真平台上用 Java 编写该扩散模型的仿真程序，最后使用该仿真程序进行仿真实验，研究消费者选购和评论产品的行为规律，以及在消费者属性、产品属性和社会环境影响下多代产品的扩散规律。本章所示结果均为 30 次仿真实验的平均值。

4.1 多代产品扩散模型设计

本章提出的多代产品扩散模型由多代产品子模型、消费者 Agent 子模型和社交网络子模型构成。本节首先设计多代产品子模型和消费者 Agent 子模型，其次讨论社交网络子模型的选择问题，最后设计该多代产品扩散模型的总体框架。

4.1.1 多代产品子模型

当从产品自身寻找产品扩散的影响因素时，对于任何产品扩散问题，价格、质量和性能都是重要因素；对于任何多产品扩散问题，入市时间和退市时间的影响也不能忽略；对于多代产品扩散问题，可以分为两种情形：一种是不考虑品牌差异的技术上的更新换代，如从电子管电视机到晶体管电视机的更新换代过程；另一种是同一品牌内不同代际产品之间的更新换代问题，如 Apple 品牌下 iPhone 智能手机的更新换代问题。无论在哪一种情形下，品牌知名度均非影响因素，但尺寸、外形等产品外观的影响则是客观存在的。

基于上述分析，在多代产品扩散问题中，本章将每个代际的产品用一个七元组(g, $Price_g$, $Quality_g$, $Feature_g$, $Look_g$, $EntryTime_g$, $ExitTime_g$)表示，其中各元素含义如下。

（1）g：产品的唯一代际标识，$g \in \mathbb{N} \setminus 0$。

（2）$Price_g$：第 g 代产品的价格，$Price_g > 0$。

(3) Quality$_g$：第 g 代产品的质量，Quality$_g \in [0,1]$，该值越大代表质量越好。

(4) Feature$_g$：第 g 代产品的性能，Feature$_g \in [0,1]$，该值越大代表性能越好。

(5) Look$_g$：第 g 代产品的外观，Look$_g \in [0,1]$，该值越大代表外观越好。

(6) EntryTime$_g$：第 g 代产品的入市时间，EntryTime$_g \geqslant 0$。

(7) ExitTime$_g$：第 g 代产品的退市时间，ExitTime$_g >$ EntryTime$_g$。

4.1.2 消费者 Agent 子模型

本节运用 ABMS 理论与技术，将每个消费者表示为一个消费者 Agent。每个消费者 Agent 由属性、状态和行为构成，并且所有消费者 Agent 是异质的。

1. 消费者 Agent 的属性

根据第 3 章对消费者决策分析的描述，在多代产品扩散问题中，将每个消费者 Agent 的属性表示为一个八元组(i, Income$_{i,t}$, Demand$_{i,t}$, BuyCycle$_i$, h_i, w_i^Q, w_i^F, w_i^L)，其中各元素含义如下。

(1) i：消费者 Agent 的唯一身份标识，$i \in \mathbb{N}$。

(2) Income$_{i,t}$：消费者 Agent i 在 t 时刻的收入水平，Income$_{i,t} > 0$。

(3) Demand$_{i,t}$：消费者 Agent i 在 t 时刻的购买需求，Demand$_{i,t} \geqslant 0$。

(4) BuyCycle$_i$：消费者 Agent i 的购买周期，是一个在区间[1, +∞]上服从正态分布 $N(\mu^B, \sigma^B)$ 的随机数。

(5) h_i：消费者 Agent i 的从众系数，$h_i \in [0,1]$，该值越大代表从众程度越高。

(6) w_i^Q：消费者 Agent i 赋予质量的权重，是一个在区间[0, 1]上服从正态分布 $N(\mu^Q, \sigma^Q)$ 的随机数。

(7) w_i^F：消费者 Agent i 赋予性能的权重，是一个在区间[0, 1]上服从正态分布 $N(\mu^F, \sigma^F)$ 的随机数。

(8) w_i^L：消费者 Agent i 赋予外观的权重，是一个在区间[0, 1]上服从正态分布 $N(\mu^L, \sigma^L)$ 的随机数。

根据国家统计局数据，改革开放以来我国居民收入水平一直呈单边上升态势。根据世界银行数据，进入 21 世纪以来，全球人均收入水平也呈单边上升态势，尽管增速明显较慢。基于这些事实，将 Income$_{i,t}$ 定义为分段函数：

第4章 多代产品扩散仿真

$$\text{Income}_{i,t} = \begin{cases} \text{Random}_i^N, & t = 0 \\ (1+a)\text{Income}_{i,t-1}, & t > 0 \end{cases} \quad (4\text{-}1)$$

其中，$a \geqslant 0$ 表示收入增长率，Random_i^N 是一个随机数，代表仿真开始时刻 Agent i 的收入水平，并且 $\text{Random}_i^N \sim N(\mu^I, \sigma^I)$。

根据第 3 章对消费者决策分析的描述，消费者的购买需求随时间呈现周期性变化。消费者购买产品时其购买需求最强烈，完成购买后其购买需求瞬间消失。根据购买需求的这一变化特点将 $\text{Demand}_{i,t}$ 定义为分段函数：

$$\text{Demand}_{i,t} = \begin{cases} \text{Random}_i^U, & t = 0 \\ \text{Demand}_{i,t-1} + 1/\text{BuyCycle}_i, & t > 0 \end{cases} \quad (4\text{-}2)$$

其中，Random_i^U 是一个在区间[0, 1]上服从均匀分布的随机数，代表仿真开始时刻 Agent i 的购买需求。

2. 消费者 Agent 的状态

在多代产品扩散问题中，每个消费者 Agent 具有以下 5 种状态。

（1）State_i：表示消费者 Agent i 的收入水平级别状态。根据消费者 Agent i 的收入水平与在售产品中的最高价格的比值 λ_i，将消费者 Agent 区分为高收入者、中收入者和低收入者。用 λ^1、λ^2 表示两个阈值。$\lambda_i \leqslant \lambda^1$ 时，消费者 Agent i 为低收入者；$\lambda^1 < \lambda_i \leqslant \lambda^2$ 时，消费者 Agent i 为中收入者；$\lambda_i > \lambda^2$ 时，消费者 Agent i 为高收入者。$\text{State}_i = 1$ 时，表示消费者 Agent i 是低收入者；$\text{State}_i = 2$ 时，表示消费者 Agent i 是中收入者；$\text{State}_i = 3$ 时，表示消费者 Agent i 是高收入者。

（2）$\text{State}_{i,g}$：表示消费者 Agent i 关于第 g 代产品的购买状态。消费者 Agent i 关于第 g 代产品有两个状态值：未购买者和已购买者。$\text{State}_{i,g} = 1$ 时，表示消费者 Agent i 是第 g 代产品的未购买者；$\text{State}_{i,g} = 2$ 时，表示消费者 Agent i 是第 g 代产品的已购买者。假设消费者 Agent 不会重复购买同款产品。

（3）$\text{State}_{i,b}^1$：表示消费者 Agent i 关于 b 品牌产品的忠诚状态。购买过 b 品牌产品的消费者 Agent i 有两个状态值：首次购买者和重复购买者。首次购买者是指以前未购买过而现在首次购买 b 品牌产品的消费者 Agent，重复购买者是指以前购买过而现在再次购买 b 品牌产品的消费者 Agent。$\text{State}_{i,b}^1 = 1$ 时，表示消费者 Agent i 是 b 品牌产品的首次购买者；$\text{State}_{i,b}^1 = 2$ 时，表示消费者 Agent i 是 b 品牌产品的重复购买者。

（4）$\text{State}_{i,b}^2$：表示消费者 Agent i 关于 b 品牌产品的出入状态。根据本次与上次所购产品的品牌是否相同，消费者 Agent i 有 4 个状态值：转入者、保持者、转出者和新进入者。转入者是指现在购买 b 品牌产品而上次购买其他品牌产品的消费者 Agent；保持者是指现在和上次均购买 b 品牌产品的消费者 Agent；转出者是指上次购买 b 品牌产品而现在购买其他品牌产品的 Agent；新进入者是指 b 品牌产品为首次购买产品的消费者 Agent。$State_{i,b}^2 = 1$ 时，表示消费者 Agent i 是 b 品牌产品的保持者；$State_{i,b}^2 = 2$ 时，表示消费者 Agent i 是 b 品牌产品的转入者；$State_{i,b}^2 = 3$ 时，表示消费者 Agent i 是 b 品牌产品的转出者；$State_{i,b}^2 = 4$ 时，表示消费者 Agent i 是 b 品牌产品的新进入者。

（5）$State_{i,b}^3$：表示消费者 Agent i 关于所购 b 品牌产品的风险偏好状态。根据购买决策是否受社会环境影响，购买者关于 b 品牌产品有两个状态值：创新者和模仿者。创新者是指购买决策没有受到邻居和正面口碑影响的购买者，模仿者是指购买决策受到邻居或正面口碑影响的购买者。$State_{i,b}^3 = 1$ 时，表示消费者 Agent i 是 b 品牌产品的创新者；$State_{i,b}^3 = 2$ 时，表示消费者 Agent i 是 b 品牌产品的模仿者。

3. 消费者 Agent 的行为

本节运用效用理论和模糊集理论，根据第 3 章对消费者决策分析的描述，为消费者 Agent 设计代际替换情形下的效用评估、购买决策和评论决策行为。

1）效用评估

消费者购买产品时首先会根据其收入水平，以及产品的价格、质量和性能等因素评估每个候选产品的效用。而且，这种评估是一种消费者在模糊感知这些因素基础上的模糊推理过程。基于上述分析，本章设计了效用评估模糊推理机（见图 4-1），用于计算 t 时刻消费者 Agent i 对第 g 代产品的效用评估。

$PIRatio_{i,g,t}$ → 模糊推理 → $Utility_{i,g,t}$
↑
$Value_{i,g}$

图 4-1 效用评估模糊推理机

该模糊推理机有两个输入变量和一个输出变量。

第一个输入变量 $PIRatio_{i,g,t}$ 为 $Price_g$ 与 $Income_{i,t}$ 的比值，用来衡量消费者 Agent i 的价格敏感度，值越小说明相对价格的收入水平越高，价格敏感度越低；反之亦然。其计算方式为

第 4 章 多代产品扩散仿真

$$\text{PIRatio}_{i,g,t} = \frac{\text{Price}_g}{\text{Income}_{i,t}} \tag{4-3}$$

第二个输入变量为消费者 Agent i 对第 g 代产品的价值的归一化估计,其计算方式为

$$\text{Value}_{i,g} = \frac{w_i^Q \text{Quality}_g + w_i^F \text{Feature}_g + w_i^L \text{Look}_g}{\max_g (w_i^Q \text{Quality}_g + w_i^F \text{Feature}_g + w_i^L \text{Look}_g)} \tag{4-4}$$

输出变量为 t 时刻消费者 Agent i 对第 g 代产品的效用评估 $\text{Utility}_{i,g,t}$。

所有输入变量和输出变量均采用三角形隶属函数(见图 4-2),这些变量的模糊集均为 {L,SL,M,SH,H},模糊值 L、SL、M、SH、H 依次代表低、较低、中、较高和高。效用评估模糊推理机的输入变量和输出变量的论域及隶属函数的横坐标如表 4-1 所示。

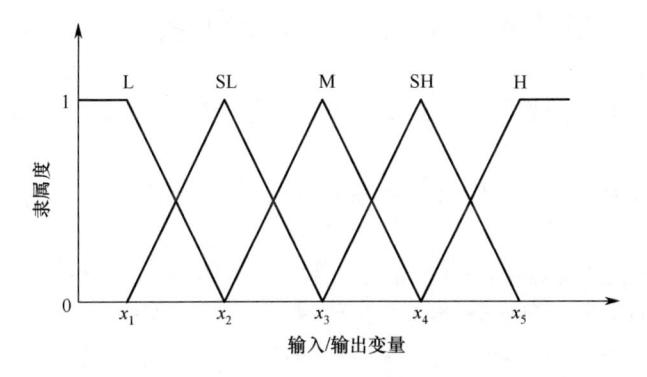

图 4-2 三角形隶属函数

表 4-1 效用评估模糊推理机的输入变量和输出变量的论域及隶属函数的横坐标

变量	论域	隶属函数的横坐标				
		x_1	x_2	x_3	x_4	x_5
PIRatio	$[0, +\infty]$	0	0.375	0.75	1.125	1.5
Value	$[0, 1]$	0	0.25	0.5	0.75	1
Utility	$[0, 1]$	0	0.25	0.5	0.75	1

该模糊推理机共有 25 条模糊规则(见表 4-2),这些规则的具体形式举例如下。

if PIRatio **is** L **and** Value **is** L **then** Utility **is** L
if PIRatio **is** L **and** Value **is** SL **then** Utility **is** SL
……
if PIRatio **is** H **and** Value **is** SH **then** Utility **is** SL

if PIRatio **is** H **and** Value **is** H **then** Utility **is** M

表 4-2　效用评估模糊推理机的模糊规则

Utility		PIRatio				
		L	SL	M	SH	H
Value	L	L	L	SL	L	L
	SL	SL	SL	SL	SL	L
	M	M	M	M	SL	SL
	SH	SH	SH	SH	M	SL
	H	H	H	H	M	M

该模糊推理机采用 Mamdani 的推理合成方法（Mamdani 和 Assilian，1975）进行模糊推理，采用重心法进行解模糊运算。假设输入变量 PIRatio 和 Value 已知，下面举例说明该模糊推理机的输入模糊化、模糊推理和输出解模糊运算过程。

第一步，利用隶属函数求出 PIRatio 的模糊值 L 和 SL 及 Value 的模糊值 SH 和 H。

第二步，从表 4-2 中找到与 PIRatio 和 Value 的模糊值对应的如下 4 条模糊规则。

if PIRatio **is** L **and** Value **is** SH **then** Utility **is** SH
if PIRatio **is** L **and** Value **is** H **then** Utility **is** H
if PIRatio **is** SL **and** Value **is** SH **then** Utility **is** SH
if PIRatio **is** SL **and** Value **is** H **then** Utility **is** H

第三步，用 Mamdani 的取最小值运算规则计算上面 4 条模糊规则中前件部分的合成隶属度。

$$\mu_1 = L \wedge SH ; \quad \mu_2 = L \wedge H ; \quad \mu_3 = SL \wedge SH ; \quad \mu_1 = SL \wedge H 。$$

第四步，对上面 4 条模糊规则中相同的推理结果进行取最大值运算，然后将这个最大值运算与其他推理结果合并，得到 Utility 的模糊集 $\{\max(\mu_1,\mu_3)/\text{SH}, \max(\mu_2,\mu_4)/\text{H}\}$。

第五步，用 2.3 节中的重心法对 Utility 的模糊集进行解模糊运算，得到 Utility 的清晰值。

2）购买决策

产品的效用是影响消费者是否购买该产品的主要因素。此外，根据第 3 章对消费者决策分析的描述，社会环境（线上口碑和邻居行为）对购买决策的影响也不容忽视。类似于消费者对产品效用的评估，各种因素影响下的购买决策

第4章 多代产品扩散仿真

也是一种模糊推理过程。基于以上分析,本章设计了购买决策模糊推理机(见图4-3),用于计算 t 时刻消费者 Agent i 对第 g 代产品的购买意愿。

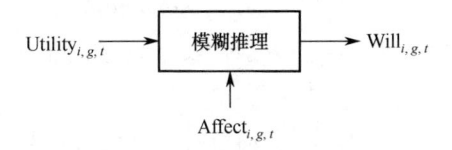

$$\text{Utility}_{i,g,t} \rightarrow \boxed{\text{模糊推理}} \rightarrow \text{Will}_{i,g,t}$$
$$\uparrow$$
$$\text{Affect}_{i,g,t}$$

图4-3 购买决策模糊推理机

类似效用评估模糊推理机,该模糊推理机有两个输入变量和一个输出变量。

第一个输入变量来自效用评估模糊推理机的输出,即 t 时刻消费者 Agent i 评估的第 g 代产品的效用 $\text{Utility}_{i,g,t}$。

第二个输入变量为 t 时刻社会环境对消费者 Agent i 关于第 g 代产品的购买意愿的影响,用式(4-5)计算:

$$\text{Affect}_{i,g,t} = \alpha \text{Affect}_{g,t}^R + (1-\alpha)\text{Affect}_{i,g,t}^H \tag{4-5}$$

其中,$\text{Affect}_{g,t}^R$ 为线上口碑的影响,$\text{Affect}_{i,g,t}^H$ 为邻居购买第 g 代产品的影响(从众效应),$\alpha \in [0,1]$ 为线上口碑的影响系数。

购买者可能对所购产品发表正面、中性或负面口碑。假设其他购买者的正面口碑和负面口碑分别对消费者 Agent i 购买第 g 代产品的意愿产生了正面影响和负面影响,中性口碑不产生影响。据此,设计式(4-6)计算 $\text{Affect}_{g,t}^R$:

$$\text{Affect}_{g,t}^R = f_{g,t} \cdot \frac{R_{g,t}^+ - \eta R_{g,t}^-}{R_{g,t}^+ + \eta R_{g,t}^-} \tag{4-6}$$

其中,$R_{g,t}^+$ 和 $R_{g,t}^-$ 分别为正面口碑和负面口碑的数量;$\eta \geq 1$ 是负面口碑的权重系数,表示负面口碑的影响大于正面口碑的程度;$f_{g,t}$ 是一个分段函数,用于描述一种事实,即线上口碑对消费者购买意愿的影响随着口碑数量的增加而增加,当口碑数量足够多时影响程度的变化可以忽略。据此,在本章中 $f_{g,t}$ 定义为

$$f_{g,t} = \begin{cases} \dfrac{R_{g,t}^+ + R_{g,t}^0 + R_{g,t}^-}{\theta^R}, & R_{g,t}^+ + R_{g,t}^0 + R_{g,t}^- < \theta^R \\ 1, & R_{g,t}^+ + R_{g,t}^0 + R_{g,t}^- \geq \theta^R \end{cases} \tag{4-7}$$

其中,$R_{g,t}^0$ 为中性口碑数量,θ^R 为口碑数量阈值。

t 时刻消费者 Agent i 购买第 g 代产品的意愿受其邻居的影响用式(4-8)

计算：

$$\text{Affect}_{i,g,t}^{H} = h_i \cdot \frac{\text{Neighbors}_{i,g,t}}{\text{Neighbors}_{i,t}} \quad (4\text{-}8)$$

其中，$\text{Neighbors}_{i,t}$ 和 $\text{Neighbors}_{i,g,t}$ 分别代表 t 时刻消费者 Agent i 的邻居总数和已购买第 g 代产品的邻居数。

输出变量为消费者 Agent i 对第 g 代产品的购买意愿 $\text{Will}_{i,g,t}$。

所有输入变量和输出变量均采用如图 4-2 所示的三角形隶属函数，这些变量的模糊集均为 {L,SL,M,SH,H}，模糊值 L、SL、M、SH、H 依次代表低、较低、中、较高和高。购买决策模糊推理机的输入变量和输出变量的论域及隶属函数的横坐标值见表 4-3。

表 4-3 购买决策模糊推理机的输入变量和输出变量论域及隶属函数的横坐标

变量	论域	隶属函数的横坐标				
		x_1	x_2	x_3	x_4	x_5
Utility	[0, 1]	0	0.25	0.5	0.75	1
Affect	[−1, 1]	−1	−0.5	0	0.5	1
Will	[0, 1]	0	0.25	0.5	0.75	1

该模糊推理机共有 25 条模糊规则（见表 4-4），这些规则的具体形式示例如下。

if Utility **is** L **and** Affect **is** L **then is** Will L
if Utility **is** L **and** Affect **is** SL **then is** Will L
...
if Utility **is** H **and** Affect **is** SH **then is** Will H
if Utility **is** H **and** Affect **is** H **then is** Will H

表 4-4 购买决策模糊推理机的模糊规则

Will		Utility				
		L	SL	M	SH	H
Affect	L	L	L	SL	SL	SL
	SL	L	SL	M	M	M
	M	SL	SL	M	SH	SH
	SH	SL	M	SH	SH	H
	H	M	M	SH	H	H

实际应用时，不需要对效用评估模糊推理机的输出变量 Utility 进行解模糊

运算，其模糊值可直接作为该模糊推理机的输入。与效用评估模糊推理机相同，该模糊推理机根据 Mamdani 的推理合成算法，用最小运算规则进行模糊关系运算。最后，用重心法对该模糊推理机的输出变量进行解模糊运算，得到 Will 的清晰值。

假定消费者 Agent i 首次购买产品时所有在售产品都是候选对象，重复购买时比已购产品入市晚的产品是候选对象。当同时存在多个候选产品时，消费者 Agent i 在 t 时刻的购买决策如算法 4-1 所示。

算法 4-1　消费者 Agent i 的购买决策

1	Threshold$_{i,t}^{D}$ ← θ_i^D
2	**if** 有新一代产品入市
3	Threshold$_{i,t}^{D}$ ← Threshold$_{i,t}^{D}$ − $\Delta\theta_t^D$
4	**end if**
5	**if** Demand$_{i,t}$ > Threshold$_{i,t}^{D}$
6	**for each** $g \in GL^S$
7	用效用评估模糊推理机计算 Utility$_{i,g,t}$
8	用购买决策模糊推理机计算 Will$_{i,g,t}$
9	**end for**
10	**if** 存在 Will$_{i,g,t}$ > θ_i^W 的 $g \in GL^S$
11	通过轮盘赌选择一个符合条件的 $g \in GL^S$
12	**if** rand(0, 1) < P
13	State$_{i,g}$ ← 2 //消费者 Agent i 购买了 g
14	**else**
15	State$_{i,g}$ ← 1 //消费者 Agent i 未购买 g
16	**end if**
17	Demand$_{i,t}$ ← 0
18	**end if**
19	**end if**

在上述算法中，θ_i^D 表示消费者 Agent i 的购买需求阈值，$\theta_i^D \sim N(\mu^{\theta^D}, \sigma^{\theta^D})$；$\Delta\theta_t^D$ 表示 t 时刻在新一代产品入市影响下，因购买该新产品的欲望增强，消费者 Agent i 会降低自身购买需求门槛的幅度。实践表明，新产品的各项属性越好，消费者购买的欲望越强烈，购买需求门槛越低；GL^S 表示在售代际产品列表；θ_i^W 表示消费者 Agent i 的购买意愿阈值；rand(0, 1)表示产生一个在区间(0, 1)上的随机数，P 代表消费者 Agent i 购买所选产品的概率。

3）评论决策

从第 3 章可知，质量和性能是除价格以外最重要的产品属性。因此，消费者 Agent i 对所购第 g 代产品的评分和满意度主要由该产品的质量和性能决定。第 g 代产品的质量和性能越好，消费者 Agent i 的评分越高，满意度高的可能性就越大；反之亦然。基于以上分析，首先用式（4-9）计算消费者 Agent i 对第 g 代产品的评分。

$$\text{Score}_{i,g} = \rho_g \cdot \frac{w_i^Q \text{Quality}_g + w_i^F \text{Feature}_g}{w_i^Q + w_i^F} \quad (4\text{-}9)$$

其中，ρ_g 为第 g 代产品的性价比系数。然后，根据 $\text{Score}_{i,g}$ 用算法 4-2 计算 Agent i 对所购第 g 代产品的满意度 $\text{Satisfaction}_{i,g}$。

算法 4-2　计算 Agent i 对所购第 g 代产品的满意度

1	**if** rand(0,1) > $\text{Score}_{i,g}$
2	**if** rand(0,1) > $\text{Score}_{i,g}$
3	$\text{Satisfaction}_{i,g} \leftarrow \text{rand}(-1, \theta^{R-})$　　//负面满意度
4	**else**
5	$\text{Satisfaction}_{i,g} \leftarrow \text{rand}(\theta^{R-}, 0)$　　//负中性满意度
6	**end if**
7	**else**
8	**if** rand(0,1) > $\text{Score}_{i,g}$
9	$\text{Satisfaction}_{i,g} \leftarrow \text{rand}(0, \theta^{R+})$　　//正中性满意度
10	**else**
11	$\text{Satisfaction}_{i,g} \leftarrow \text{rand}(\theta^{R+}, 1)$　　//正面满意度
12	**end if**
13	**end if**

在上述算法中，θ^{R+} 和 θ^{R-} 分别表示正面口碑和负面口碑的阈值，rand(a, b) 表示生成一个在区间(a, b)上的随机数。

消费者 Agent i 在购买第 g 代产品后，以一定概率发表关于该产品的正面、中性或负面口碑。消费者 Agent i 对第 g 代产品的满意度越高，发表正面口碑的概率越大，反之，发表负面口碑的概率越大。在第 3 章中已提到，Anderson（1998）认为，满意度和发表口碑的概率之间呈 U 形函数关系，即最满意和最不满意的购买者最有可能发表口碑。据此，本章设计算法 4-3 描述消费者 Agent i 对所购第 g 代产品的评论决策。

算法 4-3　消费者 Agent i 对所购第 g 代产品的评论决策

1	**if** rand(0,1) $< \gamma \text{Satisfaction}_{i,g}^2$
2	**if** $\theta^{R+} \leqslant \text{Satisfaction}_{i,g} \leqslant 1$
3	向 RL 加一条第 g 代产品的正面口碑
4	**else if** $\theta^{R-} < \text{Satisfaction}_{i,g} < \theta^{R+}$
5	向 RL 加一条第 g 代产品的中性口碑
6	**else**
7	向 RL 加一条第 g 代产品的负面口碑
8	**end if**
9	**end if**

在上述算法中，$\gamma \in [0, +\infty)$ 为口碑发表系数，用于控制购买者中发表口碑的比例，可根据调查获得的实际数据设定；RL 表示线上口碑列表。

从式（4-9）、算法 4-2 和算法 4-3 可知，一个产品的质量（Quality_g）和性能（Feature_g）决定了购买者对该产品的评分（$\text{Score}_{i,g}$），评分决定了购买者对该产品的满意度（$\text{Satisfaction}_{i,g}$）的性质（正面、正中性、负中性、负面 4 种之一），正面口碑阈值和负面口碑阈值（θ^{R+} 和 θ^{R-}）决定了 4 种性质的满意度在区间[-1, 1]上的分布。质量和性能越好评分越高，具有正面和正中性满意度的购买者数量之和越大，并且具有正面满意度的购买者越多；反之亦然。θ^{R+} 越大，正面满意度均值和正中性满意度均值越大，具有这两种满意度的购买者发表口碑（正面和正中性）的概率越大；反之亦然。θ^{R-} 越小，负面满意度均值和负中性满意度均值越小，具有这两种满意度的购买者发表口碑（负面和负中性）的概率越大；反之亦然。

4.1.3　社交网络子模型

微信和微博是国内用户规模最大的虚拟社交网络，Facebook 和 Twitter 是国外用户规模最大的虚拟社交网络。微博和 Twitter 具有显著的无标度特性，即极少数节点的度很大，大多数节点的度很小，而且平均路径长度很短；而微信和 Facebook 具有显著的小世界特性，即聚类性较强且平均路径长度较短。根据上述特点和网络科学理论，本章选择 BA 模型和 WS 模型作为社交网络子模型。

4.1.4　总体框架

多代产品扩散模型描述相同品牌不同代际的多个同类产品在消费者社交网

络中竞争与扩散的过程，其总体框架如算法 4-4 所示。

算法 4-4　多代产品扩散模型的总体框架

1	生成规模为 S 的消费者 Agent 网络
2	初始化 GL^W、GL^S、GL^E、RL
3	for t = 1 to T
4	将该入市的产品从 GL^W 移入 GL^S
5	以概率 SRatio 将入市产品告知每个消费者 Agent
6	将该退市的产品从 GL^S 移入 GL^E
7	for each 消费者 Agent i
8	更新 $Income_{i,t}$ 和 $Demand_{i,t}$
9	用算法 4-1 进行购买决策
10	if 购买了第 g 代产品
11	用算法 4-3 进行评论决策
12	end if
13	end for
14	向消费者 Agent 网络中加入 ΔS 个消费者 Agent
15	end for

在上述算法中，GL^W、GL^E 分别表示待入市产品列表、已退市产品列表，T 表示仿真总步数，SRatio 表示广告渗透率。

4.2　多代产品扩散仿真实验

本章在 Repast Simphony 仿真平台上，用 Java 语言编程实现了 4.1 节的多代产品扩散模型。本节先利用该程序模拟 IBM 主机和 iPhone 的扩散过程，以检验模型设计的合理性，再通过仿真实验对主要模型变量进行敏感性分析，掌握这些变量对扩散过程的影响机制和多代产品的扩散规律。

4.2.1　模型验证

1. 基于 IBM 主机实例的验证

1）实例背景

该实例包含四代产品，它们的核心技术依次为真空管、晶体管、360 族集成电路和 370 族硅片。数据源于 Mahajan 和 Muller（1996）对 IBM 主机扩散

第 4 章 多代产品扩散仿真

过程的一项案例研究，时间跨度为 1954—1978 年，每年的数值代表一代产品的年使用量。当年 IBM 主机的用户主要是美国的政府、军队、高校和银行等组织机构或大型企业。早期 IBM 主机居于垄断地位，基本没有竞争者。后期由于中小型计算机等竞争者的出现才丢失了部分市场。

最早，IBM 以每台 3000 万美元的制造成本为美国政府制造了 56 台大型电子计算机，因价格昂贵且早期用户仅限于美国空军等计算机硬件承包商和大型企业，第一代真空管计算机的销量明显较低。随后，IBM 于 1959 年开发出了第二代 1401 晶体管计算机，这一代计算机在原有基础上更新了应用程序的兼容性，晶体管电路使用了标准模块化结构，使系统更加耐用且易维护，体积也明显缩小，成为当时世界上最流行的计算机。加之 IBM 被强制开放市场，使第二代产品销量增速明显。调查显示，1960 年前后，美国运行的 6000 台计算机中有 4000 多台是 IBM 的计算机。1964 年，IBM 推出了革命性的 360 族集成电路计算机，这款计算机可与外围设备互换软件，且可满足客户的特定要求，IBM 用固体逻辑技术制造了功能更强大但体积更小的计算机，这些技术变革使第三代产品销量更高且扩散速度更快，入市后两年内便成为主导市场的大型计算机，因此，IBM 成长为全球最大的计算机公司。但好景不长，1969 年的垄断问题影响了 IBM 的商业运营和技术研发，新入市的 370 族计算机并没有技术上的革命性，在保持对 360 族集成电路计算机向后兼容的基础上性能虽然有所提升，但在体积等方面并没有明显的进步，导致该代产品销量有限且增速较低。而且，由于中小型计算机的出现，使其市场份额从 70%跌至 62%。

由于技术进步，IBM 的第一台硬盘的每兆字节成本约为 10000 美元，到 1997 年已降至 10 美分左右，这也体现了摩尔定律中单位成本下降的必然趋势。

2）模型参数

根据以上背景分析，本章假定产品价格不变，消费者 Agent 收入水平递增。因价格和收入水平的历史数据无从获取，以两者比值合理为原则予以设置。因为在 1954—1978 年互联网还未出现，所以屏蔽了模型中的线上口碑因素。根据上述背景分析，设置每代产品的性能、质量和外观属性的提升程度，IBM 主机的市场销量首先缓慢上升，其次明显加速上升，最后又趋于平缓，根据该特点及当前持有者的累计数量，设定每年市场潜量的增量。IBM 主机仿真实验的模型参数如表 4-5 所示。

表 4-5 IBM 主机仿真实验的模型参数

参　数	取　值	释　义
EntryTime	0；5；10.8；16	产品的入市时间
ExitTime	7；13；17；27	产品的退市时间
Price	2400；2400；2400；2400	产品的价格
Quality	0；2.5；3.5；4.6	产品的质量
Feature	0；2.5；3.5；4.6	产品的性能
Look	0；0.15；0.3；0.45	产品的外观
$Income_{t=0}$	$\sim N(3000, 800)$	消费者 Agent 的初始收入水平
$Demand_{t=0}$	区间[0, 1]上随机分布	消费者 Agent 的初始购买需求
w^Q	$\sim N(0.8, 0.05)$	消费者 Agent 赋予质量的权重
w^F	$\sim N(0.8, 0.05)$	消费者 Agent 赋予性能的权重
w^L	$\sim N(0.4, 0.05)$	消费者 Agent 赋予外观的权重
a	0.1	消费者 Agent 的收入增长率
BuyCycle	$\sim N(5, 0.0)$	消费者 Agent 的购买周期
α	0	线上口碑的影响系数
η	—	负面口碑的权重系数
θ^R	—	口碑数量阈值
h	区间[0, 1]上随机分布	消费者 Agent 的从众系数
θ^D	$\sim N(0.45, 0.05)$	消费者 Agent 的购买需求阈值
$\Delta\theta^D$	0.1	消费者 Agent 降低购买需求门槛的幅度
θ^W	区间[0.35, 1]上随机分布	消费者 Agent 的购买意愿阈值
P	[0, 0.6]	消费者 Agent 购买所选产品的概率
ρ	0.7；0.75；0.8；0.85	产品的性价比系数
γ	—	口碑发表系数
S	1000	消费者 Agent 网络的初始规模
ΔS	[0, 6000]	消费者 Agent 网络的每步增幅
m_0	3	BA 模型的初始节点数
m	3	BA 模型的新增节点连边数
T	24	仿真总步数

3）验证结果

反复调参发现，大幅提高产品各属性值能显著影响产品销量，一定程度上扩大 IBM 主机的市场占有率。IBM 主机仿真结果与真实数据的对比如图 4-4

第 4 章 多代产品扩散仿真

所示，其中虚线（E）和实线（R）分别表示仿真结果和真实数据，红色、蓝色、绿色和黑色依次表示第一代至第四代产品。

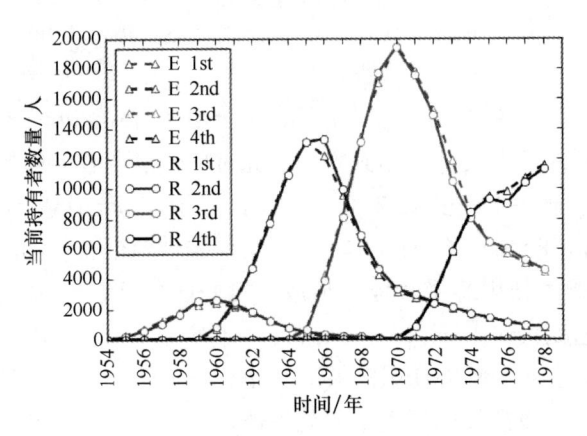

图 4-4 IBM 主机仿真结果与真实数据的对比

本节用误差项平方和（SSE）、平均绝对偏差（MAD）、平均绝对百分比误差（MAPE）、均方根误差（RMSE）和拟合优度（R^2）5 种评估指标衡量多代产品扩散模型的仿真结果。其中，SSE、RMSE 与数据量的大小相关，MAD 与数据值的大小相关，MAPE 为误差值与真实值的比值，R^2 体现了仿真结果对真实数据的解释能力，其值域为[0, 1]。R^2 越大说明仿真结果越好，其余 4 个指标越小说明仿真结果越好。经过计算，SSE、MAD、MAPE、RMSE、R^2 分别为 6.3927E+06、2.2941E+02、7.646%、3.4730E+02 和 0.9954。这 5 项指标值皆说明，多代产品扩散模型对 IBM 主机扩散过程的仿真结果良好。

2．基于 iPhone 实例的验证

1）实例背景

该实例包含 8 代 iPhone 产品，它们的型号依次为 iPhone 4S、iPhone 5、iPhone 5S/5C、iPhone 6/6 Plus、iPhone 6S/6S Plus、iPhone 7/7 Plus、iPhone 8/8 Plus/X 和 iPhone XS/iPhone XS Max。数据来源于商业数据平台 Statista，时间跨度为 2011 年第 3 季度—2018 年第 3 季度，每季度均有两代或两代以上的产品同时在市场中竞争扩散。自首款 iPhone 发布以来，凭借独特的创新吸引了大批消费者，经过不断扩张已成为智能手机市场的佼佼者。

自 2007 年 iPhone 进入市场以来，Apple 公司便主推用户虚拟界面和自主开发的 iOS 操作系统，并提供 App Store 软件服务，此后逐代引入双摄像头、高分辨率屏幕和网络支持技术等。2011 年入市的 iPhone 4S 开创了双网触屏时代，不仅支持 WiFi 视频通话，而且提升了硬件性能，在发布后 24 小时内便销售了 100 多万部，使 Apple 公司一跃成为世界上智能手机供应商中收益最高的公司，该品牌的知名度也随之提升，市场份额高达 23%；iPhone 5 主要改进了显示器大小且体型更轻薄，处理器速度提高了 1 倍，不仅迎合了消费者对屏幕的使用要求，而且性能的提升也吸引了大部分消费者；iPhone 5C 提升了硬件性能并引入了指纹读取功能，但其塑料外壳对部分消费者的选择造成影响，销量与前几代同时期持平。以上 3 代产品中，除了 iPhone 4S 吸引了大量消费者，iPhone 5 和 iPhone 5C 的技术虽不具备颠覆性但也有所创新，产品性能也不断提高，消费者使用感受较佳，形成了良好的口碑，奠定了一定的市场基础，市场扩张速度较快。

为迎合消费者对屏幕的使用需求，自 iPhone 6 开始，各代显示器皆较大，且增加了为人体健康所设的运动协同处理器，并首次新增 NFC 功能，无论是性能还是外观都极大满足了消费者的使用需求。iPhone 6 的颠覆性创新使销量明显大幅提升，也因 iOS 系统的流畅性为该代赢得了更多正面评价，使其市场份额高达 20.4%；iPhone 6S 进一步升级硬件和压力触摸，因性能提升了 70%而销量激增；iPhone 7 增加了防水性，续航能力更强，iPhone 7 Plus 上增加了后置双摄像头功能，吸引了大批消费者；iPhone 8 新增了玻璃背面，而比它晚 1 个月发布的 iPhone X 采用全屏设计并新增面部 ID，该创新进一步提升了 iPhone X 的竞争力；最新推出的 iPhone XS 改进了超级视网膜显示器，防水防尘能力更强。以上几代产品的技术创新虽不如 iPhone 6 更具革命性，但也维持着不断创新的本质，而且，目前智能手机市场的创新已接近饱和，市场上的产品已基本可满足用户的使用需求，导致各大智能手机制造商的竞争方向不断转向降低成本，而 iPhone 则一直保持着高端市场份额，采取高额定价方式获取丰厚的利润，因而有更雄厚的资金支持下一代的技术研发。

2）模型参数

根据以上背景，在 iPhone 4S 之前引入一代虚拟产品来代表仿真初期 iPhone 产品的市场累计销量，这样既克服了从产品销售中途开始仿真的缺陷，也可使仿真结果更具解释力，更符合产品扩散的实际情况。Apple 公司发布新 iPhone 具有一定规律性，因此将每年第三季度中间的某个时点设置为新产品入市时间，购买需求阈值也随产品更新间隔期设置。根据产品的创新幅度与销售效果，设置各仿真步市场潜量的增量。品牌转移对后四代产品销售的第一、二季度有显著影响，这期间销量大幅降低，不乏其他品牌的创新模仿与市场抢

第4章 多代产品扩散仿真

夺。根据以上分析设置 iPhone 仿真实验的主要模型参数，如表 4-6 所示，其他参数设置见表 4-5。

表 4-6　iPhone 仿真实验的主要模型参数

参　　数	取　　值	释　　义
EntryTime	0；3.2；7.3；11.3；15.3；19.35；23.65；27.65；31.65	产品的入市时间
ExitTime	8；12；16；20；24；28；32；36；40	产品的退市时间
Price	5000；4700；5288；5288；5288；5288；5288；5888；8600	产品的价格
Quality	5 倍递增	产品的质量
Feature	5 倍递增	产品的性能
Look	0；0.05；0.1；0.15	产品的外观
Income$_{t=0}$	~$N(5500, 500)$	消费者 Agent 的初始收入水平
BuyCycle	~$N(4, 0.0)$	消费者 Agent 的购买周期
θ^D	~$N(0.6, 0.1)$	消费者 Agent 的购买需求阈值
θ^W	区间[0.1, 1]上随机分布	消费者 Agent 的购买意愿阈值
P	[0, 0.3]	消费者 Agent 购买所选产品的概率
ρ	0.7；0.75；0.8；0.85；0.87；0.9；0.92；0.93；0.94	产品的性价比系数
S	5000	消费者 Agent 网络的初始规模
ΔS	[0, 8000]	消费者 Agent 网络的每步增幅
T	32	仿真总步数

3）验证结果

经反复调参发现，因为 iPhone 的销量具有明显的规律性起伏，所以消费者 Agent 的购买需求阈值和每代产品的属性设置尤为重要。2015 年是 iPhone 竞争力强弱的分界点，在这之前 iPhone 一直处于明显的市场扩张加速状态，之后受自身创新不足及其他品牌竞争的影响，扩张速度明显减弱，在销售淡季被抢走了很多市场份额。仿真结果与真实数据的对比如图 4-5 所示，其中，红色△虚线（E）和黑色○实线（R）分别表示仿真结果和真实数据。

本节用与 IBM 主机扩散仿真实验相同的五种评估指标衡量多代产品扩散模型的仿真结果，经计算，SSE、MAD、MAPE、RMSE 和 R^2 分别为 1.0455E+06、1.5989E+02、3.722%、1.8987E+02 和 0.99。这五项指标值均说明，多代产品扩散模型对 iPhone 扩散过程的仿真结果良好。

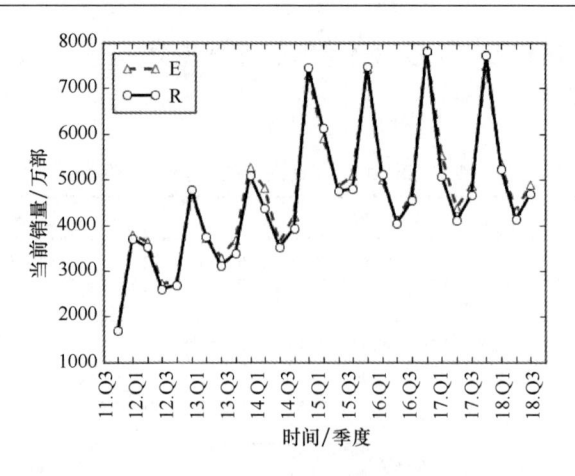

基于 Agent 的多产品扩散仿真研究

图 4-5 iPhone 仿真效果与真实数据的对比

4.2.2 敏感性分析

本节对一些重要的消费者属性、产品属性和社会环境进行敏感性分析，通过观察和分析当前持有者数量与累计购买者数量的变化规律，探索上述因素对多代产品扩散的影响机理。某产品的当前持有者数量是指当前时刻购买该产品的消费者数量（与当前销量相等）与过去已购买该产品且至今未再购买任何产品的消费者数量之和；某产品的累计购买者数量是指截至当前时刻已购买了该产品的消费者数量。所有实验结果中的红色、蓝色、绿色和黑色曲线依次对应第一代至第四代产品。除特殊说明外，敏感性分析实验中模型参数的默认值如表 4-7 所示。

表 4-7 敏感性分析实验中模型参数的默认值

参 数	取 值	释 义
EntryTime	0；5；10.3；15.7	产品的入市时间
ExitTime	10；15；20；25	产品的退市时间
Price	2400；2400；2400；2400	产品的价格
Quality	0；0.25；0.5；0.75	产品的质量
Feature	0；0.25；0.5；0.75	产品的性能
Look	0；0.1；0.2；0.3	产品的外观
$Income_{t=0}$	$\sim N(3000, 800)$	消费者 Agent 的初始收入水平
$Demand_{t=0}$	区间[0, 1]上随机分布	消费者 Agent 的初始购买需求
w^Q	$\sim N(0.8, 0.05)$	消费者 Agent 赋予质量的权重

第 4 章 多代产品扩散仿真

（续表）

参　　数	取　　值	释　　义
w^F	$\sim N(0.8, 0.05)$	消费者 Agent 赋予性能的权重
w^L	$\sim N(0.4, 0.05)$	消费者 Agent 赋予外观的权重
a	0.1	消费者 Agent 的收入增长率
BuyCycle	$\sim N(5, 0.0)$	消费者 Agent 的购买周期
α	0.6	线上口碑的影响系数
η	20	负面口碑的权重系数
θ^R	2000	口碑数量阈值
h	区间[0, 1]上随机分布	消费者 Agent 的从众系数
θ^D	$\sim N(0.6, 0.1)$	消费者 Agent 的购买需求阈值
$\Delta\theta^D$	0.1	消费者 Agent 降低购买需求门槛的幅度
θ^W	区间[0.4, 1]上随机分布	消费者 Agent 的购买意愿阈值
P	0.1	消费者 Agent 购买所选产品的概率
ρ	1.0；1.0；1.0；1.0	产品的性价比系数
γ	0.5	口碑发表系数
S	1000	消费者 Agent 网络的初始规模
ΔS	2000	消费者 Agent 网络的每步增幅
k	6	WS 模型的最近邻耦合数
P_k	0.3	WS 模型的随机化重连概率
m_0	3	BA 模型的初始节点数
m	3	BA 模型的新增节点连边数
T	22	仿真总步数

1. 收入水平和价格敏感性分析

本节进行了 4 组实验。在这些实验中，收入增长率和价格增量分别取 4 种不同的组合，其余模型参数始终保持默认值。记录 4 组收入增长率和价格增量设置，以及收入增长率和价格变化对各代产品当前持有者数量和累计购买者数量的影响，收入和价格变化的实验结果如图 4-6 所示。

（1）对于第一代产品，前 5 个仿真步的扩散相当于忽略代际竞争的单一产品扩散状态，随着消费者 Agent 的收入水平逐步增长，价格不变情况下的产品销量（红色□）最大，价格增长情况下的产品销量（红色◇）排名第二，原因是收入水平的增长为消费者 Agent 带来了更多的选择空间，一定程度上扩大了市场潜量，收入水平的增长刺激了消费，这较符合实际经济规律。

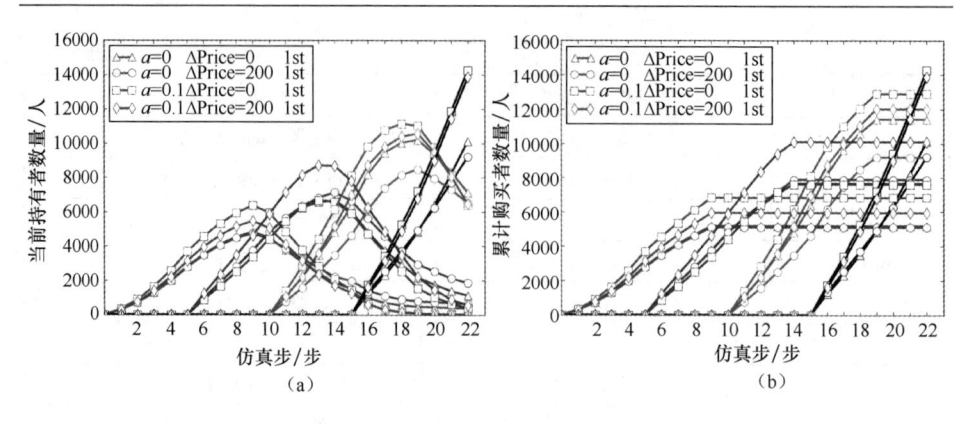

图 4-6 收入和价格变化的实验结果

（2）对于后续各代产品，消费者 Agent 的收入水平增长大于产品的价格不变对产品扩散的促进作用。同时存在于市场的各代产品的扩散具有竞争关系，因而各代产品的最优扩散曲线呈现出收入水平增长且价格不变，以及收入水平增长且价格增长这两种组合交替出现的效果。以第二代产品为例，在价格不变的情况下，第一代产品更早入市抢占了市场先机，令更多消费者 Agent 提前做出了购买决策，对第二代产品造成了竞争压力，导致其销量不如价格递增的情况。

综上所述，收入水平增长幅度越大的市场，对产品价格的提升越不敏感。企业在面对收入水平增长幅度较大的消费者群体时，若首要目标为市场扩张，则应当对产品采取价格不变的营销策略；若首要目标为提高销量，则应当对产品采取价格适当提高或不变的营销策略。无论价格策略如何，产品性能等属性仍需要不断提升，以保持足够的竞争力，才能吸引消费者做出购买决策。

2. 性能和外观敏感性分析

质量与品牌相关度较高，两种产品品牌相同时，其质量差异一般不大；性能与品牌相关度较低，两种相同品牌的产品的性能差别可能很明显；相对次要的产品外观对购买决策也有影响。考虑到以上特点，本节仅分析性能与外观变化对当前持有者数量和累计购买者数量的影响。

本节进行了 4 组实验。在这些实验中，第三代产品的性能增量和外观增量分别取 4 种不同的组合，其余模型参数始终保持默认值。图 4-7 描述了 4 组性能增量和外观增量设置，以及第三代产品的性能和外观变化对各代产品当前持有者数量和累计购买者数量的影响。

（1）对于第一代产品，第三代产品改变性能和外观并未使其销售曲线变化，原因是第三代产品入市时第一代产品已接近销售尾声，市场已基本丧失。

第 4 章 多代产品扩散仿真

在消费者 Agent 的产品更新周期（第 9 仿真步）后第三代产品刚入市，当第三代产品的性能和外观都未改变时，第一代产品的当前持有者数量曲线降速缓慢，原因在于第三代产品属性没有改变，导致消费者 Agent 更新产品的意愿明显降低。

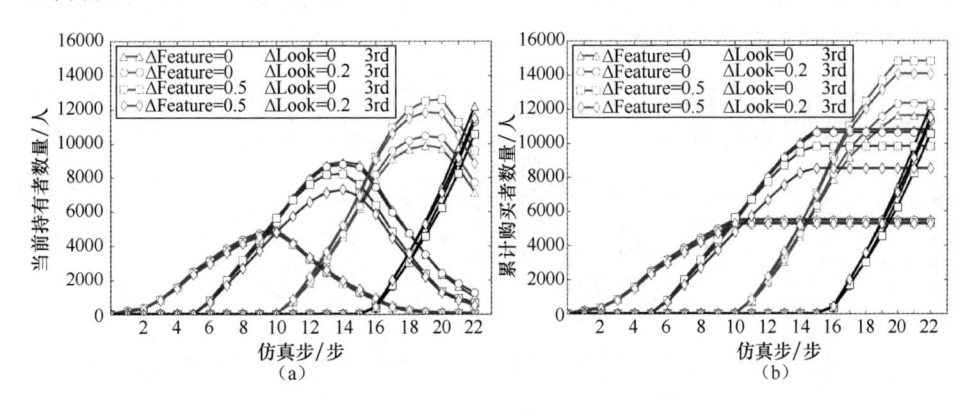

图 4-7　性能和外观变化的实验结果

（2）对于第二代产品，第三代产品的性能和外观不变，使其当前持有者数量的峰值时刻后移，销量和累计购买者数量也随之提升，原因在于第三代产品与第二代产品的价格相同，且前者可参考的口碑量较少，使第二代产品的优势更大，更受消费者 Agent 的青睐。

（3）对于第三代产品，其性能和外观的提升，使每一仿真步的销量和累计购买者数量都有所提升，这些属性的改进越符合消费者 Agent 的期望，累计购买者数量提升幅度越大，这也较符合实际销售情况。

（4）对于第四代产品，第三代产品的性能不变，促进了第四代产品的销量和累计购买者数量的增长。因为在与第三代产品的竞争中，第三代产品性能和外观的改善幅度越小，第四代产品取得竞争优势的概率越大，扩散量也随之提升。不过，第四代产品还需要依靠产品本身的创新和性能及质量的改善来提高销量。

综上所述，性能提升比外观提升更能促进产品扩散。若在后代产品入市前前代产品已接近销售尾声，则改变后代产品的属性不会明显影响前代产品的销售；若前代产品尚未达到当前持有者数量峰值，则降低后代产品的属性能提升前代产品的销量；后代产品销量和累计购买者数量随着其属性的提升逐渐提升；前代产品属性的提升会使部分消费者 Agent 提早做出决策，导致后代产品的销量相应降低，但这种影响仅限于前代产品未退市前，因此，最终后代产品的累计购买者数量不会明显降低。

3. 入市时间敏感性分析

本节进行了 3 组实验。在这些实验中,将第三代产品的入市时间分别设置为第 9、10、11 仿真步,第一、二、四代产品的入市时间和其他模型参数始终保持默认值。图 4-8 描述了第三代产品入市时间变化对各代产品当前持有者数量和累计购买者数量的影响。

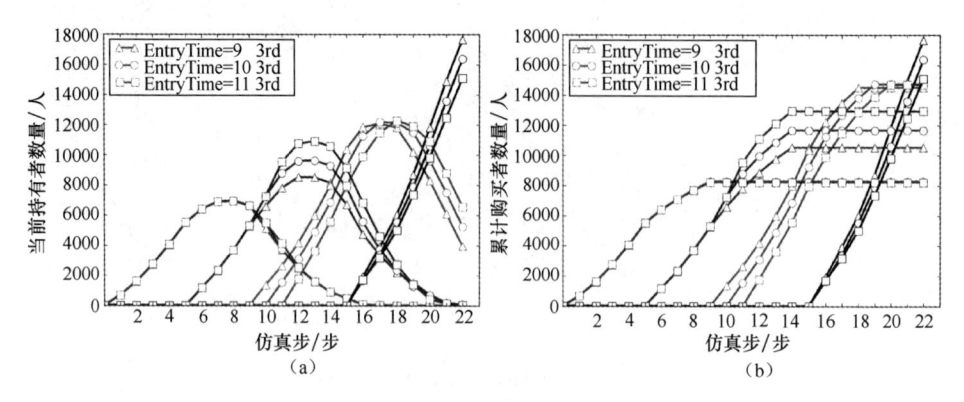

图 4-8 入市时间变化的实验结果

(1) 如果第三代产品提前于第 9 仿真步入市,第一代产品的当前持有者数量峰值因早于第 9 仿真步出现而不受影响,当前持有者数量将先微弱下降再恢复到常态,其累计购买者数量无明显变化;第二代产品的当前持有者数量峰值将大幅下降但发生时刻不变,其累计购买者数量大幅下降;第三代产品的当前持有者数量峰值将微弱下降且发生时刻提前 1 个仿真步,其累计购买者数量微弱下降;第四代产品的当前持有者数量峰值将大幅上升但发生时刻不变,其累计购买者数量将大幅上升。

(2) 如果第三代产品推迟到第 11 仿真步入市,第一代产品的当前持有者数量峰值因早于第 11 仿真步出现而不受影响,当前持有者数量将先微弱上升再恢复到常态,其累计购买者数量无明显变化;第二代产品的当前持有者数量峰值将大幅上升但发生时刻不变,其累计购买者数量大幅上升;第三代产品的当前持有者数量峰值将微弱上升且发生时刻推迟 1 个仿真步,其累计购买者数量微弱上升;第四代产品的当前持有者数量峰值将大幅下降但发生时刻不变,其累计购买者数量将大幅下降。

综上所述,某代产品入市时间处于前代产品的当前持有者数量峰值前后最佳,一定程度上可将该代产品对前代产品的当前持有者数量下滑的影响降到最低,同时也能够提升该代产品的当前持有者数量。本章使用微观仿真模型得到的结论与 Joshi 等(2009)用宏观模型得到的结论相同且更有依据与解释力。

4. 退市时间敏感性分析

本节进行了 3 组实验。在这些实验中，将第二代产品的退市时间分别设置为第 11、13、16 仿真步，第一、三、四代产品的退市时间和其他模型参数始终保持默认值。图 4-9 描述了第二代产品退市时间变化对各代产品当前持有者数量和累计购买者数量的影响。

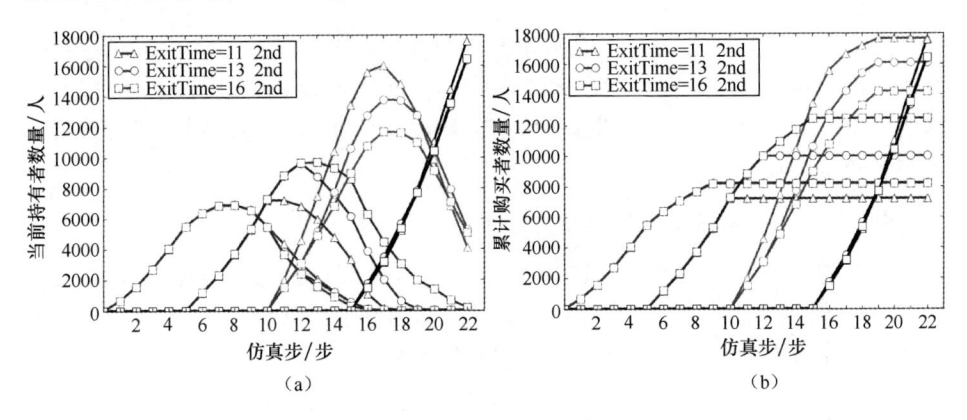

图 4-9 退市时间变化的实验结果

（1）对于第一代产品，在第 11 仿真步和第 13 仿真步仍有部分持有者。若第二代产品在第 11 仿真步或第 13 仿真步退市，则第一代产品的持有者既无法购买第二代产品，又对第三代产品的满意度不够强烈，导致当前持有者数量降速减慢。从累计购买者数量的变化来看，第一代产品在第 9 仿真步已到达销售尾声，此时市场几乎被第二、三代产品和其他品牌产品占据。第二代产品的退市时间若提前至第一代产品的销售尾声后，便不会影响到第一代产品的总销售量，但一定程度会使持有第一代产品的消费者推迟换新决策。

（2）对于第二代产品，若退市时刻提前至第三代产品入市前，则当前持有者数量的峰值时刻将提前，累计购买者数量将大幅降低。这表明，若该代产品未销售至巅峰时刻便退出市场，将极大影响其当前市场销量。第二代产品如果在第 13 仿真步和第 16 仿真步退市，因为退市时间在当前持有者数量峰值时刻之后，所以峰值时刻不会变化，且销量和累计购买者数量会随退市时间的提前而降低。将退市时间安排在当前持有者数量峰值时刻之后虽然避免了影响最优销售点，但提早退市会造成市场过早被其他产品抢占，从而造成销量的降低。

（3）对于第三代产品，随着第二代产品退市时间的提前，当前持有者数量的峰值时刻有所提前，销量和累计购买者数量都随之提升，原因是第二代产品提前退市使第三代产品的竞争者减少，竞争力提升。第二代产品若退市过早，第三代产品便提早进入销量峰值时刻，随之销量增加。

（4）对于第四代产品，除非第二代产品的退市时间提前过多，否则第四代产品的销售不会发生明显变化，销量仅有轻微提升，原因是第二代产品的最迟退市时间正好是第四代产品的入市时间，未对第四代产品造成实质性干扰。

综上所述，如果在后代产品退市前，前代产品的当前持有者数量已达到峰值或销售已接近尾声，那么后代产品提前退市不会明显影响其销量；前代产品提前退市将导致后代产品及其他品牌产品提早抢占更多市场份额，销量和累计购买者数量增加。

5. 口碑发表系数敏感性分析

本节进行了 3 组实验。在这些实验中，将口碑发表系数分别设置为 0.01、0.5 和 1.0，其余参数始终保持默认值。图 4-10 描述了口碑发表系数变化对各代产品当前持有者数量和累计购买者数量的影响。

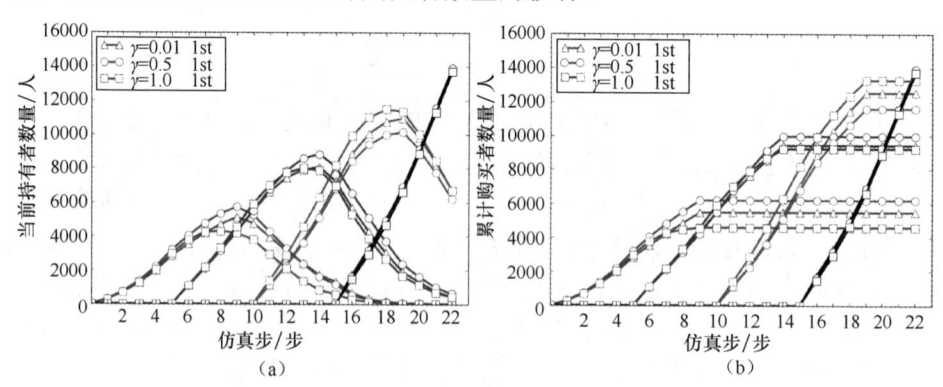

图 4-10 口碑发布系数变化的实验结果

（1）自第一代产品至第三代产品，三组实验结果分别表现为○>△>□、○>△>□、□>△>○，而第四代产品的 3 组实验结果几乎重合。这表明，市场潜量较小时，口碑总量适中，扩散效果最佳。随着市场潜量的扩张，口碑总量越多，扩散效果越好。当市场潜量已基本饱和时，口碑数量的大小对扩散效果几乎无影响。

（2）对于前两代产品，潜在消费者 Agent 的规模较小，因而口碑较少，消费者可参考的信息量较少，扩散速度较慢；口碑过多虽然可为消费者带来更多信息量，但其中负面口碑的影响力更大，扩散速度会随负面口碑的增多而减慢；口碑过多造成的负面效果更甚于口碑过少的情况，口碑过多时揭露产品问题的信息更多，更多的负面信息造成消费者放弃购买的情况屡见不鲜，而口碑

第4章 多代产品扩散仿真

少时部分消费者存在尝试心理,仍会对产品做出一定的销量贡献。

(3) 对于第三代产品,潜在消费者 Agent 规模大,产品的性价比和外观等属性表现更加优良时,正面口碑自然会增多,这种情况下,口碑过多时正面效果更强,销售峰值时刻也随之提前,下一代产品入市对其销量造成的影响便越小。口碑过少和中等时初始扩散效果基本一致。随着下一代产品扩散量的增多,如果其口碑量过少就不具竞争优势,也会造成本代产品的销量增加。

(4) 对于第四代产品,技术已发展至成熟阶段,潜在消费者 Agent 规模稳定,产品本身的优势更加重要,口碑多少已不能左右消费者的选择。

综上所述,口碑发表量对产品扩散的影响方向和大小与消费者 Agent 对各代产品的满意度有关。口碑发表量越大,高品质产品的扩散速度越快、扩散范围越大,而低品质产品的扩散速度越慢、扩散范围越小。

6. 口碑阈值敏感性分析

本节设计了 4 组实验。在这些实验中,正面口碑阈值和负面口碑阈值如表 4-8 所示,其余参数始终保持默认值。图 4-11 描述了正/负面口碑阈值变化对各代产品当前持有者数量和累计购买者数量的影响。

表 4-8 正面口碑阈值和负面口碑阈值

实验组别	θ^{R+}	θ^{R-}	正面口碑和负面口碑发表率变化特点
1	+0.3	−0.3	正面、负面、正中性、负中性口碑发表率都很低
2	+0.3	−0.9	正面、正中性口碑发表率很低,负面、负中性口碑发表率很高
3	+0.9	−0.3	正面、正中性口碑发表率很高,负面、负中性口碑发表率很低
4	+0.9	−0.9	正面、负面、正中性、负中性口碑发表率都很高

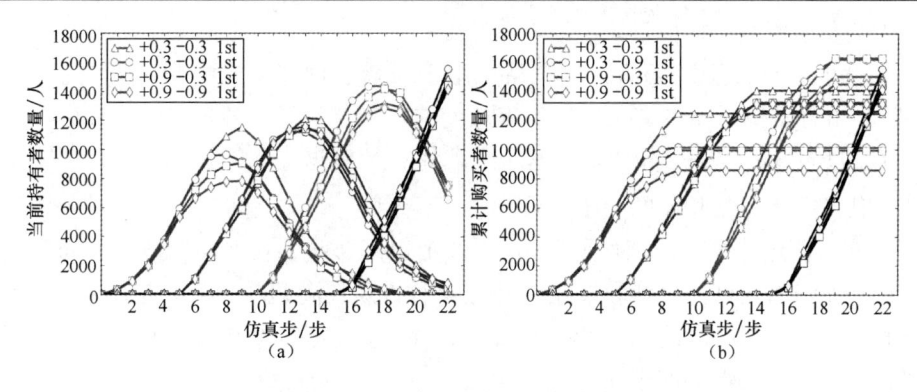

图 4-11 口碑阈值变化的实验结果

从表 4-7 可知,第一代产品到第四代产品的质量和性能是一个从很差到很好逐代提高的过程。因此,对于第一代产品,具有正面满意度的购买者非少，具有正中性满意度的购买者较少，具有负面满意度的购买者非常多，具有负中性满意度的购买者较多。

当（θ^{R+}，θ^{R-}）组合为（+0.3，−0.3）时，具有各种性质满意度的购买者发表口碑的概率都很低，因此各种口碑发表量都很低，且它们的数量关系为：正面口碑发表量<<正中性口碑发表量，负中性口碑发表量<<负面口碑发表量，因此口碑对第一代产品扩散的影响很小，扩散量峰值最高。

当（θ^{R+}，θ^{R-}）组合为（+0.3，−0.9）时，具有正面满意度和正中性满意度的购买者发表口碑的概率不变，且正面口碑和正中性口碑的发表量也不变，具有负面满意度和负中性满意度的购买者发表口碑的概率显著提高，负面口碑和负中性口碑的发表量显著增加，因此口碑对第一代产品扩散的负面影响增加，扩散量峰值降低。

当（θ^{R+}，θ^{R-}）组合为（+0.9，−0.3）时，具有负面满意度和负中性满意度的购买者发表口碑的概率不变，且负面口碑和负中性口碑的发表量也不变，具有正面满意度和正中性满意度的购买者发表口碑的概率显著提高，正面口碑发表量因基数很小故增量有限，正中性口碑发表量因基数较大故增量较明显，从而导致式（4-6）中的 $f_{g,t}$ 增加，因此口碑对第一代产品扩散的负面影响增加，扩散量峰值降低。

当（θ^{R+}，θ^{R-}）组合为（+0.9，−0.9）时，具有各种性质满意度的购买者发表口碑的概率显著提高，正面口碑发表量因基数很小故增量有限，正中性口碑发表量因基数较大故增量较明显，从而导致 $f_{g,t}$ 增加，同时，负面口碑和负中性口碑的发表量因基数大故增量显著，因此口碑对第一代产品的扩散产生了最大的负面影响，扩散量峰值下降幅度最大。

对于第二代及以后的各代产品，由于质量和性能不断提升，当（θ^{R+}，θ^{R-}）组合不变时，具有各种性质满意度的购买者数量、各种口碑发表量，以及 $f_{g,t}$ 的值与前一代产品相比都发生了变化，从而也改变了各代产品扩散量与前一代产品扩散量相比的顺序关系。

综上所述，共有 3 种因素决定了线上口碑影响各代产品扩散的方向和程度：一是具有由产品质量和性能决定的 4 种性质的满意度的购买者数量；二是具有这 4 种性质的满意度的购买者发表正面、正中性、负中性和负面口碑的积极性；三是市场潜量的规模。

7．网络结构和广告渗透率敏感性分析

本节进行了 4 组实验。在这些实验中，网络结构、广告渗透率和新产品

第4章 多代产品扩散仿真

信息渠道参数如表 4-9 所示,其他模型参数始终保持默认值。广告渗透率是指通过广告手段宣传新产品时所能覆盖的消费者 Agent 数量占消费者 Agent 总量的百分比;新产品信息渠道是指消费者 Agent 获取新产品信息的渠道,分无记忆模式和有记忆模式两种模式。无记忆模式是指消费者 Agent 通过广告和邻居购买者获取新产品信息。有记忆模式是在无记忆模式的基础上进行假设,消费者 Agent 若购买过某品牌的产品,他将自动获知该品牌的新产品信息。

表 4-9 网络结构、广告渗透率和新产品信息渠道参数

实 验 组	网络结构	SRatio	新产品信息渠道
1	BA 模型/WS 模型	0.05;0.05;0.05;0.05	无记忆模式
2	BA 模型/WS 模型	0.05;0.1;0.15;0.2	有记忆模式
3	BA 模型/WS 模型	0.05;0.2;0.35;0.5	有记忆模式
4	BA 模型/WS 模型	1.0;1.0;1.0;1.0	有记忆模式

图 4-12 反映了网络结构、广告渗透率和新产品信息渠道变化对各代产品当前持有者数量和累计购买者数量的影响。

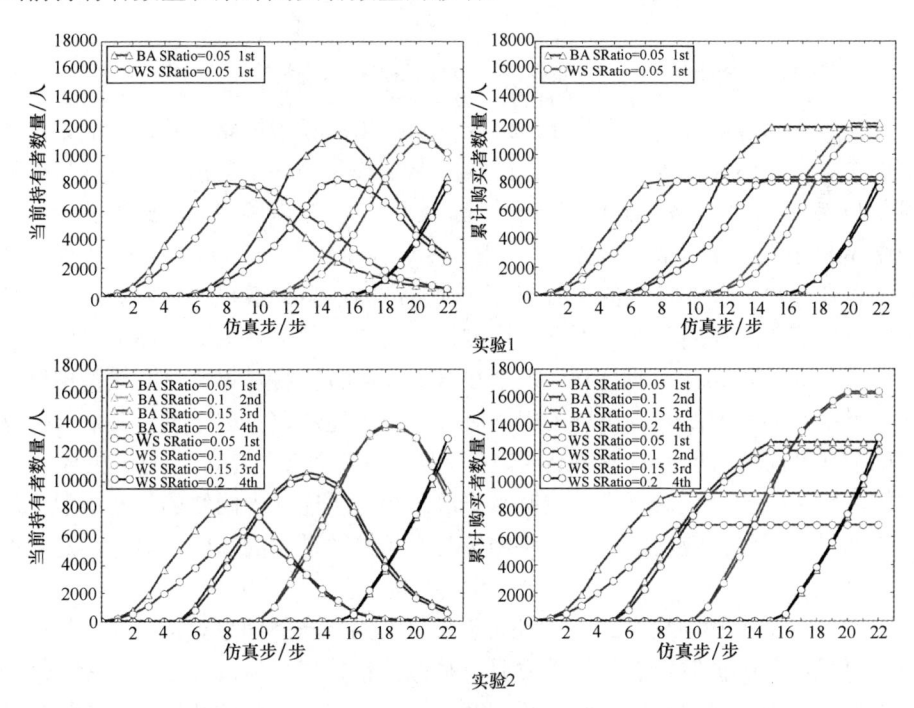

图 4-12 网络结构、广告渗透率和新产品信息渠道变化的实验结果

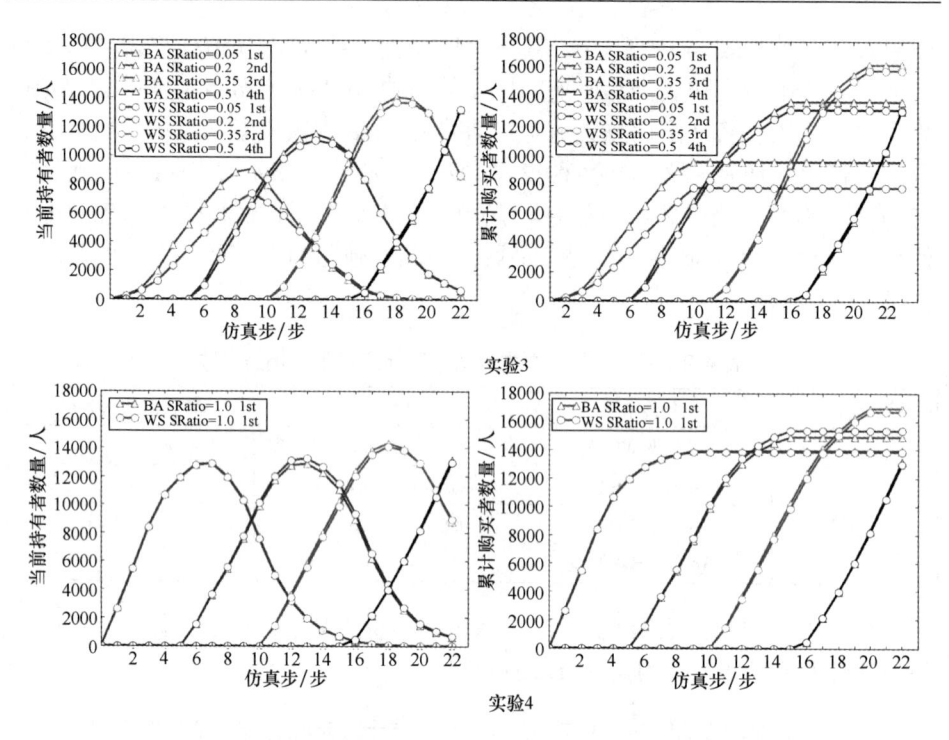

图 4-12 网络结构、广告渗透率和新产品信息渠道变化的实验结果（续）

在广告渗透率较小的实验 1、2、3 中，在 BA 模型网络下各代产品销量增长更快，累计购买者数量也更多；虽然在 WS 模型网络下当前持有者数量峰值时刻与 BA 模型网络几乎相同（有记忆模式下），但销量较低，原因在于此时网络承担了较多的产品信息扩散作用。BA 模型网络中节点的度服从幂律分布，存在极少数度非常大的中心节点，使得产品信息扩散很快；WS 模型网络中节点的度服从高斯分布，不存在度非常大的中心节点，造成产品信息的扩散慢于 BA 模型网络。可见，WS 模型网络中节点的影响力低于 BA 模型网络，尤其是在某品牌产品打入市场的中间时段，若不能快速占据市场，其后代产品将因前代产品的市场占有率不足而销量受限。在广告渗透率较大的实验 4 中，网络结构主要通过从众行为影响产品扩散。综上所述，当网络的信息扩散功能丧失而只有行为扩散功能时，网络结构对产品扩散过程的影响和对扩散总量的贡献是很有限的。

对比实验 1 和实验 2、3、4 还可以发现，当新产品信息渠道为无记忆模式时，每代产品的扩散速度都较缓慢且总扩散量也较低，原因在于消费者 Agent 只能通过广告和邻居购买者获知每代产品的入市信息，这种情况下广告渗透率

第 4 章 多代产品扩散仿真

较小,获知入市信息的消费者 Agent 较少,产品扩散量自然较低。无记忆模式与实际情况差异较大,因为现实中部分消费者在达到购买需求时,一般会将已购品牌的最新一代产品纳入候选产品列表,这种情境更接近有记忆模式,这也进一步验证了本章模型设计的合理性。

网络结构不变,广告渗透率和新产品信息渠道变化的实验结果如图 4-13 所示。从图 4-13 中可观察到,网络结构不变时,广告渗透率越小,该代产品的竞争力越弱,产品扩散速度越慢,后代产品的扩散量也相对越少。广告渗透率大幅提高后,各代产品的扩散峰值时刻均大幅提前,销量大幅提升,但是,随着仿真步的增加,产品扩散峰值提前幅度和提升幅度相对前一代产品越小,原因在于尽早调高广告渗透率等同于产品最初进入市场时便得到广告大力宣传,大幅减少了对网络传播的依赖,此时产品的扩散主要取决于其自身优劣和消费者的从众行为。若早期产品广告渗透率低,则市场扩散速度慢,前期销量差,即使加大后代产品的宣传力度,对市场拓展和产品销量的贡献也有限,难以改变前几代产品的扩散效果,该代产品销量也无法达到早期充分宣传带来的良好销量效果。随着代际递增,前 3 组实验中的当前持有者数量越来越接近,说明后期加大宣传力度的效果较弱。可见,虽然对于每代产品的推广宣传都很有必要,但在花费相同宣传成本的前提下,对越早代际的产品做宣传带来的扩散效果越佳。

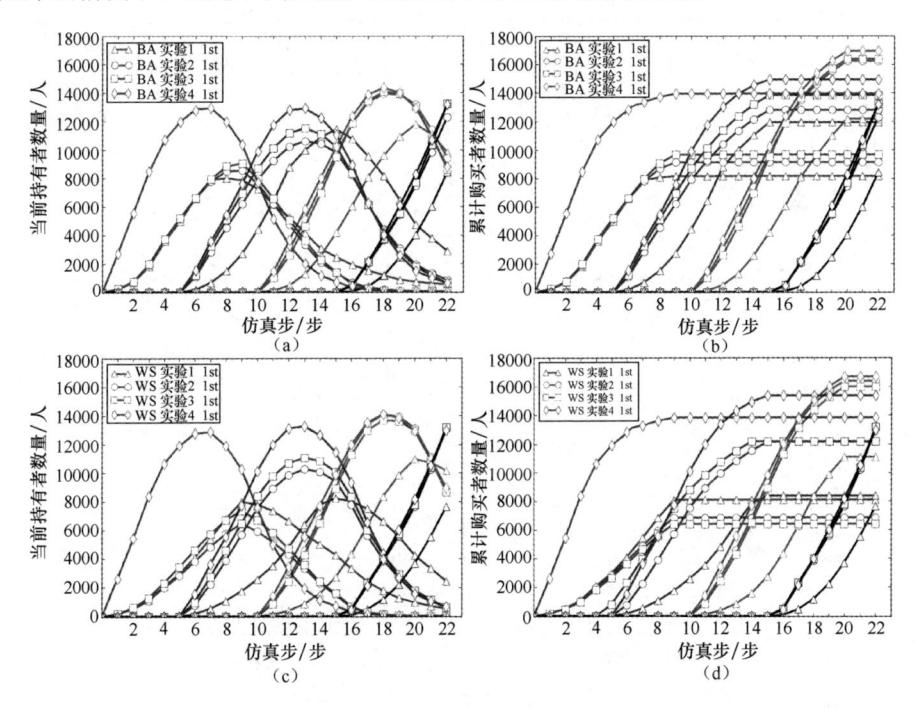

图 4-13 网络结构不变,广告渗透率和新产品信息渠道变化的实验结果

另外，代际越靠后，记忆模式对销量的促进作用越大。从第二代产品入市后开始表现出有/无记忆模式的差别。随着各代产品陆续入市，实验 1 和实验 2、3 与 4 的当前持有者数量差距拉大，即有记忆模式的优势越来越明显，表明其中对销量做出贡献的大部分用户为老用户，进一步说明广告宣传对后续各代产品扩散的影响在下降，而由记忆模式带来的销量贡献更大。

综上所述，可得到以下结论：①广告渗透率较小时，各代产品在 BA 模型网络中扩散的速度更快、范围更广；广告渗透率较大时，各代产品在 BA 模型网络和 WS 模型网络中扩散的峰值和销量非常接近；②各代产品在有记忆模式下扩散的速度更快、总扩散量更大；并且更符合实际情况；③将广告渗透率与信息渠道比较，前者对代际靠前产品的销量影响更大，后者对代际靠后产品的销量影响更大。某代产品的广告渗透率越大，该代产品及后代产品的扩散效果越好。

4.2.3 购买者动力学分析

进行购买者动力学分析对于企业掌握各类购买者数量的变化规律，进而制定短期营销策略和长期发展规划具有重要的启示意义。关于 iPhone 实例的仿真实验中各类购买者数量变化情况如图 4-14 所示。

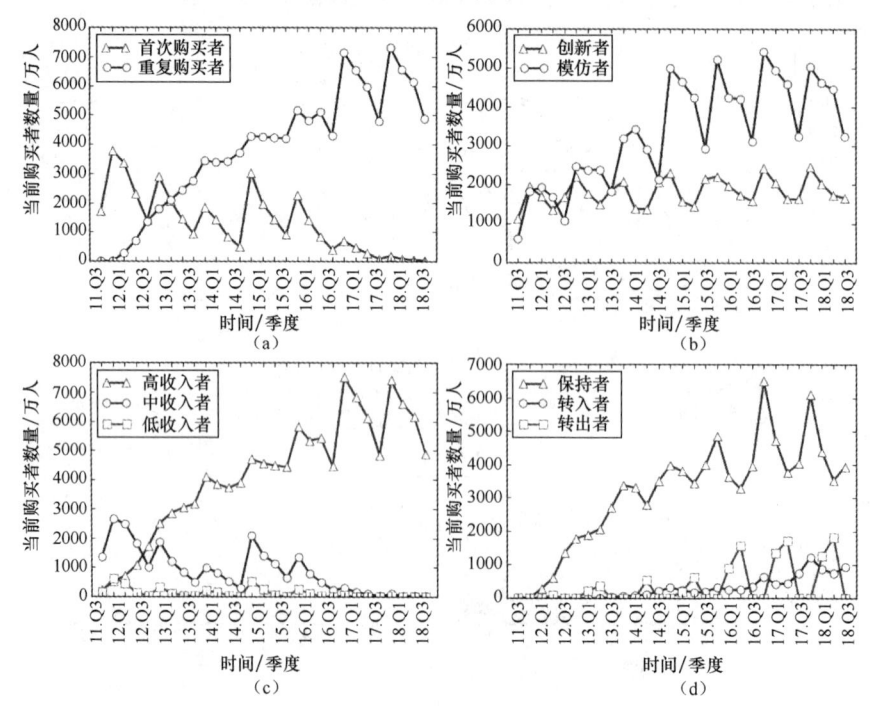

图 4-14 关于 iPhone 实例的仿真实验中各类购买者数量变化情况

第4章 多代产品扩散仿真

图 4-14 中的当前购买者数量与图 4-5 中的当前销量的变化规律类似，均呈现周期性特征，即每年第四季度到达阶段性高峰或者增速加快。新产品入市会激发消费者的尝鲜心理，促使他们降低购买需求门槛，从而达到促进销量的效果。本章在进行仿真实验时，在每年第三季度末入市新产品并降低消费者 Agent 的购买需求阈值，模拟出了这种效果。此外，各类购买者数量的变化还呈现出其他不同的特点。

众所周知，一种新产品的潜在消费者由相同品牌老产品的已购买者和未购买者构成。世界银行的公开数据显示，2011—2018 年的全球人口和 GDP 均呈平稳增长态势。据此本章在仿真实验中假设，潜在消费者 Agent 的数量和消费者 Agent 的收入水平具有相同的变化规律。在各代 iPhone 的销售过程中，未购买者不断转换为已购买者，导致已购买者数量和重复购买者数量均不断增长。当已购买者数量的增速快于潜在消费者 Agent 数量的增速时，未购买者数量便不断下降，导致首次购买者数量不断下降。各代 iPhone 的竞争力一直很强，因而已购买者数量的增速自然会快于潜在消费者 Agent 数量的增速。因此，从图 4-14（a）中可以看到，随着代际推移，首次购买者数量整体呈下降趋势，重复购买者数量整体呈上升趋势。2014 年第三季度入市的 iPhone 6/6 Plus 创新性最强，此后几代产品的创新性较弱。本章设置模型参数时体现了该特点，因此从图 4-14（a）中可以看到，2014 年第四季度首次购买者数量大幅增长后逐渐下降，而重复购买者数量的变化正好相反。

从 4.1.2 节对消费者 Agent 的状态的定义可知，在每个由互为邻居的个体构成的消费者 Agent 群体中，只可能有一名某代产品的创新者，而创新者以外的其他消费者 Agent 可能都是模仿者。产品的创新性越强，模仿者就越多。可见，消费者 Agent 群体的数量决定了创新者数量，产品的创新程度则决定了模仿者数量。因此从图 4-14（b）中可以看到，创新者数量与潜在消费者 Agent 数量的变化特点相似，呈现平稳缓慢的增长态势，模仿者数量的增速则明显快于创新者数量的增速，而且在 iPhone 6/6 Plus 进入市场的 2014 年第四季度，模仿者数量明显上了一个台阶，之后几代产品因创新性一般，模仿者数量保持了基本稳定的态势。

iPhone 一直定位高端产品，价格较高，故购买者主要为高收入群体。如前所述，本章在仿真实验中将潜在消费者 Agent 的数量和消费者 Agent 的收入水平设为平稳增长态势，并且在仿真初始时刻中收入者占比最大，因此从图 4-14（c）中可以看到，在初始阶段的购买者中，高收入者最少，中收入者最多。随着潜在消费者 Agent 的数量和消费者 Agent 的收入水平增加，高收入者逐渐增多，中低收入群体逐渐缩小，故购买者中高收入者越来越多，中低收入者越来越少。

还可以看到，iPhone 6/6 Plus 上市导致在 2014 年第四季度中收入者数量大幅增加，而此后的两代产品大幅提价导致 2017 年后高收入者数量大幅增加，中低收入者数量大幅减少。

从图 4-14（d）中可以发现 3 个特点：①因潜在消费者 Agent 的数量和消费者的收入水平单边增长，保持者数量、转入者数量和转出者数量均呈现单边增长的趋势；②因 iPhone 的吸引力一直较强，使同一时刻保持者数量总是远大于转入者数量和转出者数量；③每年第二季度是 iPhone 的销售淡季，加之竞争产品入市的影响，使转出者数量总是在此时达到高峰。

4.2.4 延伸讨论

众所周知，同一类产品一般既有品牌之分又有代际区别，甚至很多企业为了利润最大化还会进一步细分市场，在品牌和代际基础上设计多个面向不同消费群体的产品系列。例如，在 Samsung、Apple、OPPO、vivo、Huawei 等智能手机品牌中，除了 Apple 每年只推出一代不分系列的高端产品，其他品牌每年都会推出不同价格区间或者产品特性的多个产品系列，不同系列的产品不仅目标用户不同，推出时间也往往不同。

为了减少干扰因素、降低问题难度，下面将研究重点聚焦在代际竞争条件下的多产品扩散问题上，本章将多品牌、多代际、多系列产品竞争扩散简化为单品牌、多代际、无系列区分的产品竞争扩散。本节通过敏感性分析得出的结论均基于该简化情况。除了口碑发表系数敏感性分析和口碑阈值敏感性分析两部分的最终结论同样适用于更复杂的实际情况，其余各模型参数敏感性分析部分的最终结论均只在上述假设下成立，并未考虑多品牌产品和多系列产品参与竞争的情形。因此，读者在阅读本章内容、验证本章实验结果和结论，或者运用本章模型分析其他实例时，要考虑到上述假设存在与否对实验结果和结论可能带来的不同影响。

4.3 本章小结

本章以第 3 章的消费者决策分析为依据，运用效用理论、模糊集理论、网络科学和 ABMS 理论与技术，首先，设计了多代产品子模型、消费者 Agent 子模型和社交网络子模型，并将这些子模型集成为一个总体框架，完成了完整的多代产品扩散模型的设计；其次，在 Repast Simphony 仿真平台上用 Java 语

第4章 多代产品扩散仿真

言编程实现了该扩散模型，运用 IBM 主机实例和 iPhone 实例，仿真验证了多代产品扩散模型设计的有效性及合理性；再次，通过对消费者收入水平、价格、性能和外观、入市时间、退市时间、口碑发表系数、口碑阈值、网络结构和广告渗透率的敏感性分析，探索了这些模型参数对多代产品扩散的影响规律；最后，以 iPhone 的扩散为例，分析了首次购买者数量和重复购买者数量，创新者数量和模仿者数量，高收入者、中收入者和低收入者数量，以及保持者、转入者和转出者数量的变化规律。最终得出以下 8 点重要结论。

（1）要追求某代产品销量最大，该代产品的入市时间和前几代产品的退市时间越早越好，并且该代产品的退市时间应控制在下一代产品入市前后。

（2）要追求长远利益最大，某代产品的入市时间应控制在前代产品的销售高峰时刻前后，该代产品的退市时间应控制在上一代产品的销售末期，并且处于下一代产品的入市时间与下下代产品的入市时间之间。

（3）如果在后代产品退市前，前代产品的当前持有者数量已达到峰值或销售已接近尾声，其销量便不会受后代产品退市提前的明显影响。

（4）对于新产品而言，性能提升比外观改善更吸引消费者，因此，性能提升但外观不变的产品比外观改善但性能不变的产品扩散速度更快、扩散范围更广。

（5）消费者收入水平增幅越大，对产品涨价越不敏感。

（6）口碑发表量对产品扩散的影响方向和大小，与消费者 Agent 对各代产品的满意度有关。口碑发表量越多，高品质产品的扩散速度越快、扩散范围越大，低品质产品的扩散速度越慢、扩散范围越小。

（7）有 3 种因素决定了线上口碑影响各代产品扩散的方向和程度，一是具有由产品质量和性能决定的 4 种性质的满意度的购买者数量；二是具有这 4 种性质的满意度的购买者发表正面、正中性、负中性和负面口碑的积极性；三是市场潜量的规模。

（8）广告渗透率较小时，各代产品在 BA 模型网络中扩散的速度更快、范围更广，广告渗透率较大时，各代产品在 BA 模型网络和 WS 模型网络中扩散的峰值和销量非常接近。各代产品在有记忆模式下扩散的速度更快、总扩散量更大，并且更符合实际情况。广告渗透率与信息渠道比较，前者对代际靠前产品的销量影响更大，后者对代际靠后产品的销量影响更大。某代产品的广告渗透率越大，该代产品及后代产品的扩散效果越好。

第 5 章 多品牌产品扩散仿真

本章首先构建一个基于 Agent 的多品牌产品扩散模型，其次在 Repast Simphony 仿真平台上用 Java 语言编写该扩散模型的仿真程序，最后用该仿真程序做仿真实验，研究消费者选购产品和评论产品的行为规律，以及在消费者属性、产品属性和社会环境影响下多品牌产品的扩散规律。本章所示结果均为 30 次仿真实验的平均值。

5.1 多品牌产品扩散模型设计

与第 4 章类似，本章提出的多品牌产品扩散模型由多品牌产品子模型、消费者 Agent 子模型和社交网络子模型构成。本节首先设计多品牌产品子模型和消费者 Agent 子模型，其次讨论社交网络子模型的选择问题，最后设计该多品牌产品扩散模型的总体框架。

5.1.1 多品牌产品子模型

多品牌产品扩散问题与多代产品扩散问题的主要区别是：前者以相同类别下不同品牌不分代际的产品扩散为研究对象，后者以相同类别下单一品牌不同代际的产品扩散为研究对象，因此前者关注体现品牌差异的价格、质量、性能、品牌知名度、入市时间和产品更新周期等产品属性，忽略体现代际差异的退市时间、外观等产品属性。

基于上述分析，在多品牌产品扩散问题中，本章将每个品牌的产品用一个七元组 (b, $\text{Price}_{b,t}$, $\text{Quality}_{b,t}$, $\text{Feature}_{b,t}$, $\text{Popularity}_{b,t}$, EntryTime_b, UpdateCycle_b) 表示，其中各元素含义如下。

（1）b：表示产品的唯一品牌标识，$b \in \mathbb{N} \setminus 0$。

（2）$\text{Price}_{b,t}$：表示 t 时刻 b 品牌产品的价格，$\text{Price}_{b,t} > 0$。

（3）$\text{Quality}_{b,t}$：表示 t 时刻 b 品牌产品的质量，$\text{Quality}_{b,t} \in [0,1]$，该值越

大代表产品质量越好。

（4）Feature$_{b,t}$：表示 t 时刻 b 品牌产品的性能，Feature$_{b,t} \in [0,1]$，该值越大代表产品性能越好。

（5）Popularity$_{b,t}$：表示 t 时刻 b 品牌产品的品牌知名度，Popularity$_{b,t} \in [0,1]$，该值越大代表品牌知名度越高。

（6）EntryTime$_b$：表示 b 品牌产品的入市时间，EntryTime$_b \geq 0$。

（7）UpdateCycle$_b$：表示 b 品牌产品的更新周期，UpdateCycle$_b \geq 1$。

5.1.2 消费者 Agent 子模型

本节运用 ABMS 理论与技术，将每个消费者表示为一个消费者 Agent。每个消费者 Agent 由属性、状态和行为构成，并且所有消费者 Agent 是异质的。

1．消费者 Agent 的属性

根据第三章消费者决策分析，在多品牌产品扩散问题中，将每个消费者 Agent 的属性表示为一个八元组(i, Income$_{i,t}$, Demand$_{i,t}$, BuyCycle$_i$, h_i, w_i^Q, w_i^F, w_i^P)，其中，前七个元素的含义见 4.1.2 节中对消费者 Agent 的属性的描述，最后一个元素 w_i^P 表示消费者 Agent i 赋予品牌知名度的权重，是一个在区间 [0, 1] 上服从正态分布 $N(\mu^P, \sigma^P)$ 的随机数，并且 $w_i^Q + w_i^F + w_i^P = 1$。关于 Income$_{i,t}$ 和 Demand$_{i,t}$ 的定义见式（4-1）和式（4-2）。

2．消费者 Agent 的状态

在多品牌产品扩散问题中，每个消费者 Agent 具有以下 5 种状态：State$_i$、State$_{i,b}$、State$_{i,b}^1$、State$_{i,b}^2$ 和 State$_{i,b}^3$。其中，状态变量 State$_{i,b}$ 表示消费者 Agent i 关于 b 品牌产品的购买状态，有未购买者和已购买者两个状态值，State$_{i,b}=1$ 时表示消费者 Agent i 是 b 品牌产品的未购买者，State$_{i,b}=2$ 时表示消费者 Agent i 是 b 品牌产品的已购买者，并且规定消费者 Agent 不能重复购买同款产品。其余 4 个状态变量的含义见 4.1.2 节中对消费者 Agent 的状态的描述。

3．消费者 Agent 的行为

本节运用理论和模糊集理论，根据第 3 章对消费者决策分析的描述，为消费者 Agent 设计品牌竞争情形下的购买决策行为和评论决策行为。

1）购买决策

在多品牌产品扩散与多代产品扩散两种情形下的购买决策既相似又有区

别。相似之处是：①消费者都会根据收入水平和产品属性评估候选产品的效用；②购买意愿的影响因素都包括产品效用和社会环境（线上口碑和邻居行为）。区别是：①影响产品效用的产品属性存在差异，前者是品牌知名度，后者是外观；②购买意愿的影响因素存在差异，前者是不同品牌的产品扩散，因此购买意愿受品牌满意度的影响；后者是相同品牌的产品扩散，因此购买意愿不受品牌满意度的影响。基于上述分析，本章设计了一个包含两级模糊推理的购买决策模糊推理机（见图 5-1），用于计算 t 时刻消费者 Agent i 对 b 品牌产品的购买意愿。

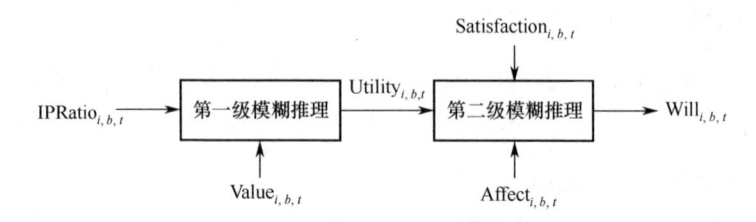

图 5-1 购买决策模糊推理机

第一级模糊推理有 2 个输入变量和 1 个输出变量。第一个输入变量为 $\text{Income}_{i,t}$ 与 $\text{Price}_{b,t}$ 的比值，用来衡量消费者 Agent i 的价格敏感度，值越大说明相对价格的收入水平越高，价格敏感度越低；反之亦然。其计算方式为

$$\text{IPRatio}_{i,b,t} = \frac{\text{Income}_{i,t}}{\text{Price}_{b,t}} \tag{5-1}$$

第二个输入变量为消费者 Agent i 对 b 品牌产品的价值估计，其计算方式为

$$\text{Value}_{i,b,t} = w_i^O \text{Quality}_{b,t} + w_i^F \text{Feature}_{b,t} + w_i^P \text{Popularity}_{b,t} \tag{5-2}$$

输出变量为 t 时刻消费者 Agent i 对 b 品牌产品的效用评估 $\text{Utility}_{i,b,t}$。

第二级模糊推理有 3 个输入变量和 1 个输出变量。第一个输入变量为第一级模糊推理的输出变量 $\text{Utility}_{i,b,t}$。第二个输入变量为 t 时刻社会环境对消费者 Agent i 关于 b 品牌产品的购买意愿的影响，其计算方式为

$$\text{Affect}_{i,b,t} = \alpha \text{Affect}_{b,t}^R + (1-\alpha) \text{Affect}_{i,b,t}^H \tag{5-3}$$

其中，$\text{Affect}_{b,t}^R$ 为线上口碑的影响，$\text{Affect}_{i,b,t}^H$ 为邻居购买 b 品牌产品的影响，$\alpha \in [0,1]$ 为线上口碑的影响系数。$\text{Affect}_{b,t}^R$ 与 4.1.2 节中"购买决策"部分的 $\text{Affect}_{g,t}^R$ 类似，其计算方式为

$$\text{Affect}_{b,t}^R = f_{b,t} \cdot \frac{R_{b,t}^+ - \eta R_{b,t}^-}{R_{b,t}^+ + \eta R_{b,t}^-} \tag{5-4}$$

其中，$R_{b,t}^+$ 和 $R_{b,t}^-$ 分别为正面口碑和负面口碑的数量；$\eta \geqslant 1$ 是负面口碑的权重系数；$f_{b,t}$ 与 4.1.2 节中描述 "购买决策" 部分的 $f_{g,t}$ 类似，是一个分段函数，其计算方式为

$$f_{b,t} = \begin{cases} \dfrac{R_{b,t}^+ + R_{b,t}^0 + R_{b,t}^-}{\theta^R}, & R_{b,t}^+ + R_{b,t}^0 + R_{b,t}^- < \theta^R \\ 1, & R_{b,t}^+ + R_{b,t}^0 + R_{b,t}^- \geqslant \theta^R \end{cases} \quad (5\text{-}5)$$

其中，$R_{b,t}^0$ 为中性口碑数量，θ^R 为口碑数量阈值。$\text{Affect}_{i,b,t}^H$ 与 4.1.2 节中 "购买决策" 部分的 $\text{Affect}_{i,g,t}^H$ 类似，其计算方式为

$$\text{Affect}_{i,b,t}^H = h_i \cdot \frac{\text{Neighbors}_{i,b,t}}{\text{Neighbors}_{i,t}} \quad (5\text{-}6)$$

其中，$\text{Neighbors}_{i,t}$ 和 $\text{Neighbors}_{i,b,t}$ 分别代表 t 时刻消费者 Agent i 的邻居总数和购买了 b 品牌产品的邻居数。

第三个输入变量为消费者 Agent i 上次购买 b 品牌产品的满意度 $\text{Satisfaction}_{i,b}$。消费者对上次购买的产品越满意，越愿意再次购买相同品牌的产品。与 4.1.2 节中 "评论决策" 部分关于 $\text{Satisfaction}_{i,g}$ 的计算过程类似，首先，用式（5-7）计算消费者 Agent i 对所购 b 品牌产品的评分：

$$\text{Score}_{i,b,t} = \frac{w_i^Q \text{Quality}_{b,t} + w_i^F \text{Feature}_{b,t}}{w_i^Q + w_i^F} \quad (5\text{-}7)$$

其次，根据 $\text{Score}_{i,b,t}$ 用算法 5-1 计算 $\text{Satisfaction}_{i,b}$。

算法 5-1 计算对所购 b 品牌产品的满意度

1	**if** rand(0,1) > $\text{Score}_{i,b,t}$
2	**if** rand(0,1) > $\text{Score}_{i,b,t}$
3	$\text{Satisfaction}_{i,b,t} \leftarrow \text{rand}(-1,\theta^{R-})$ //负面满意度
4	**else**
5	$\text{Satisfaction}_{i,b,t} \leftarrow \text{rand}(\theta^{R-},0)$ //负中性满意度
6	**end if**
7	**else**
8	**if** rand(0,1) > $\text{Score}_{i,b,t}$
9	$\text{Satisfaction}_{i,b,t} \leftarrow \text{rand}(0,\theta^{R+})$ //正中性满意度
10	**else**
11	$\text{Satisfaction}_{i,b,t} \leftarrow \text{rand}(\theta^{R+},1)$ //正面满意度
12	**end if**
13	**end if**

在上述算法中，θ^{R+} 和 θ^{R-} 分别表示正面口碑阈值和负面口碑阈值，rand(a, b)表示生成一个(a, b)区间的随机数。

输出变量为消费者 Agent i 对 b 品牌产品的购买意愿 $Will_{i,b,t}$。

所有输入变量和输出变量均采用如图 4-2 所示的三角形隶属函数，Satisfaction 的模糊集为{L,M,H}，其中的模糊值 L、M、H 依次代表差、中、好，其余变量的模糊集均为{L,SL,M,SH,H}，其中的模糊值 L、SL、M、SH、H 依次代表低、较低、中、较高和高。购买决策模糊推理机的输入变量和输出变量的论域及隶属函数的横坐标如表 5-1 所示。

表 5-1 购买决策模糊推理机的输入变量和输出变量的论域及隶属函数的横坐标

变量	论域	x_1	x_2	x_3	x_4	x_5
IPRatio	(0, +∞]	0	0.75	1.5	2.25	3
Value	[0, 1]	0	0.25	0.5	0.75	1
Utility	[0, 1]	0	0.25	0.5	0.75	1
Affect	[−1, 1]	−1	−0.5	0	0.5	1
Satisfaction	[−1, 1]	−1	—	0	—	1
Will	[0, 1]	0	0.25	0.5	0.75	1

第一级模糊推理共有 25 条模糊规则（见表 5-2），这些规则的具体形式举例如下。

if IPRatio **is** L **and** Value **is** L **then** Utility **is** L
if IPRatio **is** L **and** Value **is** SL **then** Utility **is** L
…
if IPRatio **is** H **and** Value **is** SH **then** Utility **is** H
if IPRatio **is** H **and** Value **is** H **then** Utility **is** H

表 5-2 第一级模糊推理的模糊规则

Utility		IPRatio				
		L	SL	M	SH	H
Value	L	L	L	SL	M	M
	SL	L	SL	SL	M	SH
	M	SL	SL	M	SH	SH
	SH	SL	M	SH	SH	H
	H	M	SH	SH	H	H

第二级模糊推理共有 125 条模糊规则（见表 5-3），这些规则的具体形式举例如下。

if Satisfaction is L and Utility is L and Affect is L then Will is L
if Satisfaction is L and Utility is L and Affect is SL then Will is L
…

if Satisfaction is H and Utility is H and Affect is SH then Will is H
if Satisfaction is H and Utility is H and Affect is H then Will is H

表 5-3　第二级模糊推理的模糊规则

Will		Utility					Satisfaction
		L	SL	M	SH	H	
Affect	L	L	L	SL	SL	M	L
	SL	L	L	SL	SL	M	L
	M	L	SL	SL	M	M	L
	SH	SL	SL	M	M	SH	L
	H	SL	M	M	SH	SH	L
	L	L	SL	SL	M	M	M
	SL	SL	SL	M	M	SH	M
	M	SL	M	M	SH	SH	M
	SH	SL	M	SH	SH	H	M
	H	M	SH	SH	H	H	M
	L	SL	SL	M	M	SH	H
	SL	SL	M	SH	SH	H	H
	M	M	M	SH	H	H	H
	SH	M	SH	H	H	H	H
	H	SH	SH	H	H	H	H

与第 4 章相同，采用 Mamdani 的推理合成方法（Mamdani 和 Assilian，1975）进行模糊推理，采用重心法进行解模糊运算。

当同时存在多个品牌的产品在售时，消费者 Agent i 在 t 时刻用算法 5-2 进行购买决策。

算法 5-2　消费者 Agent i 的购买决策

1	if Demand$_{i,t}$ > θ_i^D
2	for each $b \in BL^S$
3	用购买决策模糊推理机计算 Will$_{i,b,t}$
4	end for
5	if 存在 Will$_{i,b,t}$ > θ_i^W 的 $b \in BL^S$
6	通过轮盘赌选择一个符合条件的 $b \in BL^S$

(续表)

7	**if** rand(0, 1) < P	
8	State$_{i,b}$ ← 2	//消费者 Agent i 购买了 b
9	**else**	
10	State$_{i,b}$ ← 1	//消费者 Agent i 未购买 b
11	**end if**	
12	Demand$_{i,t}$ ← 0	
13	**end if**	
14	**end if**	

在上述算法中，$\theta_i^D \in [0,1]$ 表示消费者 Agent i 的购买需求阈值；BL^S 表示在售品牌产品列表；$\theta_i^W \in [0,1]$ 表示消费者 Agent i 的购买意愿阈值；rand(0, 1) 表示产生一个(0, 1)区间的随机数，P 代表消费者 Agent i 购买所选产品的概率。

2）评论决策

与4.1.2节"评论决策"部分中消费者 Agent i 对所购第 g 代产品的评论决策类似，本章根据消费者 Agent i 对所购 b 品牌产品的满意度 Satisfaction$_{i,b,t}$，用算法5-3描述消费者 Agent i 对所购 b 品牌产品的评论决策。

算法5-3 消费者 Agent i 对所购 b 品牌产品的评论决策

1	**if** rand(0,1) < γSatisfaction$_{i,b,t}^2$
2	**if** Satisfaction$_{i,b,t}$ ≥ θ^{R+}
3	向 RL 加一条 b 品牌产品的正面口碑
4	**else if** θ^{R-} < Satisfaction$_{i,b,t}$ < θ^{R+}
5	向 RL 加一条 b 品牌产品的中性口碑
6	**else**
7	向 RL 加一条 b 品牌产品的负面口碑
8	**end if**
9	**end if**

在上述算法中，$\gamma \in [0,+\infty)$ 为口碑发表系数，用于控制购买者中发表口碑的比例；RL 表示线上口碑列表。

5.1.3 社交网络子模型

与4.1.3节类似，根据微信、微博、Facebook 和 Twitter 等国内外虚拟社交网络的特点和网络科学理论，本章仍然选择 BA 模型和 WS 模型作为多品牌产品扩散模型的社交网络子模型。

5.1.4 总体框架

多品牌产品扩散模型描述相同类别不同品牌的多个产品在消费者社交网络中竞争与扩散的过程，其总体框架如算法 5-4 所示。

算法 5-4 多品牌产品扩散模型的总体框架

1	生成规模为 S 的消费者 Agent 网络
2	初始化 BL^W、BL^S、RL
3	**for** $t = 1$ **to** T
4	更新 BL^S 该更新的品牌
5	将该入市的品牌从 BL^W 移入 BL^S
6	以概率 SRatio 将入市品牌告知每个消费者 Agent
7	**for each** 消费者 Agent i
8	更新 $Income_{i,t}$ 和 $Demand_{i,t}$
9	用算法 5-2 进行购买决策
10	**if** 购买了 b 品牌产品
11	用算法 5-3 进行评论决策
12	**end if**
13	**end for**
14	向消费者 Agent 网络中加入 ΔS 个消费者 Agent
15	**end for**

在上述算法中，BL^W 表示待入市产品列表，T 表示仿真总步数，SRatio 表示广告渗透率。

5.2 多品牌产品扩散仿真实验

本章在 Repast Simphony 仿真平台上，用 Java 语言编程实现了 5.1 节的多品牌产品扩散模型。本节先利用该程序模拟 4 个品牌智能手机的扩散过程，以检验模型设计的合理性，再通过仿真实验对主要模型变量进行敏感性分析，掌握这些变量对扩散过程的影响机制和多品牌产品的扩散规律。

5.2.1 模型验证

1. 实例背景

该实例内容为 1998—2012 年 Nokia、Motorola、Samsung 和 Apple 这 4 个品牌智能手机的年度销量数据（见图 5-2），源自市场研究公司 Gartner 的研究报告。它们的扩散过程大致分 3 个阶段。

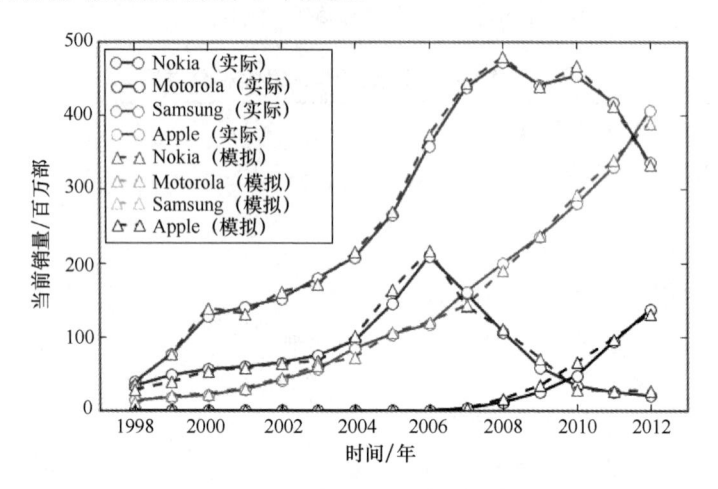

图 5-2 1998—2012 年 4 个品牌智能手机的实际销量与模拟销量曲线

1998—2000 年为第一阶段，Apple 智能手机还未上市，Nokia、Motorola 和 Samsung 智能手机价差不是很大，同期，持续增长的消费者收入水平也促进了市场规模的扩大，因此，Nokia、Motorola 和 Samsung 智能手机的销量都呈上升趋势。不过，Nokia 智能手机的质量、性能和品牌知名度明显更高，因此，其销量的增速明显快于 Motorola 智能手机和 Samsung 智能手机。

2001—2006 年为第二阶段，Apple 智能手机仍未上市，Samsung 智能手机的质量和性能明显提高，导致 Nokia 智能手机销量的增速明显放缓。同时，消费者收入水平的不断增长和智能手机功能的不断增强又促使市场规模加速扩大，由此引发了 Nokia、Motorola 和 Samsung 智能手机在后期加速增长。

2007—2012 年为第三阶段，Apple 智能手机于 2007 年上市，并以其首创的触摸屏和强大的 iOS 操作系统快速抢夺高端市场。Samsung 智能手机则在以很高的性价比加速占领中低端市场的同时，与 Apple 智能手机一道占领了高端市场。Apple 智能手机刚入市时价格较高，而且当时触摸屏和 iOS 并非市场主流，首批购买者大多为偏好风险的创新者。随着创新者的宣传，Apple 智能手机的口碑逐渐建立，创新性逐渐被认同，购买者陆续多起来，因此销量逐渐增长。Nokia 智能手机的销量在 Apple 智能手机入市的前两年还保持着增长，但 2009 年以后，基于 Android 操作系统和 iOS 操作系统的智能手机逐渐成为主流，而基于塞班操作系统的 Nokia 智能手机逐渐丧失了市场，销量开始下滑。Motorola 智能手机从 2007 年开始，同样因为缺乏创新导致销量快速下滑。Samsung 智能手机则凭借及时转向 Android 操作系统而保持了增长态势。

2．模型参数

根据以上背景分析，本节设置了如表 5-4 所示的模型参数，用于仿真 4 个品牌智能手机的扩散过程。其中，1998—2012 年，4 个品牌产品的价格根据当年各品牌所有型号和系列产品的价格综合估计，4 个品牌产品的质量、性能和品牌知名度根据各品牌所有型号及系列产品的销售情况与社会评价设定。

表 5-4　4 个品牌智能手机扩散过程仿真实验的模型参数

参　数	取　值	释　义
EntryTime	0；0；0；9	产品的入市时间
UpdateCycle	1；1；1；1	产品的更新周期
Price	各品牌 15 年的数据（略）	产品的价格
Quality	各品牌 15 年的数据（略）	产品的质量
Feature	各品牌 15 年的数据（略）	产品的性能
Popularity	各品牌 15 年的数据（略）	产品的品牌知名度
$Income_{t=0}$	$\sim N(1000, 300)$	消费者 Agent 的初始收入水平
$Demand_{t=0}$	区间[0, 1]上随机分布	消费者 Agent 的初始购买需求
w^Q	$\sim N(0.4, 0.04)$	消费者 Agent 赋予质量的权重
w^F	$\sim N(0.5, 0.05)$	消费者 Agent 赋予性能的权重
w^P	$\sim N(0.1, 0.02)$	消费者 Agent 赋予品牌知名度的权重
a	0.1	消费者 Agent 的收入增长率
BuyCycle	$\sim N(7, 0.5)$	消费者 Agent 的购买周期
α	0.3	线上口碑的影响系数
η	20	负面口碑的权重系数
θ^R	3000	口碑数量阈值
h	区间[0, 1]上随机分布	消费者 Agent 的从众系数
θ^D	区间[0.5, 1]上随机分布	消费者 Agent 的购买需求阈值
θ^W	区间[0.5, 1]上随机分布	消费者 Agent 的购买意愿阈值
P	1.0	消费者 Agent 购买所选产品的概率
γ	0.5	口碑发表系数
θ^{R+}	0.5	正面口碑阈值
θ^{R-}	−0.7	负面口碑阈值

（续表）

参　数	取　值	释　义
S	4000	消费者 Agent 网络的初始规模
ΔS	1000	消费者 Agent 网络的每步增幅
m_0	3	BA 模型的初始节点数
m	3	BA 模型的新增节点连边数
SRatio	1.0	广告渗透率
T	60	仿真总步数

3. 验证结果

1998—2012 年 4 个品牌智能手机的实际销量与模拟销量曲线如图 5-2 所示，实际销量曲线与模拟销量曲线相当一致且接近，说明本章的多品牌产品扩散模型的设计是合理的，其模拟能力是很突出的。

4 个品牌智能手机销量的实际值（百万部）、模拟值（百万部）和相对差（%）如表 5-5 所示。可以看出在所有年份里，模拟值的相对差均小于 10%，说明模拟效果是令人满意的。

表 5-5　4 个品牌智能手机销量的实际值、模拟值和相对差

年份（年）	Nokia 实际值（百万部）	Nokia 模拟值（百万部）	Nokia 相对差（%）	Motorola 实际值（百万部）	Motorola 模拟值（百万部）	Motorola 相对差（%）	Samsung 实际值（百万部）	Samsung 模拟值（百万部）	Samsung 相对差（%）	Apple 实际值（百万部）	Apple 模拟值（百万部）	Apple 相对差（%）
1998	38.6	36.09	6.50	33.4	31.34	6.17	14.0	12.98	7.29	—	—	—
1999	76.1	79.24	4.13	47.8	44.64	6.61	17.5	18.50	5.71	—	—	—
2000	128.5	131.87	2.62	55.9	58.23	4.17	21.0	21.47	2.24	—	—	—
2001	140.0	136.56	2.46	59.2	58.76	0.74	28.4	30.17	6.23	—	—	—
2002	151.4	160.68	6.13	64.7	67.90	4.95	41.5	43.57	4.99	—	—	—
2003	179.6	173.67	3.30	74.8	71.19	4.83	55.7	57.46	3.16	—	—	—
2004	207.7	211.70	1.93	95.0	98.86	4.06	84.4	79.34	6.00	—	—	—
2005	265.4	284.71	7.28	144.5	155.29	7.47	103.7	104.59	0.86	—	—	—
2006	358.7	378.91	5.63	209.1	212.16	1.46	116.9	120.78	3.32	—	—	—
2007	437.0	433.11	0.89	159.0	148.81	6.41	161.0	152.49	5.29	3.3	3.22	2.42
2008	472.3	470.93	0.29	106.5	109.00	2.35	199.3	204.66	2.69	11.4	11.20	1.75
2009	440.9	442.32	0.32	58.5	59.44	1.61	235.8	248.74	5.49	25.1	25.16	0.24
2010	453.0	455.56	0.57	33.4	33.48	0.24	280.2	296.41	5.79	47.5	48.86	2.86
2011	417.1	414.36	0.66	25.0	22.63	9.48	329.4	339.03	2.92	93.2	96.53	3.57
2012	335.6	339.20	1.07	20.0	18.71	6.45	406.0	395.88	2.49	136.8	129.83	5.10

本节又采用 MAPE、MAD、RMSE 和 R^2 这 4 个指标检验了模拟值的精度，模拟结果的精度如表 5-6 所示。结果显示，所有 MAD 和 RMSE 均小于 10，所有 MAPE 均小于 0.05，所有 R^2 均大于 0.99，说明模型的模拟精度良好。表 5-5 和表 5-6 所示的结果说明，本章建立的多品牌产品扩散模型可以较好地预测 4 个品牌智能手机的销量走势。表 5-4 中的模型参数是通过试错法手工设定的，因此，上述模拟结果并非该扩散模型能达到的最优模拟结果。如果设计优化算法自动寻找模型参数的最优组合，那么预计可以进一步提高模拟精度。

表 5-6 模拟结果的精确度

指标	品牌			
	Nokia	Motorola	Samsung	Apple
MAPE	0.029	0.045	0.043	0.027
MAD	5.780	3.330	5.380	2.00
RMSE	8.180	4.490	7.210	3.20
R^2	0.997	0.993	0.996	0.994

5.2.2 敏感性分析

本节对一些重要的产品属性和社会环境进行敏感性分析，通过观察分析当前销量和当前持有者数量的变化规律，探索上述因素对多品牌产品扩散的影响机制。所有敏感性分析实验默认的模型参数如表 5-7 所示，未列出的模型参数见各实验说明部分，未特别说明的实验均采用 BA 模型。

表 5-7 敏感性分析实验默认的模型参数

参数	取值	释义
EntryTime	—	产品的入市时间
UpdateCycle	—	产品的更新周期
Price	—	产品的价格
Quality	—	产品的质量
Feature	—	产品的性能
Popularity	0；0.1；0.2；0.3	产品的品牌知名度
$Income_{t=0}$	$\sim N(2000, 660)$	消费者 Agent 的初始收入水平
$Demand_{t=0}$	区间[0, 1]上随机分布	消费者 Agent 的初始购买需求
w^Q	$\sim N(0.4, 0.04)$	消费者 Agent 赋予质量的权重
w^F	$\sim N(0.5, 0.05)$	消费者 Agent 赋予性能的权重
w^P	$\sim N(0.1, 0.02)$	消费者 Agent 赋予品牌知名度的权重

(续表)

参　数	取　值	释　义
a	0.1	消费者 Agent 的收入增长率
BuyCycle	$\sim N(7, 0.5)$	消费者 Agent 的购买周期
α	0.6	线上口碑的影响系数
η	20	负面口碑的权重系数
θ^R	3000	口碑数量阈值
h	区间[0, 1]上随机分布	消费者 Agent 的从众系数
θ^D	区间[0.5, 1]上随机分布	消费者 Agent 的购买需求阈值
θ^W	区间[0.5, 1]上随机分布	消费者 Agent 的购买意愿阈值
P	1.0	消费者 Agent 购买所选产品的概率
γ	0.5	口碑发表系数
θ^{R+}	0.5	正面口碑阈值
θ^{R-}	-0.7	负面口碑阈值
S	10000	消费者 Agent 网络的初始规模
ΔS	2000	消费者 Agent 网络的每步增幅
k	6	WS 模型的最近邻耦合数
P_k	0.3	WS 模型的随机化重连概率
m_0	3	BA 模型的初始节点数
m	3	BA 模型的新增节点连边数
SRatio	1.0	广告渗透率
T	24	仿真总步数

1. 价格敏感性分析

假设市场上只有 B1 和 B2 两种产品，本节分两种情况研究价格变化对 B1 和 B2 竞争扩散的影响，先考察价格变化对同质产品竞争扩散的影响，再考察价格变化对领先者和跟随者竞争扩散的影响。

1）价格变化对同质产品竞争扩散的影响

这部分进行了两组实验。实验中的 B1 和 B2 为价格和入市时间不同但其他属性均相同的同质产品。价格敏感性分析实验参数（1）如表 5-8 所示。

表 5-8　价格敏感性分析实验参数（1）

实验组别	品　牌	EnterTime	UpdateCycle	Price	Quality	Feature	Popularity
1	B1	1	4	2000	0.6	0.6	0
	B2	8					
2	B1	1					
	B2	8		1000			

第 5 章 多品牌产品扩散仿真

价格变化对同质产品竞争扩散的影响如图 5-3 所示。实验 2 中 B2 降价使消费者 Agent 的收入价格比增加，购买该产品的可能性增加，扩散速度加快，扩散量增大，因此销量比实验 1 稍高。随着仿真的推进，实验 2 与实验 1 中 B2 销量的差距越来越大，产生该结果的主要原因是消费者 Agent 的收入价格比增加，此外还包括：①B2 的购买者增加导致越来越多的消费者 Agent 发表线上口碑，而两个产品的品质和价格又无差别，因此 B2 的线上口碑和正面口碑都会逐渐增加，消费者 Agent 在做购买决策时受线上口碑的影响会增大；②B2 的扩散量增加，会使消费者 Agent 在做购买决策时受更多邻居购买者的影响。在上述因素影响下，B2 的扩散量和扩散速度会增加，这种扩散量的增加会带来更多消费者 Agent 发表线上口碑，周围有更多邻居拥有该品牌产品，然后又会反过来吸引消费者 Agent 购买。

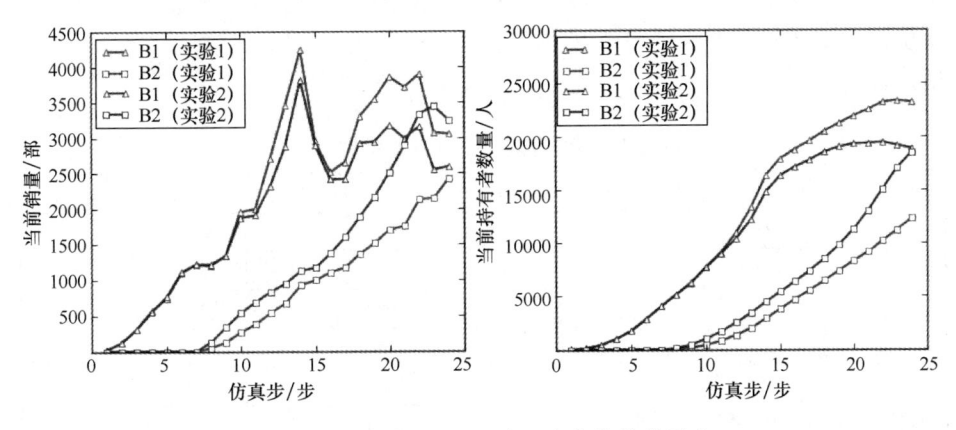

图 5-3 价格变化对同质产品竞争扩散的影响

B2 降价还影响了 B1 的扩散。由于 B1 比 B2 早进入市场，B2 刚入市时其低价对 B1 几乎没有影响，这种先入优势几乎可以抵消 B2 的价格优势。随着仿真的推进，B2 的扩散量逐渐增加，在线上口碑和邻居购买者的影响下，B2 逐渐抢夺了部分 B1 的市场，使 B1 的扩散速度变慢。随着 B2 竞争力的逐渐增强，消费者 Agent 购买 B2 的可能性增加，逐渐削弱了 B1 的先入优势。因此，B1 的扩散量在实验 2 中比在实验 1 中逐渐减少。

两组实验的第 20～24 仿真步中 B1 和 B2 的累计购买者数量如表 5-9 所示。结合图 5-3 可以看出，B2 降价不仅影响了本身和 B1 的销量，还促进了该类产品销售总量的增加，即实验 2 比实验 1 多出了一些新购买者。

表 5-9 B1 和 B2 的累计购买者数量

仿真步/步	20	21	22	23	24
实验 1/人	30133	31600	33358	34524	35477
实验 2/人	30521	32311	34424	36092	37378

综上所述，价格是影响多品牌产品扩散的关键因素。降价不仅能够增强竞争优势，提高产品销量，加快扩散速度，而且能促进同类产品总销量的增加；新品牌可以通过合理定价抢夺老品牌的市场份额。

2）价格变化对异质产品竞争扩散的影响

模拟如下场景：领先者 B1 每 4 个仿真步推出一个质量和性能均提升 0.08 的新产品；跟随者 B2 总是比 B1 晚 1 个仿真步在质量与性能上达到同等水平。假定市场潜量、消费者 Agent 的收入水平和产品的价格在仿真期间保持不变。针对该场景进行了 3 组实验，价格敏感性分析实验参数（2）如表 5-10 所示。

表 5-10 价格敏感性分析实验参数（2）

实验组别	品 牌	EnterTime	UpdateCycle	Price	Quality	Feature	Popularity
1	B1	1	4	2000	0.7	0.7	0
1	B2	1	4	1500	0.6	0.6	0
2	B1	1	4	2000	0.7	0.7	0
2	B2	1	4	1300	0.6	0.6	0
3	B1	1	4	2000	0.7	0.7	0
3	B2	1	4	1800	0.6	0.6	0

价格变化对领先者和跟随者竞争扩散的影响如图 5-4 所示。经分析发现，在领先者 B1 和跟随者 B2 竞争扩散的过程中，价格是很重要的因素，直接影响两者的扩散量。但无论如何定价，两个品牌的市场份额在任何价格组合下最终都会达到平衡状态。平衡位置与领先者 B1 和跟随者 B2 的价差有关。当价差达到某临界值时，两者的扩散量将趋于一致，如图 5-4 中的红线所示。在两者入市早期，跟随者 B2 的质量和性能虽然落后于领先者 B1，但价格优势弥补了品质劣势，因此在扩散早期两者的扩散量差距不大。随着仿真的推进，由于领先者 B1 每次推出的新产品在创新上总是领先一步，使其正面口碑多于跟随者 B2，导致两者的扩散量差距逐渐拉开。随着跟随者 B2 线上口碑的增加，线上口碑的影响逐渐缩小，直至两者的扩散量形成一种稳定且趋于一致的局面。

第5章 多品牌产品扩散仿真

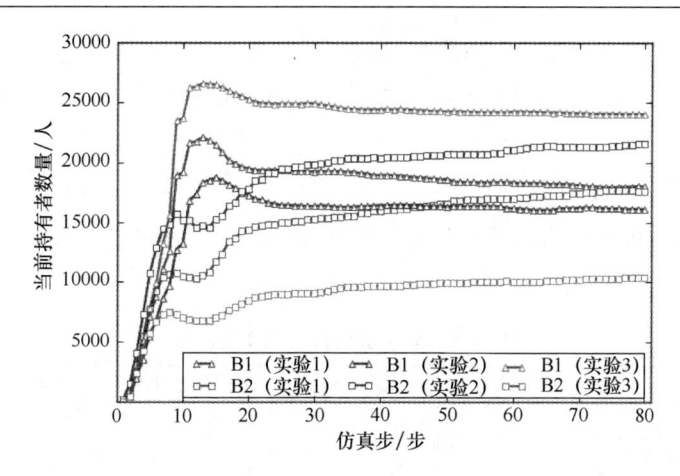

图5-4 价格变化对领先者和跟随者竞争扩散的影响

跟随者 B2 降价导致两者价差大于该临界值时（如图 5-4 中的蓝线所示），较明显的价格优势使其入市初期的扩散量高于领先者 B1，后期出现交叉主要是由消费者 Agent 的周期性重复购买所致的。当仿真步数为消费者 Agent 的购买周期的整数倍时消费者 Agent 就会再次购买产品。跟随者 B2 早期的当前持有者数量高于领先者 B1，使其释放的市场潜量大于领先者 B1，且当前持有者数量有所减少。领先者 B1 的当前持有者数量持续增加并逐渐超过跟随者 B2，使两者的扩散曲线出现第一次交叉。第二次出现交叉也是基于此原因，即领先者 B1 释放的市场潜量大于跟随者 B2。以后再未出现交叉是由于领先者 B1 和跟随者 B2 的当前持有者数量趋于稳定，两者释放的市场潜量趋同。可以想象，若跟随者 B2 继续降价，其最终达到平衡的扩散量将更大幅度超过领先者 B1。但这种平衡不一定是跟随者 B2 想要的，因为一旦价格太低使每件产品的利润过少时，即使扩散量很大，总利润也不会很多，所以跟随者 B2 为获得足够利润将不得不提高价格。

跟随者 B2 提价导致两者价差大于该临界值时（如图 5-4 中的绿线所示），由于产品质量与性能本来就比领先者 B1 差，价格优势丧失后消费者 Agent 购买跟随者 B2 的可能性必然大大降低，双方的扩散量最终会在领先者 B1 远高于跟随者 B2 的位置达到平衡。但这种平衡也不是跟随者 B2 期望看到的，因为产品单件利润较高时，如果销量太少，那么总利润也不会很高。为了获得更高利润，跟随者 B2 会降低产品价格。通过反复地上下调价，最终双方价差会稳定在临界值上，此时跟随者 B2 和领先者 B1 均实现了利益最大化，这是双方相互博弈的结果。现实生活中领先者 B1 的价格往往高一些，但并不会因此丧失竞争力，跟随者 B2 也不会由于创新落后而完全失去市场。

综上所述，在异质产品市场中，领先者 B1 和跟随者 B2 的扩散量总能达到平衡状态，而且存在一个价格临界点，可使领先者 B1 和跟随者 B2 的利润达到帕累托最优。无论初始定价如何，经过双方竞争博弈，价格变化总会趋向于该临界点。

2. 质量和性能敏感性分析

本节先通过两组实验分析质量变化的敏感性，质量敏感性分析实验参数如表 5-11 所示。

表 5-11 质量敏感性分析实验参数

实验组别	品牌	EnterTime	UpdateCycle	Price	Quality	Feature	Popularity
1	B1	1	4	2000	0.6	0.6	0
1	B2	8	4	2000	0.6	0.6	0
2	B1	1	4	2000	0.6	0.6	0
2	B2	8	4	2000	0.8	0.6	0

质量变化对两品牌产品竞争扩散的影响如图 5-5 所示。实验 1 中 B1 和 B2 的价格和品质均无差别，它们之间扩散量和扩散速度的差别主要来自先入者优势的影响。实验 2 中 B2 质量提高时，消费者更愿意花相同价格购买更高品质的产品，在实验 1 中购买了 B1 的部分消费者 Agent 因此想转换品牌。但是，B2 在刚入市时只有风险偏好者会立刻购买，大部分消费者 Agent 会观望等待。随着时间的推进，在线上口碑和邻居购买者的影响下，观望者逐渐开始购买 B2，使其扩散速度和扩散量均迅速增大，而 B1 从 B2 入市开始扩散量和扩散速度均迅速减小。

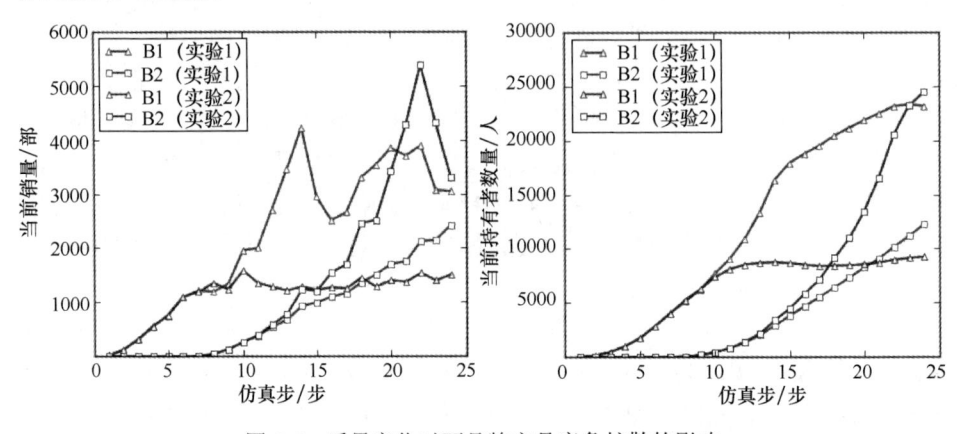

图 5-5 质量变化对两品牌产品竞争扩散的影响

再通过两组实验分析性能变化的敏感性，性能敏感性分析实验参数如表 5-12 所示。

第 5 章　多品牌产品扩散仿真

表 5-12　性能敏感性分析实验参数

实验组别	品牌	EnterTime	UpdateCycle	Price	Quality	Feature	Popularity
1	B1	1	4	2000	0.6	0.6	0
1	B2	8	4	2000	0.6	0.6	0
2	B1	1	4	2000	0.6	0.6	0
2	B2	8	4	2000	0.6	0.8	0

性能变化对两品牌产品竞争扩散的影响如图 5-6 所示。可以看到，性能变化的影响规律与图 5-5 中质量变化的影响规律是非常相似的。

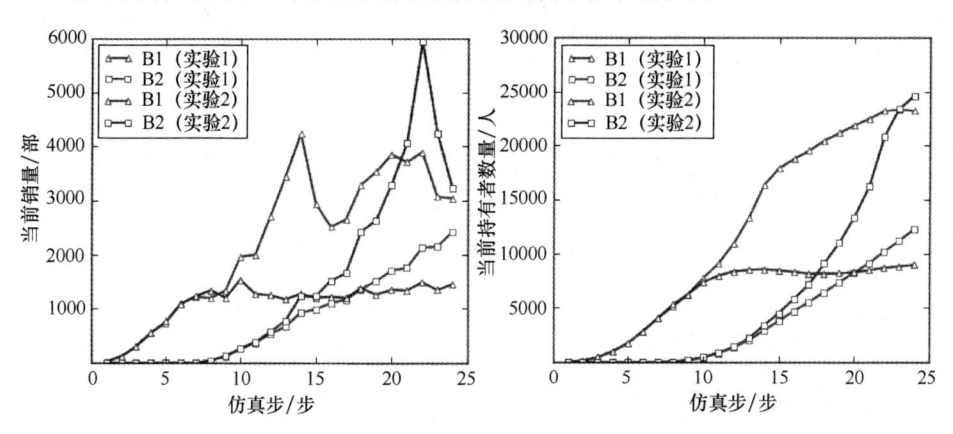

图 5-6　性能变化对两品牌产品竞争扩散的影响

综上所述，质量和性能是影响多品牌产品扩散的关键因素，并且两者的影响效果类似；当品牌之间除质量或性能外其他属性均无差异时，质量或性能突出的一方将逐渐赢得并扩大竞争优势和市场份额。

3. 品牌知名度敏感性分析

本节通过两组实验分析品牌知名度变化的敏感性，品牌知名度敏感性分析实验参数如表 5-13 所示。

表 5-13　品牌知名度敏感性分析实验参数

实验组别	品牌	EnterTime	UpdateCycle	Price	Quality	Feature	Popularity
1	B1	1	4	2000	0.6	0.6	0
1	B2	8	4	2000	0.6	0.6	0
2	B1	1	4	2000	0.6	0.6	0
2	B2	8	4	2000	0.6	0.6	0.2 步幅递增

· 107 ·

品牌知名度变化对两品牌产品竞争扩散的影响如图 5-7 所示。显然，随着品牌知名度的逐渐提高，B2 的扩散量和扩散速度也在逐渐增加。不过，品牌知名度对产品扩散过程的影响明显不如质量和性能对产品扩散过程的影响那么大，这也验证了人们购买产品时更重视质量和性能的研究结论（李阳，2016）。

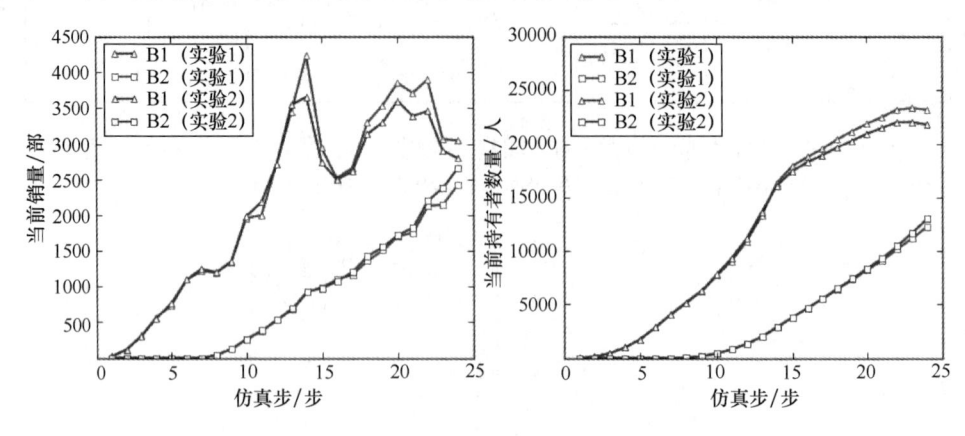

图 5-7　品牌知名度变化对两品牌产品竞争扩散的影响

综上所述，品牌知名度会影响多品牌产品的竞争与扩散，但与质量和性能相比，其影响程度非常有限。

4．入市时间敏感性分析

本节设计了 A、B 两组产品组合。先针对 A 组产品组合进行两组实验，入市时间敏感性分析实验参数（A 组）如表 5-14 所示。可以看到，B1 和 B2 除了入市时间不同，其他属性均相同，因此属于品质和价格均无差别的产品。

表 5-14　入市时间敏感性分析实验参数（A 组）

实验组别	品　　牌	EnterTime	UpdateCycle	Price	Quality	Feature	Popularity
1	B1	1	4	2000	0.6	0.6	0
1	B2	8	4	2000	0.6	0.6	0
2	B1	1	4	2000	0.6	0.6	0
2	B2	3	4	2000	0.6	0.6	0

入市时间变化对 A 组两品牌产品竞争扩散的影响如图 5-8 所示。对于品质和价格无差别的产品 B1 和 B2，B2 入市越早扩散量越大。先入市的 B1 累积了更多的线上口碑、正面口碑和品牌知名度，因此 B2 入市时消费者 Agent 选择 B1 的可能性更大。当 B2 入市提前时，消费者 Agent 有了更多选择，B1 累积的线上口碑、正面口碑和品牌知名度有所下降，消费者 Agent 购买 B1 的可能

第 5 章　多品牌产品扩散仿真

性相应减少，因此，B2 和 B1 的销量差距随之缩小。在两组实验中，消费者 Agent 的购买周期约为 8 个仿真步，因此 B1 表现出周期性的上下波动特征。

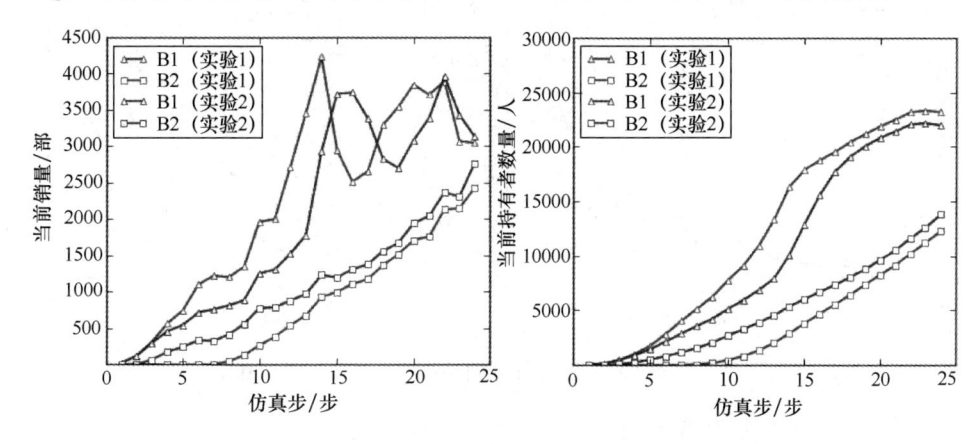

图 5-8　入市时间变化对 A 组两品牌产品竞争扩散的影响

再针对 B 组产品组合进行两组实验，入市时间敏感性分析实验参数（B 组）如表 5-15 所示。可以看到，B1 和 B2 除了更新周期和品牌知名度相同，其他属性均不同，属于品质和价格均有差别的产品。

表 5-15　入市时间敏感性分析实验参数（B 组）

实验组别	品　　牌	EnterTime	UpdateCycle	Price	Quality	Feature	Popularity
1	B1	1	4	2000	0.6	0.6	0
1	B2	8	4	3000	0.75	0.75	0
2	B1	1	4	2000	0.6	0.6	0
2	B2	3	4	3000	0.75	0.75	0

入市时间变化对 B 组两品牌产品竞争扩散的影响如图 5-9 所示。对于品质和价格有差别的产品 B1 和 B2，并不是越早入市越有利。从品质角度可以将 B1 看成中端产品，将 B2 看成高端产品。B2 提前入市对于其扩散过程不一定有利。在初期，消费者 Agent 还未完全接纳 B2，这时 B1 的扩散量高于 B2 主要是受价格的影响。随着仿真的推进，购买 B1 的消费者 Agent 越来越多，因为高端产品价格较高，在扩散初期不一定能够被消费者 Agent 认可，其正面口碑率会小于 B1，可能会导致其扩散量还不如实验 1 时的情况。

综上所述，先入市品牌可形成一定的先入优势，但后入市品牌提早入市不一定总是促进扩散的，扩散结果往往与产品价格及品质有关。

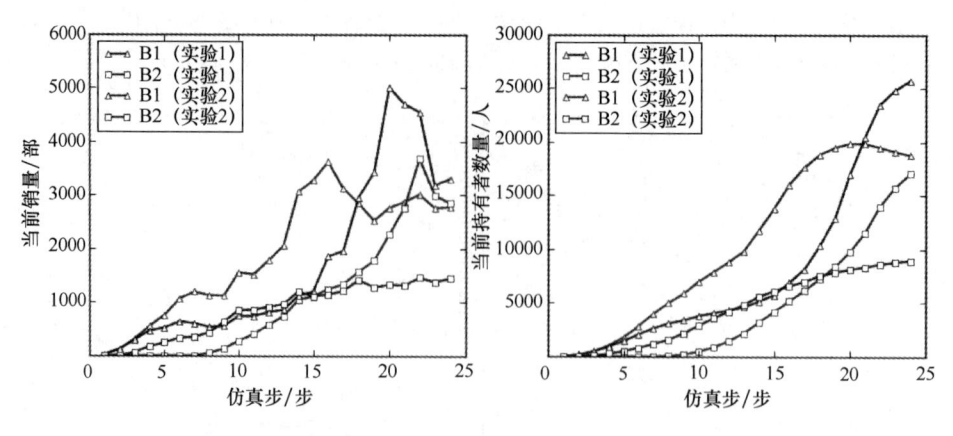

图 5-9 入市时间变化对 B 组两品牌产品竞争扩散的影响

5. 更新周期敏感性分析

为进行更新周期敏感性分析，设计了一组实验，并假设 3 个品牌的产品同时入市，B1 代表产品更新周期适中的企业，每次更新的创新程度适中；B2 代表产品更新周期较短的企业，每次更新的创新程度较小；B3 代表产品更新周期较长的企业，每次更新的创新程度较大。为了消除创新力度不同带来的影响，假定仿真结束时三者的质量、性能、品牌知名度提升累计幅度一致，据此推算出 3 个产品每次更新的质量和性能提升幅度依次为 0.15、0.064、0.205。更新周期敏感性分析初始实验参数如表 5-16 所示。

表 5-16 更新周期敏感性分析初始实验参数

品 牌	EnterTime	UpdateCycle	Price	Quality	Feature	Popularity
B1	1	8	2000	0.6	0.6	0
B2	1	4	2000	0.6	0.6	0
B3	1	12	2000	0.6	0.6	0

更新周期变化对 3 个品牌产品扩散的影响如图 5-10 所示。3 个产品早期扩散曲线差别不大，原因是 B1、B2 和 B3 在入市时品质相同，消费者 Agent 选择三者的可能性也相同。仿真至第 5 仿真步时 B2 推出新产品，其质量和性能有较小改进，因此消费者 Agent 选择 B2 的可能性更大，使 B2 的销量较另外两品牌稍有提高。在第 9 仿真步时 B1 和 B2 都推出了新产品，因此和 B3 的扩散量差距开始增大。B2 在前期积累了销量和线上口碑，在线上口碑和邻居购买行为的影响下，B2 的竞争力强于 B1，因此扩散量高于 B1。B3 在第 13 仿真

步时推出的新产品创新性较强，消费者 Agent 购买 B3 的可能性增加，使其扩散量上升，因此在后期出现规律性波动。随着仿真的推进，B1、B2 相继推出新产品，B3 的竞争优势减弱，加之 B3 每经过 12 个仿真步才推出一款新产品，而消费者 Agent 的平均购买周期为 8 个仿真步，此时购买需求达到阈值的消费者 Agent 已购买过 B3，在产品没有更新的情况下不会再次选择 B3，因此 B3 的扩散量会减少。当 B3 在第 25 仿真步推出新产品时，质量和性能上的竞争优势又会使其扩散规律同之前一样，而在后期，B1 和 B2 的扩散量则交替领先，原因是 B2 每经过 4 个仿真步会推出一款新产品，虽然每次的创新性不强，但其更新周期最短，而且 3 个产品质量和性能提升的最终幅度一致，只要消费者 Agent 重复购买，B2 总能出现在消费者 Agent 的候选产品中，并且每次较小的创新也能抓住消费者 Agent 的眼球，因此，在大多数时候 B2 的扩散量是最高的。到了后期，因为 B1 的更新周期为 8 个仿真步，与消费者 Agent 的购买周期基本一致，而且每次都有较大创新，获得的正面口碑比 B2 多，所以扩散量逐渐提升。

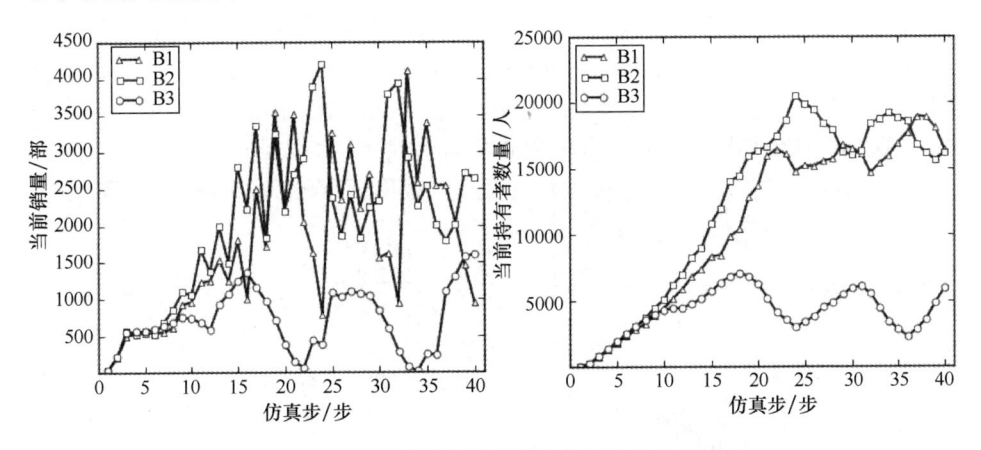

图 5-10 更新周期变化对 3 个品牌产品扩散的影响

综上所述，一个品牌的产品要保持长期领先的竞争优势和扩散水平，必须在技术创新和更新周期之间找到一种平衡。更新及时但创新不足，或者创新突出但更新太慢都无法获得长期领先的竞争优势和扩散水平。

6．网络结构和广告渗透率敏感性分析

1）网络结构和广告渗透率变化对单一产品扩散的影响

本节描述了 4 组单品牌产品扩散实验，网络结构和广告渗透率敏感性分析实验参数（1）如表 5-17 所示。

表 5-17　网络结构和广告渗透率敏感性分析实验参数（1）

实验组别	网络结构	广告渗透率	EnterTime	UpdateCycle	Price	Quality	Feature	Popularity
1	BA/WS	0.01	1	4	2000	0.6	0.6	0
2		0.05						
3		0.20						
4		0.50						

网络结构和广告渗透率变化对单品牌产品扩散的影响如图 5-11 所示，其中△和□分别表示在 BA 模型网络和 WS 模型网络下的情况。当广告渗透率增加时，产品入市信息通过网络传播的比例下降，初始知晓产品信息的消费者 Agent 的数量增加，因此扩散量和扩散速度都会增加。线上口碑和邻居购买者对消费者 Agent 的影响随着购买者数量的增加而增加，因此扩散速度逐渐加快；当前销量会在某时刻达到最高点，然后出现波动，且波动会逐渐稳定，这是由于到达最高点前扩散增量部分来源于通过网络传播获知产品信息的消费者 Agent，而到达最高点时产品信息已基本传遍网络，当前销量的贡献者主要来自消费者 Agent 的重复购买。广告渗透率越大，初始知道产品信息的消费者 Agent 越多，产品信息传遍网络的速度就越快，因此达到最高点的时刻越提前；广告渗透率越大，初始购买者越多，线上口碑和正面口碑就会增加，从众影响加大，因此产品的市场占有率也会增加。

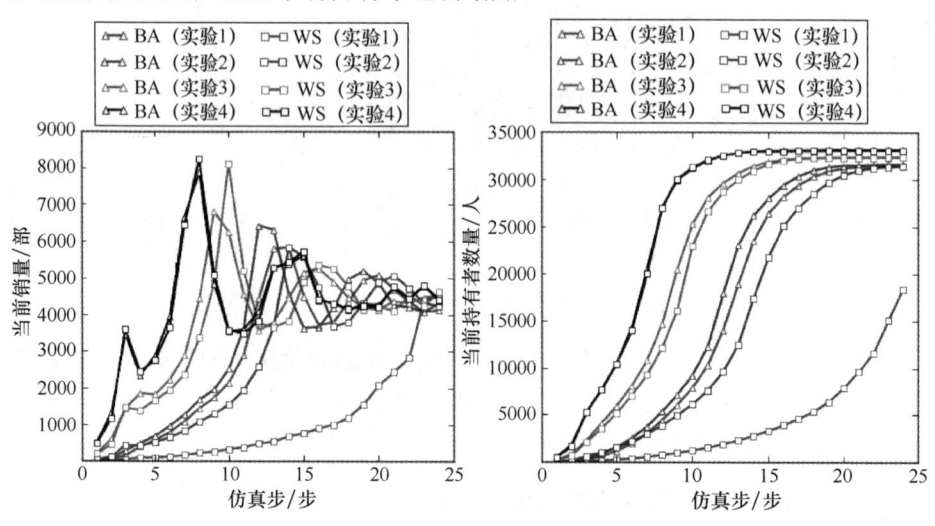

图 5-11　网络结构和广告渗透率变化对单品牌产品扩散的影响

对比 BA 模型网络和 WS 模型网络上的扩散过程发现：广告渗透率很小时，BA 模型网络中的扩散速度明显快于 WS 模型网络，原因在于虽然 BA 模型网络中大多数个体的度较小,但是当拥有大量邻居的"中心"个体知晓并购买产品后,产品信息和邻居购买行为的影响将迅速在网络中扩散,而 WS 模型网络中没有这样的"中心"节点;随着广告渗透率的逐渐增加,网络结构对扩散速度和扩散量的影响变小,原因在于初始知晓产品信息的人越多,通过网络知晓产品信息的消费者 Agent 的比例越少,网络结构对产品扩散的影响越小,因此在 BA 模型网络和 WS 模型网络中的扩散差异就越小。

2) 广告渗透率变化对同质产品竞争扩散的影响

本节描述了 3 组同质产品竞争扩散的实验,网络结构和广告渗透率敏感性分析实验参数(2)如表 5-18 所示。

表 5-18 网络结构和广告渗透率敏感性分析实验参数(2)

实验组别	网络结构	广告渗透率	品牌	EnterTime	UpdateCycle	Price	Quality	Feature	Popularity
1	BA	0.05	B1	1	4	2000	0.6	0.6	0
			B2	8					
2		0.50	B1	1					
		0.05	B2	8					
3		0.05	B1	1					
		0.50	B2	8					

广告渗透率变化对同质产品竞争扩散的影响如图 5-12 所示。将 B1 的广告渗透率由 0.05 增大到 0.50,会使初始知晓 B1 的消费者 Agent 增加,从而导致其扩散速度加快,因此初期销量大大提高;在仿真进行到第 4 步后,由广告渗透率提高带来的购买者数量增加停止了,后期销量主要来源于购买需求达到阈值的消费者 Agent,因此,B1 的销量会出现先小幅下降再上升的现象。而且,B1 的广告渗透率提高会导致其正面口碑和扩散量增加,消费者 Agent 购买 B1 的可能性增加,因此 B2 的扩散速度变缓。将 B2 的广告渗透率由 0.05 增大到 0.50,B2 的扩散速度和扩散量提高幅度较少,这是由于 B1 在初始时刻已入市,使得线上口碑和邻居购买行为在促进消费者 Agent 购买 B1 上发挥了重要作用,并且 B2 的入市信息已经通过网络传播给许多消费者 Agent,此时通过提高 B2 的广告渗透率来扩大其初始知晓者数量的效果已经很有限,因此消费者 Agent 购买 B1 的可能性远远高于 B2,B2 的扩散量有所增加,但增加幅度较小。

综上所述,对于单品牌产品而言,在网络结构相同的条件下,产品入市前广告渗透率越高,该产品扩散的速度越快、范围越大;在广告渗透率相同的条件下，产品在 BA 模型网络中扩散的速度比在 WS 模型网络中扩散的速度快，但范围相同，并且广告渗透率越高，扩散速度的差距越小。对于多品牌产品而言，在网络结构相同的条件下，广告渗透率越高，扩散速度越快，扩散范围越大，但是，入市越晚，广告渗透率的作用越弱。

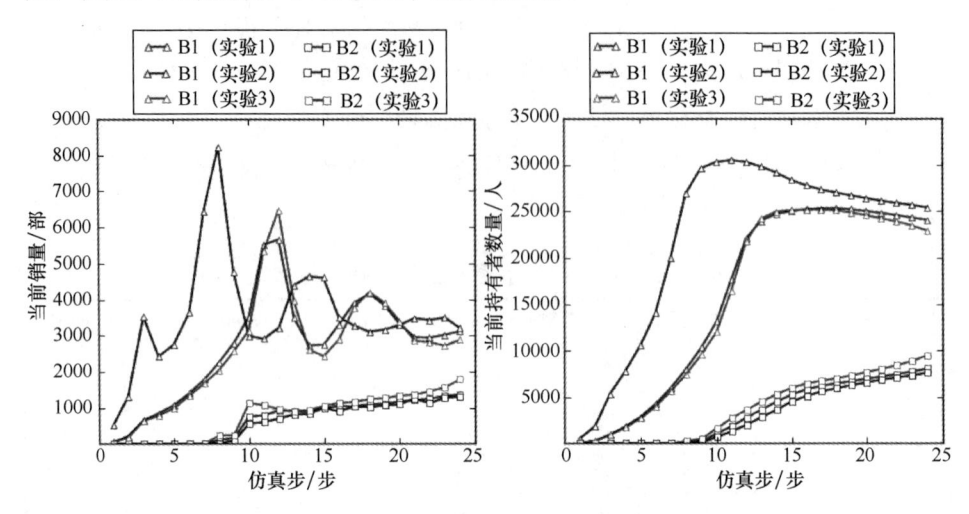

图 5-12 广告渗透率变化对同质产品竞争扩散的影响

7. 口碑发表系数敏感性分析

本节进行了 3 组同质产品竞争扩散的实验，口碑发表系数敏感性分析实验参数如表 5-19 所示。

表 5-19 口碑发表系数敏感性分析实验参数

实验组别	γ	品牌	EnterTime	UpdateCycle	Price	Quality	Feature	Popularity
1	0.2	B1	1	4	2000	0.6	0.6	0
		B2	8					
2	0.5	B1	1					
		B2	8					
3	0.7	B1	1					
		B2	8					

口碑发表系数变化对同质产品竞争扩散的影响如图 5-13 所示。在产品入市初期，增大 γ 对消费者 Agent 的购买决策影响有限，因为这段时间线上口碑数量较少。随着仿真的推进，增大 γ 会使购买者更愿意发表口碑。两个品牌均为性价比较高的产品，线上口碑和正面口碑会越来越多，对消费者 Agent 购买

第5章 多品牌产品扩散仿真

决策的影响越来越大,将吸引越来越多的消费者 Agent 购买,因此扩散速度和扩散量逐步增加。此外,增大 γ 对 B1 的影响大于对 B2 的影响,并且 B1 与 B2 的当前持有者数量差距逐渐减小,因为 γ 较小时,B1 凭借先入优势积累了一定数量的线上口碑,导致消费者 Agent 购买 B1 的意愿大于购买 B2 的意愿。随着仿真的推进,线上口碑的影响越来越强,使 B1 和 B2 的当前持有者数量差距加大;γ 增大时,B1 的线上口碑和正面口碑增加,导致 B2 与 B1 的销量差距增加,但后期 B2 的线上口碑和正面口碑也会迅速增加,导致消费者 Agent 购买 B2 的可能性增大,这种相互影响不断加强,线上口碑的影响将减小,B1 与 B2 的销量差距也逐渐缩小。

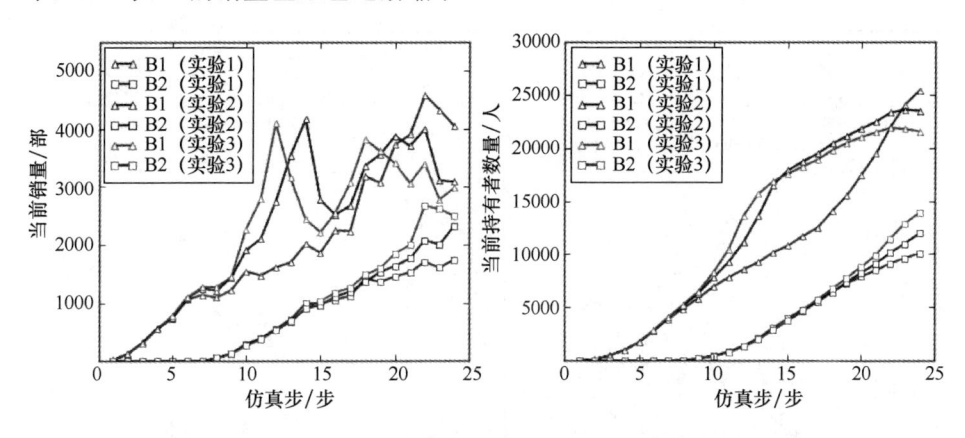

图 5-13 口碑发表系数变化对同质产品竞争扩散的影响

综上所述,线上口碑发表量影响多品牌产品的扩散,影响的方向与产品性价比有关。线上口碑发表量越大,高性价比产品的正面口碑越多,扩散速度越快,扩散量越大;低性价比产品的负面口碑越多,扩散速度越慢,扩散量越小。

8. 口碑阈值敏感性分析

本节进行了 4 组同质产品竞争扩散的实验,口碑阈值敏感性分析实验参数如表 5-20 所示。

口碑阈值变化对同质产品竞争扩散的影响如图 5-14 所示。先比较实验 1 和实验 2。因为两个产品在入市早期线上口碑很少,消费者 Agent 受影响很小,所以两个实验中 B1 和 B2 的扩散量差别不大。随着仿真的推进,购买者开始发表线上口碑,两个实验中的正面口碑和正中性口碑量相同。在实验 2 中,负面口碑阈值较小导致负面口碑和负中性口碑量减少,且负面口碑和负中性口碑量因基数较小导致减幅不大,故 B1 和 B2 的扩散量与实验 1 相近。到了仿真后期,因实验 1 和实验 2 中的 B1 和 B2 品质相同,它们的扩散量逐渐趋于一致。

表 5-20　口碑阈值敏感性分析实验参数

实验组别	θ^{R-}	θ^{R+}	品　牌	EnterTime	UpdateCycle	Price	Quality	Feature	Popularity
1	−0.9	+0.9	B1	1	4	2000	0.6	0.6	0
1	−0.9	+0.9	B2	8	4	2000	0.6	0.6	0
2	−0.3	+0.9	B1	1	4	2000	0.6	0.6	0
2	−0.3	+0.9	B2	8	4	2000	0.6	0.6	0
3	−0.9	+0.3	B1	1	4	2000	0.6	0.6	0
3	−0.9	+0.3	B2	8	4	2000	0.6	0.6	0
4	−0.3	+0.3	B1	1	4	2000	0.6	0.6	0
4	−0.3	+0.3	B2	8	4	2000	0.6	0.6	0

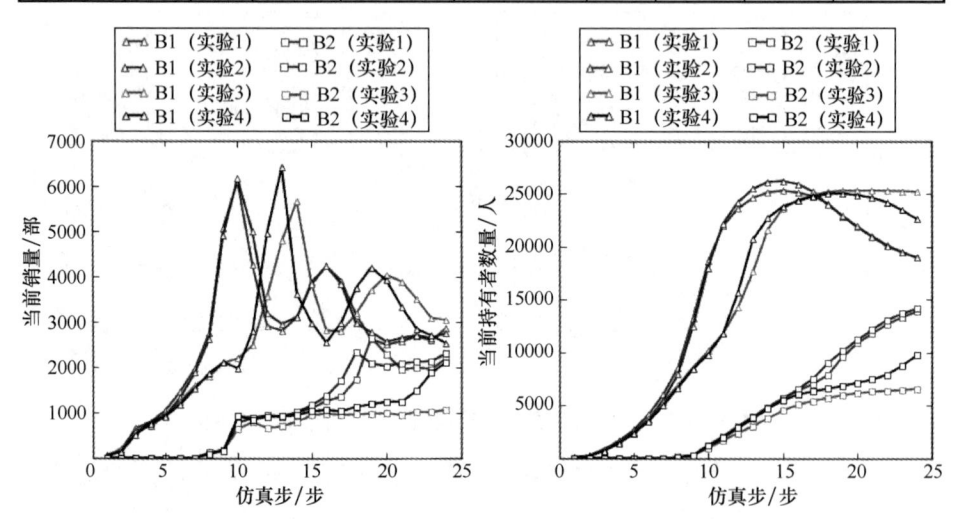

图 5-14　口碑阈值变化对同质产品竞争扩散的影响

再比较实验 1 和实验 3。两个实验中的负面口碑量和负中性口碑量相同。但在实验 3 中，正面口碑阈值较小导致正面口碑量和正中性口碑量减少，且正面口碑量和正中性口碑量因基数较大减幅较大，故在仿真早中期产品的扩散量比实验 1 明显减少。在仿真中后期，由于市场容量的限制，且 B1 和 B2 品质相同，在扩散速度相对快的实验 1 中，B1 和 B2 的扩散量逐渐趋同，当前持有者数量分别低于和高于实验 3 中的 B1 和 B2。

再比较实验 1 和实验 4。在实验 4 中，正面口碑阈值较小导致正面口碑量和正中性口碑量减少，且正面口碑量和正中性口碑量因基数较大减幅较大；负面口碑阈值较小导致负面口碑量和负中性口碑量减少，且负面口碑量和负中性口碑量因基数较小减幅不大。因此，在仿真早中期，实验 4 中的 B1 和 B2 的扩散量比实验 1 明显减少。在仿真中后期，由于市场容量所限以及 B1 和 B2 品质相同，在扩散速度相对快的实验 1 中，B1 和 B2 的扩散量逐渐接近，导致当前持有者数量分别低于和高于实验 4 中的 B1 和 B2。

最后比较实验 3 和实验 4。两个实验中的正面口碑量和正中性口碑量相同。但在实验 4 中，负面口碑阈值较小导致负面口碑量和负中性口碑量减少，且负面口碑量和负中性口碑量因基数较小减幅不大。因此，B2 的扩散量始终高于实验 3，B1 的扩散量在仿真早中期高于实验 3，在仿真中后期，由于市场容量的限制，且 B1 和 B2 品质相同，在扩散速度相对快的实验 4 中，B1 和 B2 的扩散量逐渐接近，导致 B1 的当前持有者数量低于实验 3 中 B1 的当前持有者数量。

综上所述，线上口碑会影响各品牌产品的扩散速度和扩散量，有 3 种因素决定了这种影响的方向和程度，一是具有由产品质量和性能决定的 4 种性质的满意度的购买者数量；二是具有 4 种性质的满意度的购买者发表线上口碑的积极性；三是市场潜量的规模。

5.2.3 购买者动力学分析

为了更深入地掌握消费者 Agent 的行为规律，本节分析了产品的价格和更新周期变化条件下各类购买者数量的动态变化规律。

1. 价格变化时各类购买者数量的变化

首先分析同质产品市场中价格变化对初次购买者和重复购买者数量的影响。初次购买者和重复购买者数量的变化如图 5-15 所示，是基于 5.2.2 节中表 5-8 所列数据的实验结果。从表 5-8 中可知，B1 和 B2 是同质产品。在实验 2 中，由于 B2 降价，其初次购买者数量和重复购买者数量均高于实验 1，而 B1 的初次购买者数量和重复购买者数量均低于实验 1。扩散早中期的销量贡献主要来自初次购买者，扩散中后期的销量贡献主要来自重复购买者，而且产品入市越早，重复购买者越多。产品降价能增加消费者对该品牌的忠诚度，增加消费者重复购买该品牌的概率。研究表明，留住老客户比发展新客户所需的成本低很多（Bernhardt 和 Wei，2015）。因此，企业须通过提高产品竞争力和售后服务水平留住老客户，防止因品牌转移造成的客户流失，是极为重要的营销原则。

其次分析异质产品市场中价格变化对除初次购买者和重复购买者以外其他各类购买者数量的影响。图 5-16、图 5-17 和图 5-18 为基于 5.2.2 节中表 5-10 所列数据的实验结果。

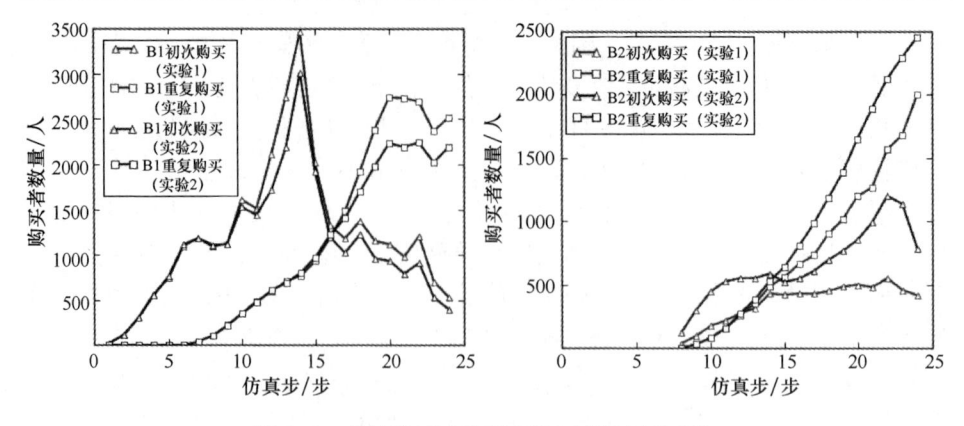

图 5-15 初次购买者和重复购买者数量的变化

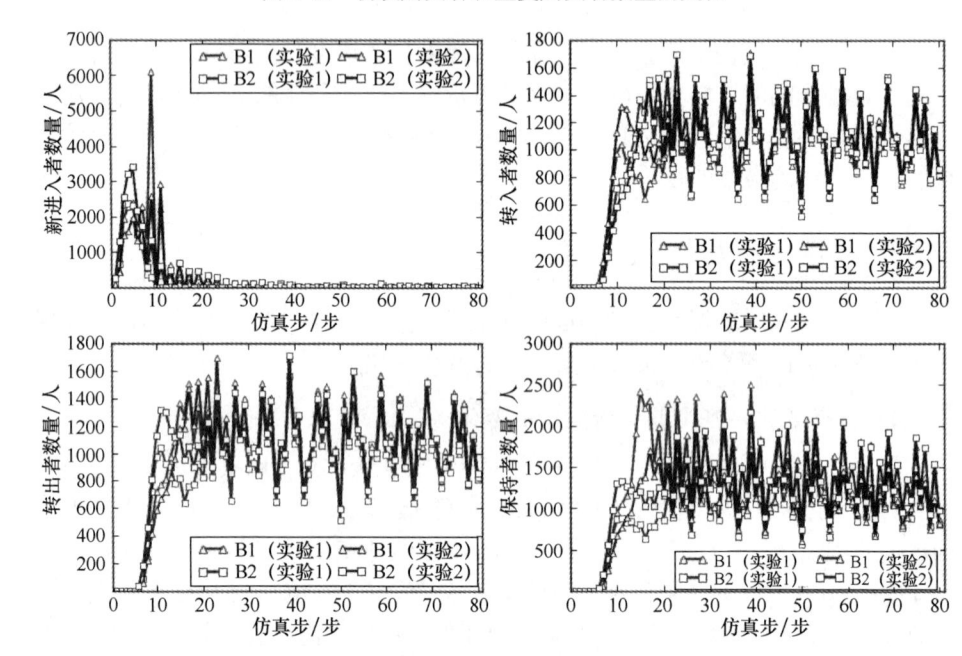

图 5-16 新进入者、转入者、转出者和保持者数量的变化情况（1）

新进入者、转入者、转出者和保持者数量的变化情况（1）如图 5-16 所示。结合图 5-4 的实验结果，从新进入者数量的变化看，两个实验中 B1 和 B2 在入市后的前 10 个仿真步内均快速上升，销量贡献主要来自新进入者，且实验 2 中 B2 降价使其自身竞争力提高，因此其新进入者的数量与实验 1 相比有小幅度的增加。到扩散中后期，两个实验中 B1 和 B2 的扩散量主要来自消费者 Agent 的重复购买；从转入者数量的变化看，实验 1 中领先者 B1 和跟随者

第 5 章　多品牌产品扩散仿真

B2 逐渐接近且趋于稳定，实验 2 中 B1 和 B2 也逐渐趋于稳定，且 B2 和 B1 之和与实验 1 相比有所提升，B2 比 B1 略高，说明更多消费者 Agent 转入 B2；从转出者数量的变化看，实验 1 中 B1 和 B2 逐渐接近且趋于稳定，实验 2 中 B1 和 B2 也逐渐稳定，且 B2 和 B1 之和与实验 1 相比有所提升，B2 比 B1 略低，说明更多消费者 Agent 转出 B1；从保持者数量的变化看，实验 1 中 B1 前期明显高于 B2，后期两者逐渐接近且趋于稳定，实验 2 中 B1 和 B2 也逐渐稳定，且 B2 和 B1 之和比实验 1 有所提升，B2 比 B1 略高，说明更多消费者 Agent 偏向 B2。

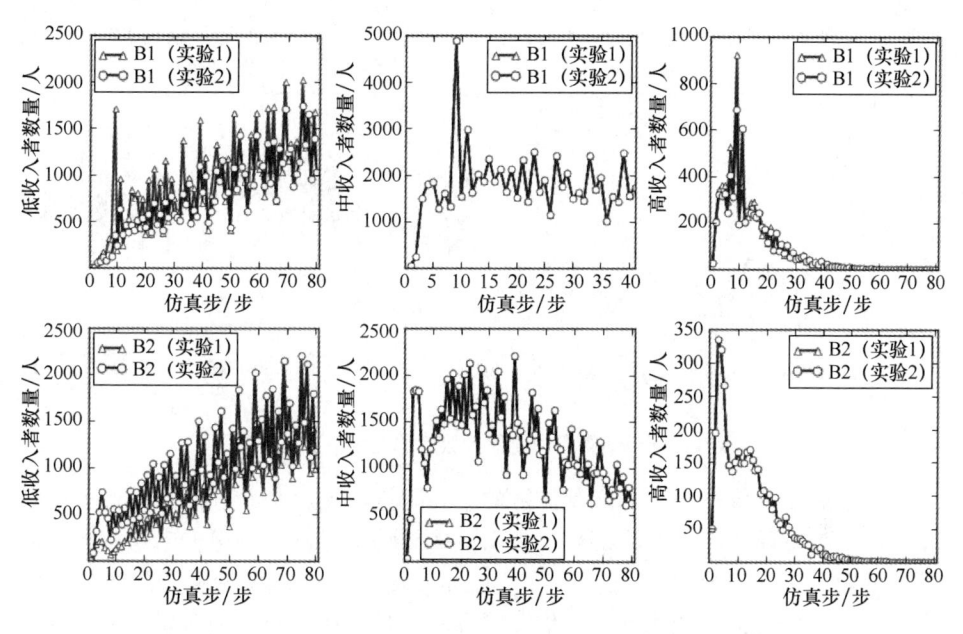

图 5-17　低收入者、中收入者和高收入者数量的变化情况（1）

低收入者、中收入者和高收入者数量的变化情况（1）如图 5-17 所示。结合图 5-4 的实验结果，从低收入者数量变化看，实验 2 的 B1 和 B2 分别低于和高于实验 1 的 B1 和 B2；从中收入者和高收入者数量变化看，实验 2 的 B1 和 B2 与实验 1 的 B1 和 B2 几乎相同。上述变化说明，低收入者对价格最敏感，降价增加了 B2 的竞争力，导致部分 B1 的低收入购买者转而购买 B2。

创新者和模仿者数量的变化情况（1）如图 5-18 所示。结合图 5-4 的实验结果，实验 2 中的 B2 刚入市时因降价导致其创新者数量增加，在这些创新者的影响下，大量早期观望的模仿者开始购买 B2，因此 B2 的创新者和模仿者数量均增加。在后续扩散过程中，购买 B2 的消费者增加，口碑数量也相应增加，而 B2 作为跟随者，总是比 B1 的创新晚一步，因此正面口碑数量低于 B1。在这种口碑的影响下，B1 的创新者数量也小幅增加。

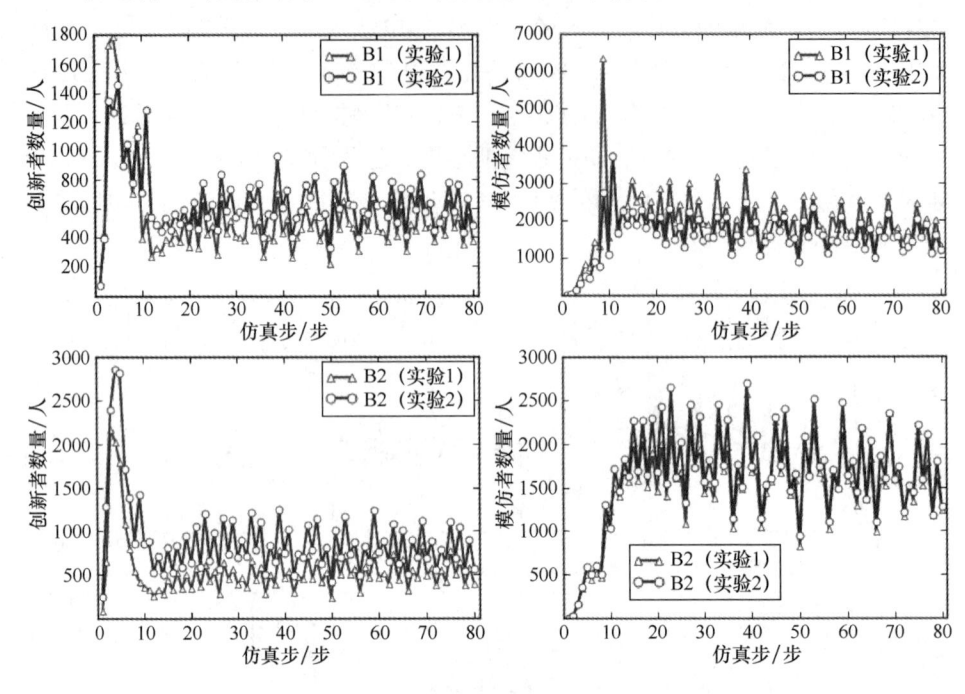

图 5-18　创新者和模仿者数量的变化情况（1）

综上所述，价格是影响产品扩散的重要因素，无论是在同质产品市场还是在异质产品市场，降价产品都可以吸引更多新购买者，留住更多老购买者，而且，低收入者对价格最敏感；在异质产品市场，无论领先者和跟随者如何定价，两者的扩散量总能达到一种均衡状态，而且存在一个可使两者的利润达到帕累托最优的价格临界点；无论初始定价如何，经过双方竞争博弈，在利益驱动下价格变化总会趋向于该临界点。

2. 更新周期变化时各类购买者数量的变化

图 5-19、图 5-20 和图 5-21 为基于 5.2.2 节中表 5-16 所列数据的实验结果。新进入者、转入者、转出者和保持者数量的变化情况（2）如图 5-19 所示。从 5.2.2 节中"更新周期敏感性分析"部分可知，在仿真起始时刻和终止时刻，B1、B2 和 B3 同质，B2 每次创新幅度最小但更新最快，B3 每次创新幅度最大但更新最慢，因此其他时刻 B2 的品质总是最好的，处于领先者地位，B3 的品质总是最差的，处于跟随者地位。结合图 5-10 的实验结果，虽然在产

品更新周期和消费者 Agent 购买周期的影响下，新进入者数量、转入者数量和保持者数量均呈现周期性波动，但 B2 最多、B3 最少的特点始终未变。B2 的购买者最多、基数最大，由此也导致其转出者最多。3 个品牌的转入者数量、转出者数量和保持者数量还有一个特点，即 B2 总体处在最高位置且波动频率很高，B3 总体处在最低位置且波动频率很低。

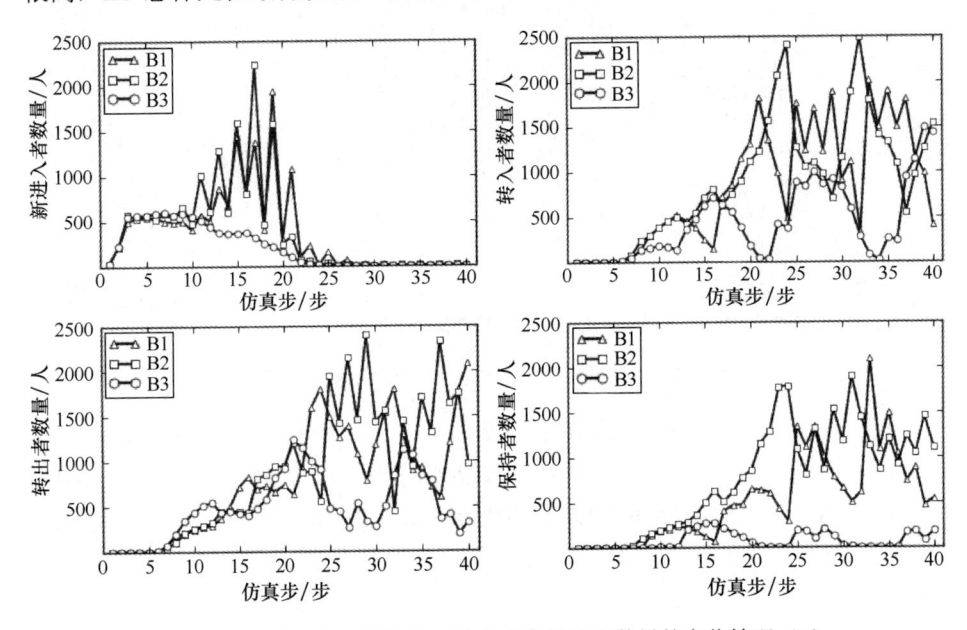

图 5-19 新进入者、转入者、转出者和保持者数量的变化情况（2）

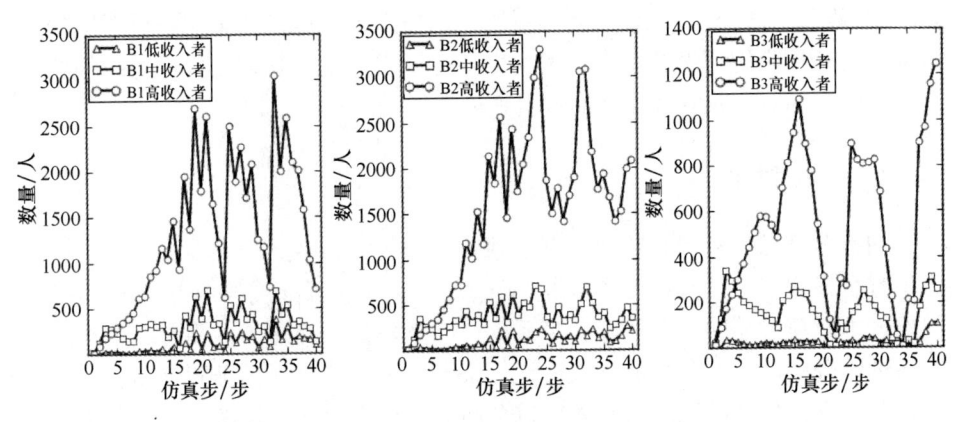

图 5-20 低收入者、中收入者、高收入者数量的变化情况（2）

低收入者、中收入者和高收入者数量的变化情况（2）如图 5-20 所示。结合图 5-10 的实验结果，高收入者购买 3 个品牌产品的数量总体均比中收入者和低收入者多,购买 B2 最多且销量曲线波动频率最高,购买 B3 最少且销量曲线波动频率最低。可见,由于高收入者消费力最强,在没有其他产品可供选择的情况下,一定比中、低收入者购买现有最好产品的积极性高。

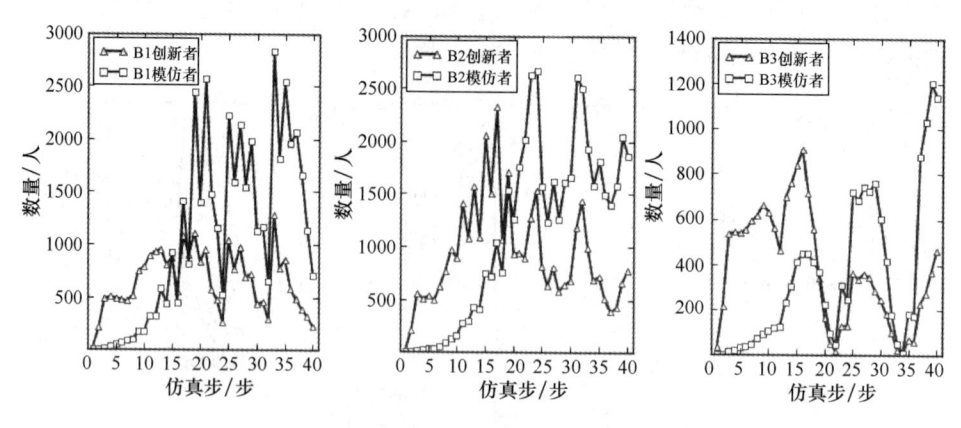

图 5-21 创新者和模仿者数量的变化情况(2)

创新者和模仿者数量的变化情况(2)如图 5-21 所示。结合图 5-10 的实验结果,可以看到 B2 的创新者数量和模仿者数量总体都最多,而且波动频率高、振幅最小;B3 的创新者数量和模仿者数量总体都最少,而且波动频率低、振幅最大。说明 B2 长期持续的创新领先,形成了对消费者 Agent 最大的持续吸引力。

综上所述,产品的更新周期和创新程度是一对矛盾体,更新周期越短,创新程度越低,反之亦然。在保持创新领先的前提下,应该尽量缩短更新周期,这样才能长期吸引更多新用户,留住更多老用户,获得长期竞争优势;创新持续领先的产品对高收入者群体的吸引力最大。

5.2.4 延伸讨论

同类多产品扩散问题往往具有多品牌、多代际、多系列并存竞争的特点。为了减少干扰因素、降低问题难度,重点研究在品牌替代条件下的多产品扩散问题,本章将多品牌、多代际、多系列产品竞争扩散简化为多品牌、单代际、无系列区分的产品竞争扩散。该假设带来的最大变化是,由于同一品牌内没有了代际概念,每个品牌就只有入市概念而没有退市概念;模型中的产品更新周期则相当于前一代产品退市和后一代产品入市同时进行,不再考虑两者并存竞争的情况;模型中的价格、质量、性能等产品参数也不再来自某个具体产品,

第 5 章　多品牌产品扩散仿真

而是多个系列甚至多代产品参数的综合,而这种综合过程会不可避免地带有相当的主观性,这可能是微观多品牌产品扩散模型难以克服的最大问题。第 4 章提出的多代产品扩散模型虽然也有类似局限性,但因为存在代际区分,所以在设置模型中的产品参数时,只须综合同一代下的不同产品系列,所以情况要好得多。

5.3　本章小结

本章以第 3 章的消费者决策分析为依据,运用效用理论、模糊集理论、网络科学和 ABMS 理论与技术,首先,设计了多品牌产品子模型、消费者 Agent 子模型和社交网络子模型,并将这些子模型集成为一个总体框架,完成了对完整的多品牌产品扩散模型的设计;其次,在 Repast Simphony 仿真平台上用 Java 语言编程实现了该扩散模型,运用 4 种品牌智能手机长达 15 年的全球销量数据,仿真验证了多品牌产品扩散模型设计的有效性及合理性;然后,通过价格、质量、性能、品牌知名度、入市时间、更新周期、网络结构、广告渗透率、口碑发表系数和口碑阈值的敏感性分析,探索了这些模型参数对多品牌产品扩散的影响规律;最后,分析了价格和更新周期变化条件下,创新者和模仿者数量,高收入者、中收入者和低收入者数量,以及新进入者、保持者、转入者和转出者数量的变化规律。最终得出以下 7 点重要结论。

(1) 价格是影响产品扩散的关键因素,价格降低有利于产品扩散,还能使市场上该类产品的持有者总量增加。在异质产品市场中,领先者和跟随者的扩散量总能达到均衡状态,且存在一个价格临界点,可使领先者和跟随者的利润达到帕累托最优。无论初始定价如何,经过双方竞争博弈,价格变化总会趋向于该临界点。

(2) 产品质量、性能和品牌知名度是影响产品扩散的重要因素,提升质量或性能可以使销量和扩散速度迅速上升,品牌知名度的提升也有利于产品的扩散过程,但是与质量和性能相比,影响程度很有限。经营者需要不断创新,提高产品质量和性能,才能在市场竞争中获得优势。

(3) 先入市产品可形成一定的先入优势,但后入市产品可通过适当降价、提升质量或性能等手段促进产品扩散,甚至超过先入市品牌。对于无品质差别的产品,后入市品牌可以通过提早入市来减少先入市品牌的竞争优势;但对于两种品质有差别的产品,越早入市并不一定对产品扩散越有利,扩散结果与产品价格及品质有关。

（4）产品更新周期最好等于或者小于消费者的购买周期。一旦大于消费者的购买周期，即使每次推出新产品的创新力度较大，也不利于产品扩散。品牌经营者可以有效调整推出新产品的周期，从而使产品扩散量最大。一个品牌的产品要保持长期领先的竞争优势和扩散水平，必须在技术创新和更新周期之间找到一种平衡。更新及时但创新不足，或者创新突出但更新太慢都无法获得持续领先的竞争优势和扩散水平。

（5）产品上市前广告渗透率越高，在 BA 模型网络和 WS 模型网络中的扩散速度和范围差异越小，即网络结构对扩散速度和范围的影响越小。在相同的网络环境下，产品上市前广告渗透率越高，扩散速度和范围越大。

（6）线上口碑发表量会影响各品牌产品的扩散，影响的方向与产品性价比有关。线上口碑发表量越大，高性价比产品的正面口碑越多，扩散速度越快，扩散量越大；低性价比产品的负面口碑越多，扩散速度越慢，扩散量越小。

（7）有 3 种因素决定了线上口碑影响各品牌产品扩散的方向和程度，一是具有由产品质量和性能决定的 4 种性质的满意度的购买者数量；二是具有 4 种性质的满意度的购买者发表线上口碑的积极性；三是市场潜量的规模。

第 6 章　多品牌多代产品扩散仿真

本章首先构建一个基于 Agent 的多品牌多代产品扩散模型，其次在 Mesa 仿真框架下用 Python 语言编写该扩散模型的仿真程序，最后用该仿真程序做仿真实验，研究消费者选购产品和评论产品的行为规律，以及在消费者属性、产品属性和社会环境影响下多品牌多代产品的扩散规律。本章所有实验的仿真总步数均为 40，每步代表 1 个季度，所示结果均为 30 次实验的平均值。

6.1　多品牌多代产品扩散模型设计

与前两章类似，本章提出的多品牌多代产品扩散模型由多品牌多代产品子模型、消费者 Agent 子模型和社交网络子模型构成。本节依次描述多品牌多代产品子模型、消费者 Agent 子模型、社交网络子模型和该多品牌多代产品扩散模型的总体框架。

6.1.1　多品牌多代产品子模型

多品牌多代产品扩散问题与多代产品扩散问题和多品牌产品扩散问题的主要区别是：前者（多品牌多代产品扩散问题）以相同类别下不同品牌不同代际的产品扩散为研究对象，后者（多代产品扩散问题和多品牌产品扩散问题）以相同类别下单一品牌不同代际或不同品牌不分代际的产品扩散为研究对象，因此，前者既关注体现品牌差异的价格、质量、性能、品牌知名度、入市时间和产品更新周期等产品属性，又关注体现代际差异的退市时间、外观等产品属性。但是，如果每种产品属性都单独考虑，又会导致模型参数过多，造成模型的使用障碍。

基于上述分析，在多品牌多代产品扩散问题中，本章将每个品牌的每代产品用一个七元组(j, $Brand_j$, $Generation_j$, $EntryTime_j$, $ExitTime_j$, $Price_j$, $Performance_j$)表示，其中各元素含义如下。

（1）j：表示产品的唯一身份标识，$j \in \mathbb{N}$。

（2）$Brand_j$：表示产品 j 的品牌，$Brand_j \in \mathbb{N} \setminus 0$。

（3）$Generation_j$：表示产品 j 的代际，$Generation_j \in \mathbb{N} \setminus 0$。

（4）$EntryTime_j$：表示产品 j 的入市时间，$EntryTime_j \geq 0$。

（5）$ExitTime_j$：表示产品 j 的退市时间，$ExitTime_j \geq 0$，$ExitTime_j > EntryTime_j$。

（6）$Price_j$：表示产品 j 的价格，$Price_j > 0$。

（7）$Performance_j$：表示产品 j 的综合性能，$Performance_j > 0$。为了简化模型，本章使用该属性来反映一种产品的多个特定属性的整体性能，如功能、质量、硬件性能、软件性能、外观等。

6.1.2 消费者 Agent 子模型

与 4.1.2 节和 5.1.2 节类似，本节运用 ABMS 理论与技术，将每个消费者表示为一个消费者 Agent。每个消费者 Agent 由属性、状态和行为构成，并且所有消费者 Agent 是异质的。

1. 消费者 Agent 的属性

根据第 3 章中对消费者决策分析的描述，在多品牌多代产品扩散问题中，将每个消费者 Agent 的属性表示为一个七元组 (i, $Income_{i,t}$, $Brand_i$, $Generation_i$, $EntryTime_i$, $NextTime_i$, h_i)，其中，i、$Income_{i,t}$ 和 h_i 的含义见 4.1.2 节，$Income_{i,t}$ 的定义见式（4-1）。其余 4 个属性的含义如下。

（1）$Brand_i$：表示消费者 Agent i 正在使用产品的品牌。

（2）$Generation_i$：表示消费者 Agent i 正在使用产品的代际。

（3）$EntryTime_i$：表示消费者 Agent i 正在使用产品的入市时间。

（4）$NextTime_i$：表示消费者 Agent i 下次购买产品的最早时间。

2. 消费者 Agent 的状态

在多品牌多代产品扩散问题中，每个消费者 Agent 具有以下 5 种状态：$State_i$、$State_{i,j}$、$State_{i,b}^1$、$State_{i,b}^2$ 和 $State_{i,b}^3$。其中，状态变量 $State_{i,j}$ 表示消费者 Agent i 关于产品 j 的购买状态，有未购买者和已购买者两个状态值。$State_{i,j}=1$ 时表示消费者 Agent i 是产品 j 的未购买者；$State_{i,j}=2$ 时表示消费者 Agent i 是产品 j 的已购买者，并且规定消费者 Agent 不能重复购买同款产品。其余 4 个状态变量的含义见 4.1.2 节。

3. 消费者 Agent 的行为

本节运用效用理论，根据第 3 章对消费者决策分析的描述，假设每个消费者 Agent 具备两种决策行为，一种是关于该消费者 Agent 未购产品的购买决策；另一种是关于该消费者 Agent 已购产品的评论决策。

1）购买决策

购买决策由一系列心理活动组成，一般指消费者为满足某种需求而从多个候选产品中选购自身利益最大化的产品的过程。根据 Bettman 等（1998）提出的购买决策模型，当购买产品的需求被唤醒时，消费者会收集在售产品信息，并通过比较和筛选产品信息来完成购买决策。这种决策受消费者属性、产品属性和社会环境的影响。据此，本章设计了如下购买决策的形成逻辑。

由 6.1.2 节可知，消费者 Agent i 将在 UpdateTime_i 时刻购买新产品。本章将消费者 Agent i 在 t 时刻购买产品 j 的概率定义为

$$\text{Probability}_{i,j,t} = \frac{\text{Will}_{i,j,t}}{\sum_{j=1}^{|\text{PL}_i^S|} \text{Will}_{i,j,t}} \quad (6\text{-}1)$$

其中，$\text{Will}_{i,j,t}$ 表示消费者 Agent i 购买产品 j 的意愿，PL_i^S 表示比消费者 Agent i 的在用产品入市晚的所有在售产品列表，这些产品都是候选产品。消费者购买某产品的意愿大小由两种因素决定（Delre 等，2007）：一是购买该产品的预期效用；二是因社会环境影响而产生的从众效应。而且，这两种因素都与购买意愿呈正相关。由此，本章定义消费者 Agent i 购买产品 j 的意愿为

$$\text{Will}_{i,j,t} = \text{Utility}_{i,j,t}(1 + \lambda \text{Herd}_{i,j,t}) \quad (6\text{-}2)$$

其中，λ 表示从众效应的影响因子，$\text{Utility}_{i,j,t}$ 和 $\text{Herd}_{i,j,t}$ 分别表示消费者 Agent i 购买产品 j 的预期效用和从众效应。

由效用理论（Mas-Colell 等，1995）可知，消费者购买产品的预期效用与消费者的收入、所购产品的价格等各种消费者属性和产品属性有关。预期效用与产品的价格和入市时间呈负相关，与消费者的收入和产品的其他属性呈正相关。收入价格比越大，消费者对价格越不敏感，收入和价格对预期效用的影响越小，产品的其他属性对预期效用的影响越大；反之亦然。根据上述规律，本章对 $\text{Utility}_{i,j,t}$ 做出如下定义：

$$\text{Utility}_{i,j,t} = \frac{e^{\alpha \text{IPRatio}_{i,j,t}} - e^{-\alpha \text{IPRatio}_{i,j,t}}}{e^{\alpha \text{IPRatio}_{i,j,t}} + e^{-\alpha \text{IPRatio}_{i,j,t}}} \cdot \frac{\text{Performance}_j}{1 + \tau_j(t - \text{EntryTime}_j)} \quad (6\text{-}3)$$

其中，$\text{IPRatio}_{i,j,t} = \text{Income}_{i,t} / \text{Price}_j$ 表示收入价格比；$\alpha > 0$ 表示收入价格比的

影响因子，用来调节 $\text{IPRatio}_{i,j,t}$ 对 $\text{Utility}_{i,j,t}$ 的影响程度；$\tau_j > 0$ 表示产品吸引力衰减因子，用来调节 EntryTime_j 对 $\text{Utility}_{i,j,t}$ 的影响程度。由式（6-3）可知：① $\text{IPRatio}_{i,j,t} \to 0$ 时，$\text{Utility}_{i,j,t} \to 0$；$\text{IPRatio}_{i,j,t} \to \infty$ 时，$\text{Utility}_{i,j,t} \to \text{Performance}_j / [1 + \tau_j(t - \text{EntryTime}_j)]$；②一个产品的入市时间越早，该产品的吸引力越小，因此消费者的预期效用越小；③一个产品的综合性能越好，消费者越满意，因此消费者的预期效用越大。

消费者购买产品时的从众行为受 3 个方面因素的影响，分别是产品销量、产品口碑和邻居行为（Venkatesan，1966）。据此，本章设计从众效应的计算公式为

$$\text{Herd}_{i,j,t} = \frac{\text{Herd}_{i,j,t}^P + \text{Herd}_{j,t}^R + \text{Herd}_{i,j,t}^N}{3} \tag{6-4}$$

其中，$\text{Herd}_{i,j,t}^P$ 表示基于产品销量的从众效应，$\text{Herd}_{j,t}^R$ 表示基于产品口碑的从众效应，$\text{Herd}_{i,j,t}^N$ 表示基于邻居行为的从众效应。

一个产品的销量越大，对消费者的吸引力越大；在销量相同的情况下，价格越高的产品吸引力越大，因为价格高的产品能有同样多的销量，说明这种产品口碑更好，吸引力更大。据此，本章设计 $\text{Herd}_{i,j,t}^P$ 的计算公式为

$$\text{Herd}_{i,j,t}^P = \frac{\text{Price}_{j,t}}{\sum_{j=1}^{|PL_i^S|} \text{Price}_{j,t}} \cdot \frac{\text{AccumBuyers}_{j,t}}{N} \tag{6-5}$$

其中，$\text{AccumBuyers}_{j,t}$ 表示 t 时刻产品 j 的累计购买者数量，N 表示消费者 Agent 网络的规模。

购买者在购买产品后有可能对所购产品发表线上口碑。口碑的数量和内容将影响后续消费者的购买决策。口碑数量越多，这种影响越大（Ba 和 Pavlou，2002）。但是，当口碑数量足够多时，口碑数量继续增加带来的影响将趋于平稳。购买者发表的线上口碑可分为正面口碑、中性口碑和负面口碑。正面口碑和负面口碑将对后续消费者的购买决策分别产生正面影响和负面影响，而且负面口碑的影响更大（Casaló 等，2015；Lee 等，2008；Nejad 等，2016）。一般可以认为中性口碑不产生影响。据此，本章设计 $\text{Herd}_{j,t}^R$ 的计算公式为

$$\text{Herd}_{j,t}^R = \frac{e^{\beta R_{j,t}} - e^{-\beta R_{j,t}}}{e^{\beta R_{j,t}} + e^{-\beta R_{j,t}}} \cdot \frac{R_{j,t}^+ - \eta R_{j,t}^-}{R_{j,t}^+ + \eta R_{j,t}^-} \tag{6-6}$$

其中，$R_{j,t}$ 表示 t 时刻产品 j 的口碑总量，即 $R_{j,t} = R_{j,t}^+ + R_{j,t}^0 + R_{j,t}^-$，$R_{j,t}^+$ 表示 t

时刻产品 j 的正面口碑量，$R_{j,t}^0$ 表示 t 时刻产品 j 的中性口碑量，$R_{j,t}^-$ 表示 t 时刻产品 j 的负面口碑量；$\beta>0$ 表示口碑总量的影响因子，用于调节口碑总量对 $\text{Herd}_{j,t}^R$ 的影响程度；$\eta \geqslant 0$ 表示负面口碑的影响因子，用于调节负面口碑对 $\text{Herd}_{j,t}^R$ 的影响程度。由式（6-6）可知：① $R_{j,t}\to 0$ 时，$\text{Herd}_{j,t}^R \to 0$；$R_{j,t}\to \infty$ 时，$\text{Herd}_{j,t}^R \to (R_{j,t}^+ - \eta R_{j,t}^-)/(R_{j,t}^+ + \eta R_{j,t}^-)$；②正面口碑越多，$\text{Herd}_{j,t}^R$ 越大；负面口碑越多，$\text{Herd}_{j,t}^R$ 越小；③在口碑数量相同的条件下，负面口碑的影响大于或等于正面口碑的影响。

消费者在进行购买决策时还会受到邻居行为的影响（Childers 和 Rao，1992）。一个消费者的邻居中购买同款产品的比例越大，该消费者购买该款产品的意愿越大（Venkatesan，1966）。据此，本章设计 $\text{Herd}_{i,j,t}^N$ 的计算公式为

$$\text{Herd}_{i,j,t}^N = h_i \cdot \frac{\text{Neighbors}_{i,j,t}^N}{\text{Neighbors}_i} \qquad (6\text{-}7)$$

其中，$\text{Neighbors}_{i,j,t}^N$ 表示截至 t 时刻消费者 Agent i 的邻居中已购买产品 j 的人数；Neighbors_i 表示消费者 Agent i 的邻居数量。

众所周知，消费者通常不会购买上市时间比在用产品早的产品。由此假定，消费者 Agent i 只会购买入市时间比其在用产品晚的在售产品，则设计了购买在售产品的决策算法（见算法 6-1）。

算法 6-1　购买决策

1	$\text{PL}_i^S \leftarrow \varnothing$
2	**for each** 产品 j **in** PL^S
3	**if** $\text{EntryTime}_j > \text{EntryTime}_i$
4	**if** $\text{EntryTime}_j \leqslant t$ **or** $\text{rand}(0,1) > \text{EntryTime}_j - t$
5	将产品 j 加入 PL_i^S
6	**end if**
7	**end if**
8	**end for**
9	$\text{Sum}\leftarrow 0$，$\text{RN}\leftarrow \text{rand}(0,1)$
10	**for each** 产品 j **in** PL_i^S
11	计算购买概率 $\text{Probability}_{i,j,t}$
12	**if** $\text{Sum} < \text{RN} \leqslant \text{Sum} + \text{Probability}_{i,j,t}$
13	$\text{EntryTime}_i \leftarrow \text{EntryTime}_j$
14	$\text{Brand}_i \leftarrow \text{Brand}_j$
15	$\text{Generation}_i \leftarrow \text{Generation}_j$

（续表）

16	$\text{NextTime}_i \leftarrow t + \text{BuyCycle}$
17	消费者 Agent i 用算法 6-2 对产品 j 做评论决策
18	**break**
19	**end if**
20	$\text{Sum} \leftarrow \text{Sum} + \text{Probability}_{i,j,t}$
21	**end for**

其中，PL^S 表示全部在售产品的列表，$\text{BuyCycle} \in \mathbb{N} \setminus 0$ 表示消费者 Agent 购买产品的最短周期。

2）评论决策

根据效用理论，消费者通常是根据预期效用选择产品的。由式（6-3）可知，$\text{Utility}_{i,j,t} \leqslant \text{Performance}_j$。当 $\text{IPRatio}_{i,j,t} \to \infty$ 且 $\text{EntryTime}_j = t$ 时，$\text{Utility}_{i,j,t} = \text{Performance}_j$。因此，对于 PL_i^S 中的每个产品 j，都可以将 $\text{Utility}_{i,j,t}$ 用式（6-8）转换为[0, 1]区间的得分。

$$\text{Score}_{i,j,t} = \frac{\text{Utility}_{i,j,t}}{\max\{\text{Performance}_j \mid j \in \text{PL}_i^S\}} \quad (6\text{-}8)$$

$\text{Score}_{i,j,t}$ 可以代表消费者 Agent i 在选购产品时对在售产品 j 的购前评价，而购后满意度不一定与购前评价一致，需要使用一段时间后才能知道。不过，购前评价与购后满意度一致应是大概率事件。也就是说，购前评价越高，往往购后满意度也越高；反之亦然。研究表明（Anderson，1998），购后满意度与发表产品评论的概率之间呈 U 形曲线关系，即最满意和最不满意的购买者发表评论的概率最大。但是，大部分购买者并不愿意投入时间发表评论。即使是最满意的购买者或最不满意的购买者，也只有部分人会发表评论。根据以上分析，本章设计了消费者 Agent i 进行评论决策的算法（见算法 6-2）。

算法 6-2　评论决策

1	计算 $\text{Score}_{i,j,t}$
2	**if** rand(0,1) > $\text{Score}_{i,j,t}$
3	**if** rand(0,1) > $\text{Score}_{i,j,t}$
4	$\text{Satisfaction}_{i,j} \leftarrow \text{rand}(-1, \theta^{R-})$ //负面满意度
5	**else**
6	$\text{Satisfaction}_{i,j} \leftarrow \text{rand}(\theta^{R-}, 0)$ //负中性满意度
7	**end if**

（续表）

8	else	
9	if rand(0,1) > Score$_{i,j,t}$	
10	Satisfaction$_{i,j}$ ← rand(0,θ^{R+})	//正中性满意度
11	else	
12	Satisfaction$_{i,j}$ ← rand(θ^{R+},1)	//正面满意度
13	end if	
14	end if	
15	if rand(0,1) < γSatisfaction$_{i,j}^2$	
16	if θ^{R+} ≤ Satisfaction$_{i,j}$ ≤ 1	
17	$R_{j,t}^+$ ← $R_{j,t}^+$ + 1	
18	else if θ^{R-} < Satisfaction$_{i,j}$ < θ^{R+}	
19	$R_{j,t}^0$ ← $R_{j,t}^0$ + 1	
20	else	
21	$R_{j,t}^-$ ← $R_{j,t}^-$ + 1	
22	end if	
23	end if	

其中，$\gamma \in [0,+\infty)$ 为口碑发表系数；Satisfaction$_{i,j} \in [-1,1]$ 为消费者 Agent i 对所购产品 j 的满意度；θ^{R+} 为正面口碑阈值；θ^{R-} 为负面口碑阈值。

6.1.3 社交网络子模型

社交网络的结构是影响创新扩散的因素之一。无标度和小世界是各种社交网络中最常见的两种特性，而且无标度更为普遍。因此，根据网络科学理论，本章选择用具有无标度特性的 BA 模型构建消费者 Agent 网络。但是，网络结构对创新扩散的影响并非本章的研究重点。本章引入社交网络的目的是建模基于邻居行为的从众效应。

不同于在现有研究中所有品牌的总销量是未知的，本章假设总销量是一个已知变量，其原因在于本章关注的是各品牌的销量在总销量中的占比、影响各品牌销量的微观因素，以及这些因素如何影响各品牌的销量，而不是所有品牌的总销量、影响总销量的宏观因素，以及这些因素如何影响总销量。

本章假设 t 时刻所有在售产品的当前总销量为 TotalSales$_t$。根据 TotalSales$_t$ 和 BuyCycle，可以推算出从 $t=0$ 时刻开始每时刻购买新产品的消费者 Agent 数量和首次购买者数量。从 $t=0$ 时刻开始，在 $t <$ BuyCycle 的各时

刻的购买者均为首次购买者，购买者数量为 TotalSales$_t$。此后各时刻的购买者可能同时包括多次购买者和首次购买者，可以根据 TotalSales$_t$ 的同比增量 ΔTS_t 来判断 t 时刻是否有首次购买者。若 $\Delta TS_t < 0$，说明存在该更新而未更新产品的消费者，在本章称之为剩余者，此时的购买者均为多次购买者；若 $\Delta TS_t > 0$ 且 $\Delta TS_t >$ 剩余者数量，则说明有首次购买者加入且其数量为 ΔTS_t 与剩余者数量之差。根据以上逻辑，用算法 6-3 可以推算出截至仿真结束时刻 T 购买过产品的消费者 Agent 总数 N。

算法 6-3　根据 TotalSales$_t$ 和 BuyCycle 推算 N

```
1    N ← 0，Remaining ← 0，t ← 0
2    while  t < T
3        if  t < BuyCycle
4            N ← N + TotalSales_t
5        else
6            ΔTS_t ← TotalSales_t − TotalSales_{t−BuyCycle}
7            if  ΔTS_t ⩾ 0
8                if  ΔTS_t ⩾ Remaining
9                    N ← N + ΔTS_t − Remaining
10                   Remaining ← 0
11               else
12                   Remaining ← Remaining − ΔTS_t
13               end if
14           else
15               Remaining ← Remaining + |ΔTS_t|
16           end if
17       end if
18       t ← t + 1
19   end while
```

在以上算法的基础上，可以用 BA 模型构建一个规模为 N 的消费者 Agent 网络，然后在此社交网络上模拟多品牌多代产品的竞争扩散过程。

6.1.4　总体框架

该总体框架描述了多品牌多代产品在消费者 Agent 网络中竞争扩散的过程。该过程包含两个子过程：一是一系列相同类别、不同品牌和代际的产品的入市、销售和退市过程；二是消费者 Agent 购买产品和评论产品的决策过程。

第6章 多品牌多代产品扩散仿真

其整体逻辑为：①推算截至 T 时刻购买过产品的消费者 Agent 总数 N；②用 BA 模型的生成规则及预设的模型参数构建一个规模为 N 的消费者 Agent 网络；③初始化消费者 Agent 网络中的消费者 Agent，以及待售、在售和退市产品列表；④从 $t=0$ 时刻开始进入仿真循环过程，到 T 时刻结束。总体框架如算法 6-4 所示。

算法 6-4　总体框架

1	用算法 6-3 推算截止 T 时刻的 N
2	构造规模为 N 的消费者 Agent 网络 CAN
3	用算法 6-5 确定 $0 \leqslant t <$ BuyCycle 内的购买者
4	$\mathrm{PL}^W \leftarrow \varnothing$，$\mathrm{PL}^S \leftarrow \varnothing$，$\mathrm{PL}^E \leftarrow \varnothing$
5	将全部产品加入 PL^W
6	Remaining $\leftarrow 0$，$t \leftarrow 0$
7	while $t < T$
8	for each 产品 j in PL^W
9	if $t \leqslant \mathrm{EntryTime}_j < t+1$
10	将待售产品 j 从 PL^W 移入 PL^S
11	end if
12	end for
13	if $t <$ BuyCycle
14	for each 消费者 Agent i in CAN
15	if $\mathrm{NextTime}_i = t$
16	消费者 Agent 用算法 6-1 做购买决策
17	end if
18	end for
19	else
20	$\Delta \mathrm{TS}_t \leftarrow \mathrm{TotalSales}_t - \mathrm{TotalSales}_{t-\mathrm{BuyCycle}}$
21	if $\Delta \mathrm{TS}_t \geqslant 0$
22	if $\Delta \mathrm{TS}_t \geqslant$ Remaining
23	调用选购算法 6-6
24	else
25	调用选购算法 6-7
26	end if
27	else
28	调用选购算法 6-8
29	end if
30	end if

（续表）

31	**for each** 消费者 Agent i in CAN
32	$\quad$ $Income_{i,t} \leftarrow (1+a)Income_{i,t}$
33	**end for**
34	**for each** 产品 j in PL^S
35	$\quad$ **if** $t \leqslant ExitTime_j < t+1$
36	$\quad\quad$ 将在售产品 j 从 PL^S 移入 PL^E
37	$\quad$ **end if**
38	**end for**
39	$t \leftarrow t+1$
40	**end while**

其中，PL^W 表示待入市产品列表，PL^E 表示已退市产品列表，$a \in [-1,1]$，表示单位时刻收入水平的增长率。

使用算法 6-5 确定在 $0 \leqslant t < BuyCycle$ 时段内的购买者。

算法 6-5　确定在 $0 \leqslant t < BuyCycle$ 时段内的购买者

1	$t \leftarrow 0$
2	**while** $t < BuyCycle$
3	$\quad$ $Count \leftarrow 0$
4	$\quad$ **while** $Count < TotalSales_t$
5	$\quad\quad$ 从 CAN 中随机选一个 $NextTime_i = -1$ 的消费者 Agent i
6	$\quad\quad$ $NextTime_i \leftarrow t$，$Count \leftarrow Count + 1$
7	$\quad$ **end while**
8	$\quad$ $t \leftarrow t+1$
9	**end while**

在 $\Delta TS_t \geqslant Remaining$ 时，购买产品的消费者 Agent 中可能既有首次购买者也有多次购买者，本章用如算法 6-6 所示的产品选购算法描述 $\Delta TS_t \geqslant Remaining$ 时的选购过程。

算法 6-6　$\Delta TS_t \geqslant Remaining$ 时的选购过程

1	**for each** 消费者 Agent i in CAN
2	$\quad$ **if** $NextTime_i \leqslant t$
3	$\quad\quad$ 消费者 Agent i 用算法 6-1 做购买决策
4	$\quad$ **end if**
5	**end for**

第 6 章 多品牌多代产品扩散仿真

(续表)

6	Count ← 0
7	while Count < ΔTS_t − Remaining
8	从 CAN 中随机选一个 $NextTime_i = -1$ 的消费者 Agent i
9	消费者 Agent i 用算法 6-1 做购买决策
10	Count ← Count + 1
11	end while
12	Remaining ← 0

在 ΔTS_t < Remaining 时，购买产品的消费者 Agent 中只有多次购买者，并且剩余者人数会减少 ΔTS_t 个。本章用如算法 6-7 所示的产品选购算法描述 ΔTS_t < Remaining 时的选购过程。

算法 6-7 ΔTS_t＜Remaining 时的选购过程

1	for each 消费者 Agent i in CAN
2	if $NextTime_i = t$
3	消费者 Agent i 用算法 6-1 做购买决策
4	end if
5	end for
6	Count ← 0
7	while Count < ΔTS_t
8	从 CAN 中随机选一个 $0 \leqslant NextTime_i < t$ 的消费者 Agent i
9	消费者 Agent i 用算法 6-1 做购买决策
10	Count ← Count + 1
11	end while
12	Remaining ← Remaining − ΔTS_t

在 ΔTS_t < 0 时，购买产品的消费者 Agent 中只有多次购买者，并且剩余者人数会增加 ΔTS_t 个。本章用如算法 6-8 所示的产品选购算法描述 ΔTS_t < 0 时的选购过程。

算法 6-8 ΔTS_t＜0 时的选购过程

1	Count ← 0
2	while Count < $TotalSales_t$
3	从 CAN 中随机选一个 $NextTime_i = t$ 的消费者 Agent i
4	消费者 Agent i 用算法 6-1 做购买决策
5	Count ← Count + 1
6	end while
7	Remaining ← Remaining + $\|\Delta TS_t\|$

6.2 多品牌多代产品扩散仿真实验

本章首先用 Python 语言在 Mesa 仿真框架下编写了本章模型的仿真程序，其次用该程序和智能手机的全球销售数据检验了该模型的有效性，最后用该程序对该模型中的几个重要参数进行了敏感性分析。

6.2.1 模型验证

1. 实例背景

考虑到智能手机是用户最广泛、最具代表性的一类耐用消费品，Samsung、Apple 和 Huawei 是目前智能手机市场上销量排名前三的品牌，本章选择用 2010—2019 年共 40 个季度的 Samsung、Apple、Huawei 及其他品牌的智能手机在全球市场上的季度销量数据测试本章模型的有效性。2010—2019 年全球智能手机季度销量数据来自市场研究公司 Gartner 发布的研究报告，如图 6-1 所示。

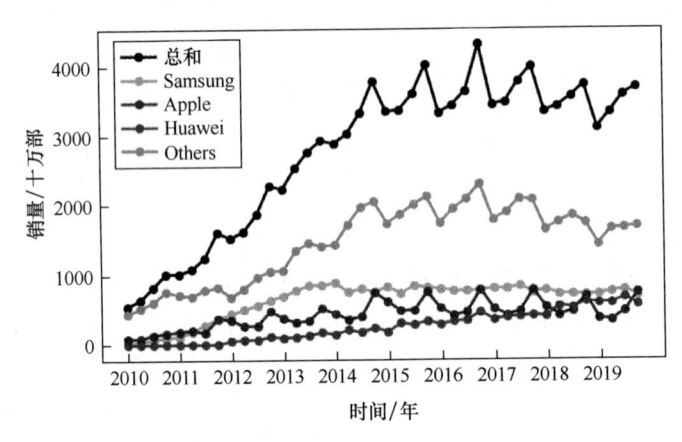

图 6-1 2010—2019 年全球智能手机季度销量

2015 年之前全球智能手机市场规模处于快速增长期，各品牌产品销量总体不断上升；2015 年之后，除 Huawei 外，Apple、Samsung 及其他品牌产品的销量增速明显趋缓，并且每年销量在第二、三季度涨幅相对较小，第四季度达到最高峰，Apple 和其他品牌产品的销量总体呈现较明显的锯齿状。这些品牌产品的市场表现如下。

第 6 章　多品牌多代产品扩散仿真

　　Samsung 一直以较高性价比占领智能手机市场，其成功很大程度上得益于"机海战术"，即每年都会发布多款性能和定位不同的智能手机。从高端智能手机（如 Galaxy S 系列和 Galaxy Note 系列），到中低端智能手机，最后到普通手机，Samsung 在不同价位和档次都有适合不同层次消费者的产品，扩大了消费者的选择机会。2012 年，Samsung 成为全球智能手机销量的第一名，取代了已经占据此位置达 14 年之久的 Nokia。在接下来的数年时间里，其智能手机销量稳步上升并一直保持第一的位置。作为 Android 智能手机的代表，Samsung 同样重视产品的技术创新：从首创曲面屏，到开发业界最高等级的 IP68 防水、屏幕指纹识别技术，再到折叠屏的量产，最后到 5G 产品的布局，Samsung 用其强大的产品实力在智能手机市场中保持着较高竞争力。2014 年之后，Samsung 整体创新不足，导致销量持续缓慢下降。

　　Apple 自 2007 年发布第一代 iPhone 以来，一直是智能手机领域中创新的代名词。自主开发的 iOS 系统不仅保障了手机的运行速度，同时保证了其使用安全。Apple 对软硬件的自主控制给消费者带来了一体化的使用体验，所以 Apple 用户的忠诚度往往更高，他们更换产品时倾向于继续使用 Apple 产品。Apple 一般一年发布一代产品，极致的饥饿营销搭配盛大的发布会，大大地刺激了消费者的购买欲。2011 年发布的 iPhone 4S 开创了双网触屏时代，不仅支持 WiFi 视频通话，而且大幅提升了硬件性能，知名度随之提升；iPhone 5S 新增了指纹识别功能，丰富了机身颜色，机型更轻薄，性能也有一定提升，进一步奠定了市场基础；iPhone 6 首次采用大屏幕，满足了 Apple 及部分 Android 用户对大屏智能手机的需求，该代产品的颠覆性创新使销量大幅提升，巩固了其在高端智能手机市场的地位。不过，Apple 随后几代产品的创新，包括 iPhone 7 新增防水性、iPhone 8 的玻璃背面设计、iPhone X 的全面屏设计，以及 iPhone XR 新增面部识别，相较同期其他品牌并不突出。另外，随着智能手机市场的逐渐饱和，Huawei、小米等品牌快速成长，再加上 iPhone 自身定价策略的失误及创新力的下降，Apple 开始感受到前所未有的压力，销量开始缓慢下滑。

　　Huawei 于 2009 年正式进入智能手机领域，不过，因早期主要向供应商发货，导致自身品牌销量惨淡。在 2011 年的三亚会议上，Huawei 提出面向高端、面向开放市场、面向消费者的核心战略，开启了消费者 BG（Business Group）的业务转型。Huawei 同样采取了由高端向低端的品牌延伸策略，并且在产品种类上实行全覆盖模式。Huawei P 系列与荣耀系列主打时尚与拍照功能，主要面向年轻消费者；Huawei Mate 系列与荣耀 V 系列定位高端，主要面向高级白领商务人士；畅玩、畅享系列定位中低端，主打千元机市场。自首款产品上市以来，Huawei 以其强大的技术实力、出色的性价比和新颖的外形，始终保持稳定的增长态势，并连续多年跻身全球智能手机市场销量的前三名。

早期品牌的代表是 Nokia，作为曾经的龙头，Nokia 的全球市场占有率从 1994 年起连续 14 年排名第一。随着 Android 系统和 iOS 系统的快速发展，塞班系统逐渐失去竞争力，而 Nokia 未及时做出调整，最终在 2013 年被微软收购。2015 年起，由于加大产品研发投入和营销力度，国产智能手机品牌开始崛起，OPPO、vivo、小米等品牌凭借较高的性价比和网络营销优势，不仅赢得了良好口碑，销量也一路攀升。近年来，其他品牌的用户渗透力正在不断增强，并不断蚕食着 Samsung、Apple 的市场份额，表现出较强的市场竞争力。截至 2014 年第四季度，其他品牌的销量一直保持强劲的增长态势，但之后两年增长放缓，而且波动加大。2016 年第四季度之后，其他品牌的销量开始逐年明显下滑。

2. 模型参数

本节根据前述的智能手机全球销量数据和市场表现设置模型参数。本章模型包括消费者属性、产品属性和社会环境 3 个方面的参数，主要模型参数如表 6-1 所示。

表 6-1 主要模型参数

参　数	取　值	释　　义
$Income_{t=0}$	$\sim N(1500, 200)$	消费者 Agent 的初始收入水平
a	0.2	消费者 Agent 的收入增长率
BuyCycle	10	消费者 Agent 的最短购买周期
λ	0.4	从众效应的影响因子
α	1.0	收入价格比的影响因子
β	1.0	线上口碑总量的影响因子
η	20	负面口碑的权重系数
γ	0.5	口碑发表系数
h	区间[0, 1]上随机分布	消费者 Agent 的从众系数
θ^{R+}	0.5	正面口碑阈值
θ^{R-}	-0.5	负面口碑阈值
N	37000	消费者 Agent 网络的规模
m_0	3	BA 模型的初始节点数
m	3	BA 模型的新增节点连边数

为了充分证明本章模型的能力，本章分别模拟了 2 个品牌、3 个品牌和 4 个品牌的产品扩散过程。在所有实验中，待模拟的指定品牌以外的其余品牌被

第6章　多品牌多代产品扩散仿真

视为一个品牌,并将其命名为 Others。例如,模拟 2 个品牌的产品扩散过程时,Apple 是待模拟的指定品牌,把除 Apple 外的其余品牌视为一个品牌(Others);模拟 4 个品牌的产品扩散过程时,Samsung、Apple 和 Huawei 均是待模拟的指定品牌,因此把除这些品牌外的其余品牌视为一个品牌(Others)。Apple 在所有实验中均为待模拟的指定品牌。Apple 产品的发布时间很规律,每年第三季度末只入市一代高端产品,本章根据公开数据设置的 Apple 各代产品参数如表 6-2 所示。

表 6-2　Apple 各代产品参数

时间（年）	2010	2011	2012	2013	2014	2015	2016	2017	2018	2019
代际（代）	1	2	3	4	5	6	7	8	9	10
型号	4	4S	5	5S	6	6s	7	8	XR	11
价格（元）	5000	5500	5500	6000	6000	6500	7000	7000	8000	8500
入市时间	1.8	6.8	10.8	14.8	18.8	22.8	26.8	30.8	34.8	38.8
退市时间	12	16	20	24	29	33	37	—	—	—
综合性能	1.2	1.5	1.8	2.2	2.8	3.0	3.3	3.6	3.8	4.0

其他品牌的产品包括高档、中档、低档等多个系列,并且不同系列产品的发布时间不同,因此,根据产品的发布时间和仿真实验的模拟结果为其他品牌安排每年一代至两代新产品的上市。此外,综合考虑每种产品的创新程度、实际销量和仿真实验的具体情况,设置它们的价格、入市时间、退市时间和综合性能。为节省篇幅,这里未列出其余品牌各代产品的参数设置。

3. 验证结果

从图 6-1 可知,须仿真的时间区间为 2010 年第一季度至 2019 年第四季度,而各品牌在 2010 年第一季度之前均已拥有了一定数量的用户。为了使初始环境更真实、参数设置更合理、实验结果更可靠,在仿真循环开始前,根据 2009 年第四季度各品牌市场占有率,为网络中的每个消费者 Agent 随机设定一个初始的在用产品。

真实销量与模拟销量曲线对比如图 6-2 所示,其中蓝色、红色、绿色和橙色线条及图例分别代表 Samsung、Apple、Huawei 和 Others 品牌,实线代表真实数据,虚线代表模拟结果。此后,本章所有图中线条颜色的含义均与图 6-2 相同,不再一一说明。图 6-2（a）为 Apple 和 Others 两个品牌竞争扩散的情况,图 6-2（b）为 Samsung、Apple 和 Others 3 个品牌竞争扩散的情况,图 6-2（c）为 Apple、Huawei 和 Others 3 个品牌竞争扩散的情况,图 6-2（d）为

Samsung、Apple、Huawei 和 Others 4 个品牌竞争扩散的情况。

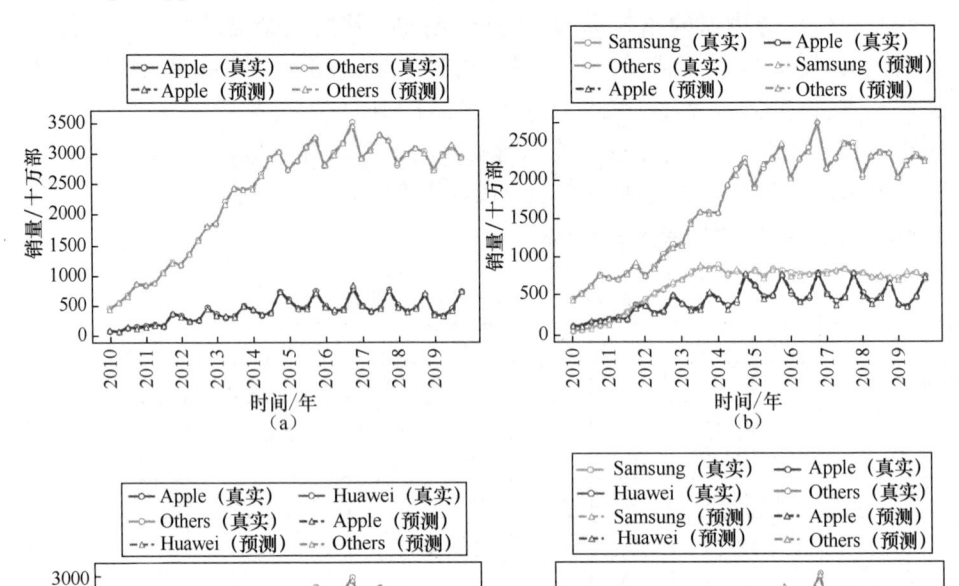

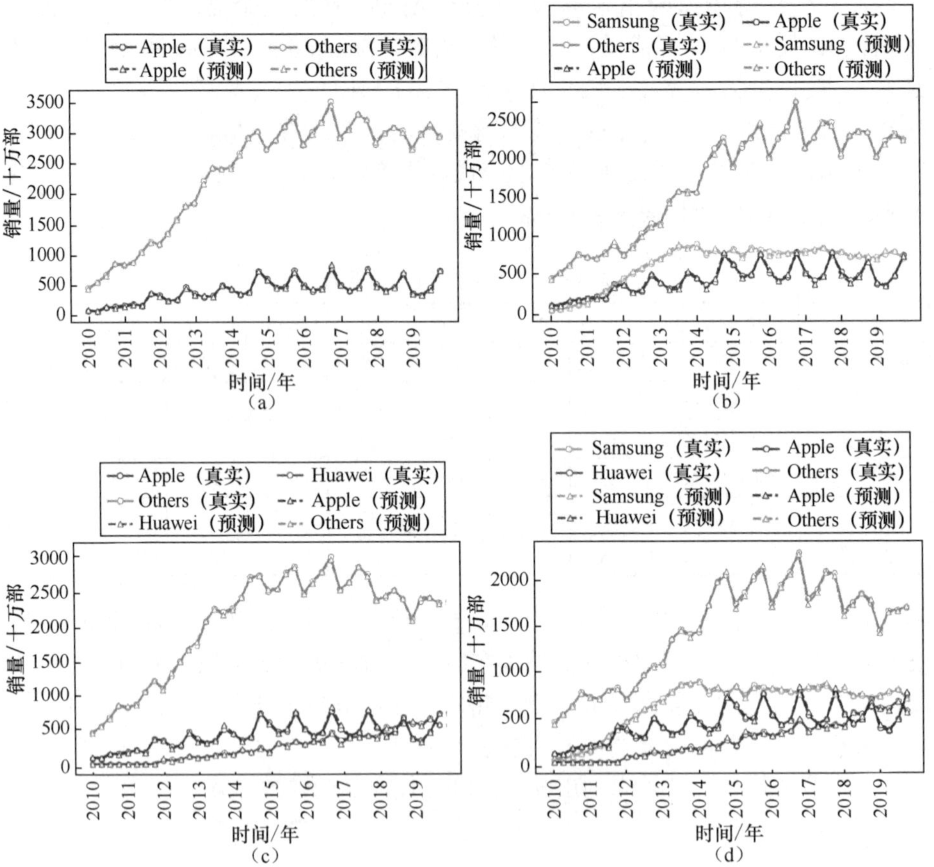

图 6-2 真实销量与模拟销量曲线对比

从图 6-1 中可以看到,不同品牌产品扩散曲线的形态差异很大。红色扩散曲线每年在第四季度出现一次峰值,并且呈规律的锯齿形态,其原因在于 Apple 每年只在第三季度发布一次新产品;黄色和红色扩散曲线的形态相似,说明多数品牌每年只发布一次新产品;蓝色和绿色扩散曲线的变化都较平稳,其原因在于 Samsung 和 Huawei 均采取了高中低端兼顾、每年在不同时间发布不同级别产品的策略。从图 6-2 中可以看到,无论是两品牌、三品牌还是四品牌的并存扩散,也无论销量的变化是剧烈还是平稳,本章的模型都能很好地模拟每种情形下的扩散过程。

本章还采用平均绝对误差(MAE)、平均绝对百分比误差(MAPE)、均方根误差(RMSE)和拟合优度(R^2)检验了图 6-2(d)所示实验结果的准确度，4个品牌智能手机扩散实验结果的4项误差指标如表6-3所示。从该表中的各项指标中可以看到，所有品牌手机扩散实验结果中 MAE 和 RMSE 均小于 15，所有 MAPE 均小于 0.05，所有 R^2 均大于 0.98，这些结果均证明，本章的模型很好地模拟了 2010—2019 年 4 个品牌智能手机的并存扩散过程。

表 6-3　4个品牌智能手机扩散实验结果的 4 项误差指标

	Samsung	Apple	Huawei	Others
MAE	12.920	8.575	5.625	11.315
MAPE	0.047	0.032	0.025	0.007
RMSE	13.512	10.524	6.425	13.146
R^2	0.993	0.983	0.994	0.998

6.2.2　敏感性分析

本节以图 6-2（d）的实验参数为基准，以 Apple 为例，对产品的价格、综合性能、退市时间、正负口碑数量、口碑发表系数、口碑阈值等进行敏感性分析，探索这些参数变化对 4 个品牌产品竞争扩散的影响。事实上，产品的入市时间比退市时间更受企业的重视，而且具有稳定的周期性，很少随意改变。有两个主要原因：①产品创新需要足够的时间，很难随意提前入市；②竞争压力持续存在，随意推迟入市也不明智。基于以上考虑和对入市时间的研究已较充分，本章省略了入市时间敏感性分析。

1. 价格敏感性分析

在本节的实验中，令 Apple 各代产品的价格分别上升和下降 10%，其他参数保持不变。实验结果与图 6-2（d）所示的基准结果相比，价格变化对各品牌产品销量的影响如图 6-3 所示。其中，实线为 Apple 各代产品价格下降的实验结果，虚线为 Apple 各代产品价格上升的实验结果。从 Apple 的销量变化率来看，在产品的价格升降幅度相同的条件下，销量的降幅小于升幅。仔细分析可知，这是消费者的收入分布和产品的价格共同作用的结果。根据世界银行的统计数据，假设模型中消费者的收入水平服从正态分布。Apple 产品定位高端市场，价格较高，所以其目标客户的收入大于均值。在这种情况下提高价格导致的目标客户数降幅小于同幅降价带来的目标客户数增幅。而对于那些定位低端市场因而目标客户的收入小于均值的产品，同幅升降价格将导致目标客户数降升幅度的变化与高端产品正好相反。从另外 3

个品牌的销量变化看，当 Apple 因降价而销量上升时，前期 Huawei 降幅最大，Samsung 降幅最小，后期 Huawei 降幅最小，Samsung 降幅最大；当 Apple 因升价而销量下降时，前期 Huawei 升幅最小，Samsung 升幅最大，后期 Huawei 升幅最大，Others 升幅最小。上述变化与各品牌竞争力此消彼长的结果是一致的。

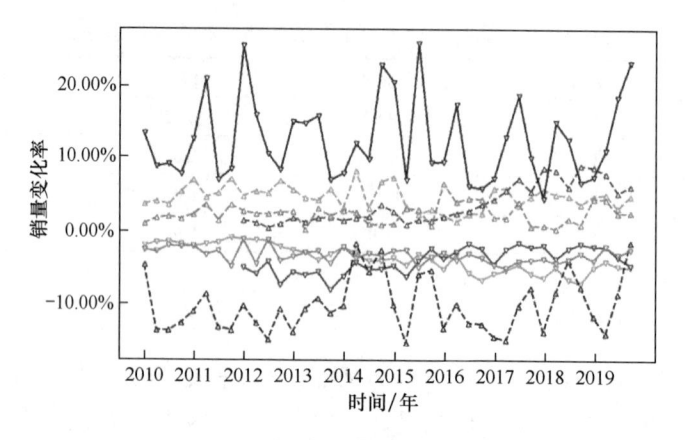

图 6-3　价格变化对销量的影响

2. 综合性能敏感性分析

在本节的实验中，令 Apple 各代产品的综合性能分别上升和下降 10%，其他参数保持不变。实验结果与图 6-2（d）所示的基准结果相比，综合性能变化对各品牌产品销量的影响如图 6-4 所示。其中，实线为 Apple 各代产品综合性能下降的实验结果，虚线为 Apple 各代产品综合性能上升的实验结果。从 Apple 的销量变化率看，在产品的综合性能升降幅度相同的条件下，销量的降幅略小于升幅，但并不明显，原因在于改变综合性能并不能像改变价格一样引起目标客户数的明显变化。从另外 3 个品牌的销量变化看，当 Apple 因综合性能提升而销量上升时，前期 Others 降幅稍小，Samsung 和 Huawei 降幅稍大，后期三者降幅接近；当 Apple 因综合性能下降而销量下降时，前期 Samsung 和 Huawei 升幅较大，Others 升幅较小；后期 Huawei 升幅较大，Samsung 和 Others 升幅接近。可见，品牌竞争力此消彼长仍然是上述变化的原因。

3. 退市时间敏感性分析

在本节的实验中，令 Apple 各代产品的退市时间分别提前和推迟 4 个季度，其他参数保持不变。实验结果与图 6-2（d）所示的基准结果相比，退市时间变化对各品牌产品销量的影响如图 6-5 所示。其中，实线为 Apple 各代产品

第6章 多品牌多代产品扩散仿真

退市时间推迟的实验结果，虚线为 Apple 各代产品退市时间提前的实验结果。从 Apple 的销量变化率看，退市时间提前导致退市产品腾出的部分市场空间被竞争品牌瓜分，从而使销量下降；退市时间推迟导致竞争品牌的部分市场空间被抢占，从而使销量上升。在退市时间提前和推迟幅度相同的条件下，销量的降幅和升幅相当。从另外 3 个品牌的销量变化看，当 Apple 因退市时间推迟而销量上升时，前期 Huawei 降幅最大，Samsung 降幅最小，后期 Huawei 降幅最小，Samsung 降幅最大；当 Apple 因退市时间提前而销量下降时，前期 Huawei 升幅最小，Samsung 升幅最大，后期 Huawei 升幅最大，Others 升幅最小。品牌竞争力此消彼长仍然是上述变化的原因。

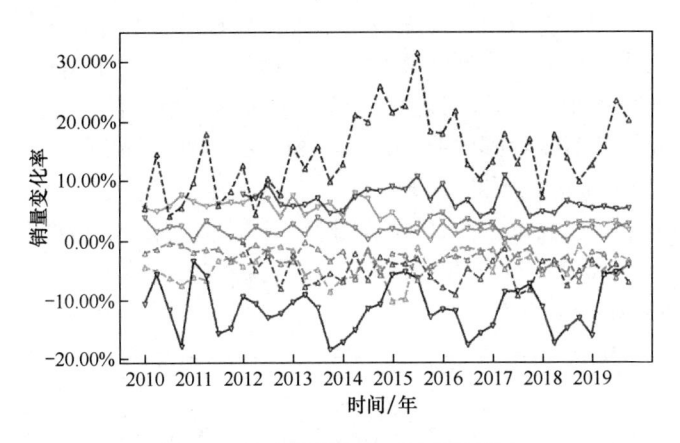

图 6-4 综合性能变化对销量的影响

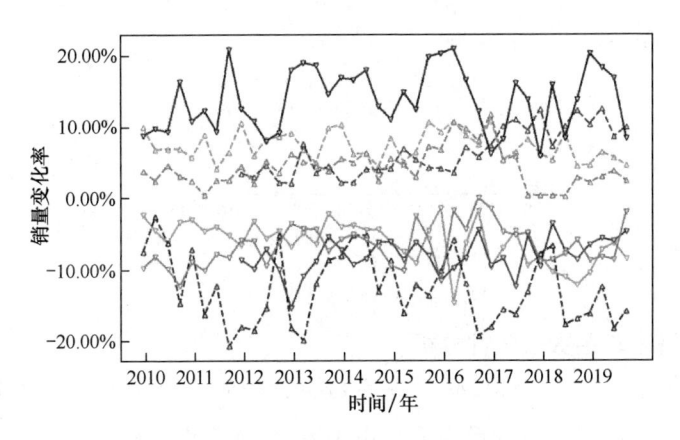

图 6-5 退市时间变化对销量的影响

4. 正负口碑敏感性分析

在本节的实验中，令 Apple 各代产品的购买者无论对产品的满意度如何，对所购产品只发表正面口碑和负面口碑。这相当于现实网络中"水军"群体，集体为某种产品刷正面口碑或负面口碑，目的是干扰消费者的购买决策。实验结果与图 6-2（d）所示的基准结果相比，正负口碑变化对各品牌产品销量的影响如图 6-6 所示。其中，实线为只发表负面口碑的实验结果，虚线为只发表正面口碑的实验结果。从 Apple 的销量变化率看，只发表负面口碑会使销量下降且降幅逐渐扩大，只发表正面口碑会使销量上升且升幅逐渐扩大，而且负面口碑导致的销量降幅大于正面口碑带来的销量升幅。其原因在于，早期口碑较少，对购买决策的影响较小；后期口碑增多，这种影响增大。而且，负面口碑比正面口碑的影响更大。从另外 3 个品牌的销量变化看，当 Apple 因正面口碑逐渐增加而销量不断上升时，其他 3 个品牌的销量不断下降，而且 Others 降幅最小，Samsung 和 Huawei 降幅相近，但 Huawei 后期降幅更小；当 Apple 因负面口碑逐渐增加而销量不断下降时，其他 3 个品牌的销量不断上升，而且 Others 升幅最小，Samsung 和 Huawei 升幅相近，但 Huawei 后期升幅更大。可见 Apple 因产品口碑而导致的销量变化，对目标客户重叠程度更高的 Samsung 和 Huawei 的销量影响更大。

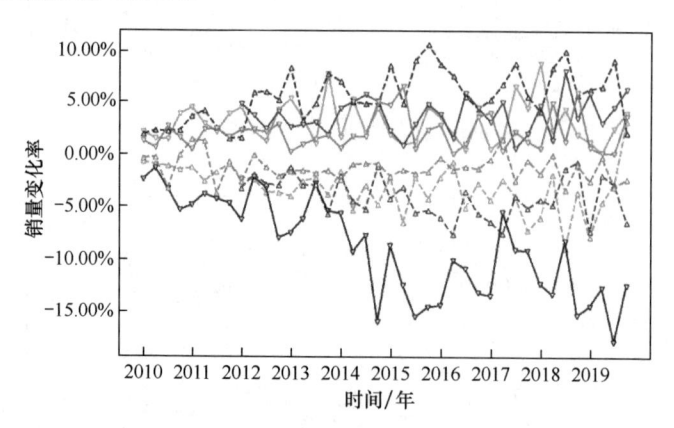

图 6-6 正负口碑变化对销量的影响

5. 口碑发表系数敏感性分析

在本节的实验中，对口碑发表系数进行敏感性分析。γ 的基准值为 0.5（见表 6-1），这里将其分别设为 0.1 和 1.0，代表购买者发表口碑不积极和积极两种情况，其他参数保持不变。实验结果与图 6-2（d）所示的基准结果相比，口碑发表系数变化对各品牌产品销量的影响如图 6-7 所示。其中，实线为

$\gamma=0.1$ 的实验结果，虚线为 $\gamma=1$ 的实验结果。可以看到，无论 γ 的取值如何，各品牌的销量变化率均围绕销量变化率为 0%的界限上下波动，说明发表口碑积极性的变化对销量没有影响。其原因在于，γ 的变化只影响各产品口碑的绝对数量，但并不影响产品之间口碑的相对数量及正面口碑和负面口碑的比例。换句话说，消费者对各产品的绝对满意度可能因 γ 的变化而变化，但对各产品的相对满意度是不变的。因此，当所有品牌和代际产品的总销量不变时，γ 的变化不影响各品牌的销量。

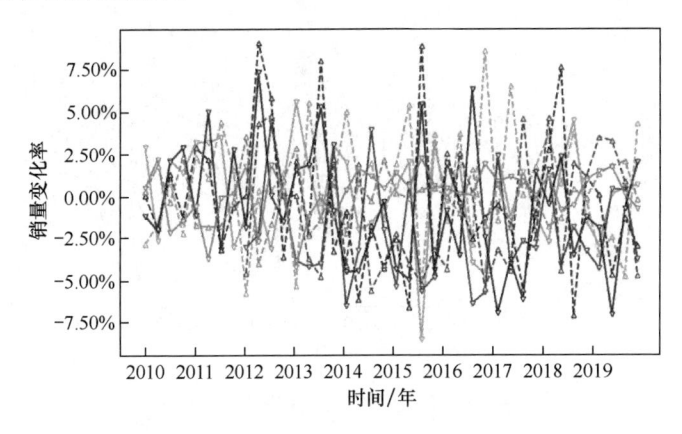

图 6-7　口碑发表系数变化对销量的影响

6．口碑阈值敏感性分析

在本节的实验中，对正面口碑阈值和负面口碑阈值进行敏感性分析。θ^{R+} 和 θ^{R-} 的基准值分别为 0.5 和-0.5（见表 6-1），这里将 θ^{R+} 和 θ^{R-} 设置为如表 6-4 所示的 4 种组合，其他参数保持不变。

表 6-4　正面口碑阈值和负面口碑阈值的不同组合

组合序号	θ^{R+}	θ^{R-}	正面口碑和负面口碑的发表率变化特点
1	+0.9	-0.9	正面、负面、正中性、负中性口碑发表率都很低
2	+0.9	-0.1	正面、正中性口碑发表率很低，负面、负中性口碑发表率很高
3	+0.1	-0.1	正面、正中性口碑发表率很高，负面、负中性口碑发表率很低
4	+0.1	-0.9	正面、负面、正中性、负中性口碑发表率都很高

实验结果与图 6-2（d）所示的基准结果相比，口碑阈值变化对各品牌产品销量的影响如图 6-8 所示。其中，不同线型对应 θ^{R+} 和 θ^{R-} 的不同组合。可以看到，与图 6-7 的情况类似，无论 θ^{R+} 和 θ^{R-} 的组合如何，各品牌的销量变化率均围绕销量变化率为 0%的界限上下波动，说明正面口碑和负

面口碑发表概率的变化对销量没有影响。其原因在于，正面口碑和负面口碑发表概率的变化虽然会影响一个产品的口碑构成，但是，因为它们并非特定产品的参数，所以对每个产品的口碑造成的影响是相同的。换句话说，消费者对各产品的绝对满意度可能因 θ^{R+} 和 θ^{R-} 的变化而变化，但对各产品的相对满意度是不变的。因此，当所有品牌和代际产品的总销量不变时，θ^{R+} 和 θ^{R-} 的变化不影响各品牌的销量。

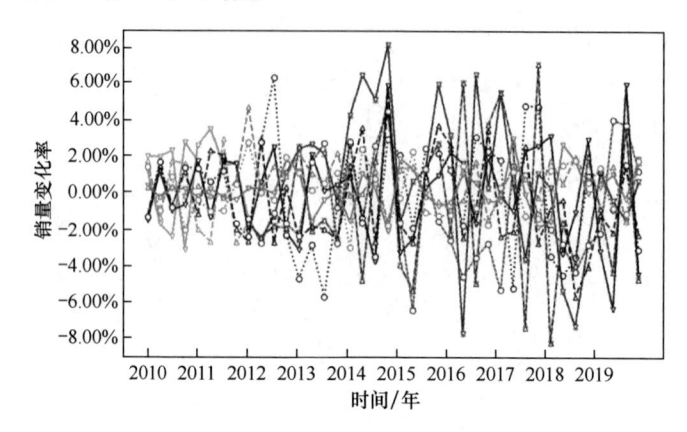

图 6-8　口碑阈值变化对销量的影响

6.2.3　购买者动力学分析

本节针对图 6-2（d）的实验结果，根据消费者 Agent 的收入水平级别状态、品牌忠诚状态、品牌出入状态和风险偏好状态的变化情况，分析各品牌的各种购买者数量的变化特点。由此可回答下列问题：各品牌的竞争力如何？谁是最有力的竞争对手？购买者的忠诚度如何？新客户来自哪里？流失客户去了哪里？掌握这些问题的答案对于管理者制定产品研发和市场营销策略至关重要。

各品牌的首次购买者和重复购买者数量变化曲线如图 6-9 所示。从重复购买者数量曲线看，4 个品牌的总体形态均呈单边增长态势。但稳定性有差别，Huawei 最平稳，其次是 Apple，然后是 Samsung，Others 最不稳定，甚至出现较长时间的下降，说明 Others 和 Samsung 客户的忠诚度较弱，Huawei 和 Apple 客户的忠诚度较强。从首次购买者数量曲线看，4 个品牌的差异非常明显。Samsung 在 2013 年以前持续增长且增速很快，此后便持续下降且降速较快；Others 的变化与 Samsung 相似，但 2015 年以后降速更快；Apple 在 2016 年以前持续增长，此后开始相对缓慢地下降；Huawei 总体呈单边增长趋势。

第 6 章 多品牌多代产品扩散仿真

上述差异说明：Huawei 产品的竞争力和吸引力最强，不仅留住了老客户，吸引了新客户，而且抢走了 Samsung、Apple 和 Others 品牌的不少客户；Others 品牌的竞争力和吸引力最弱，不仅流失了老客户，而且难以吸引新客户，更难抢走 Huawei 和 Apple 的客户。

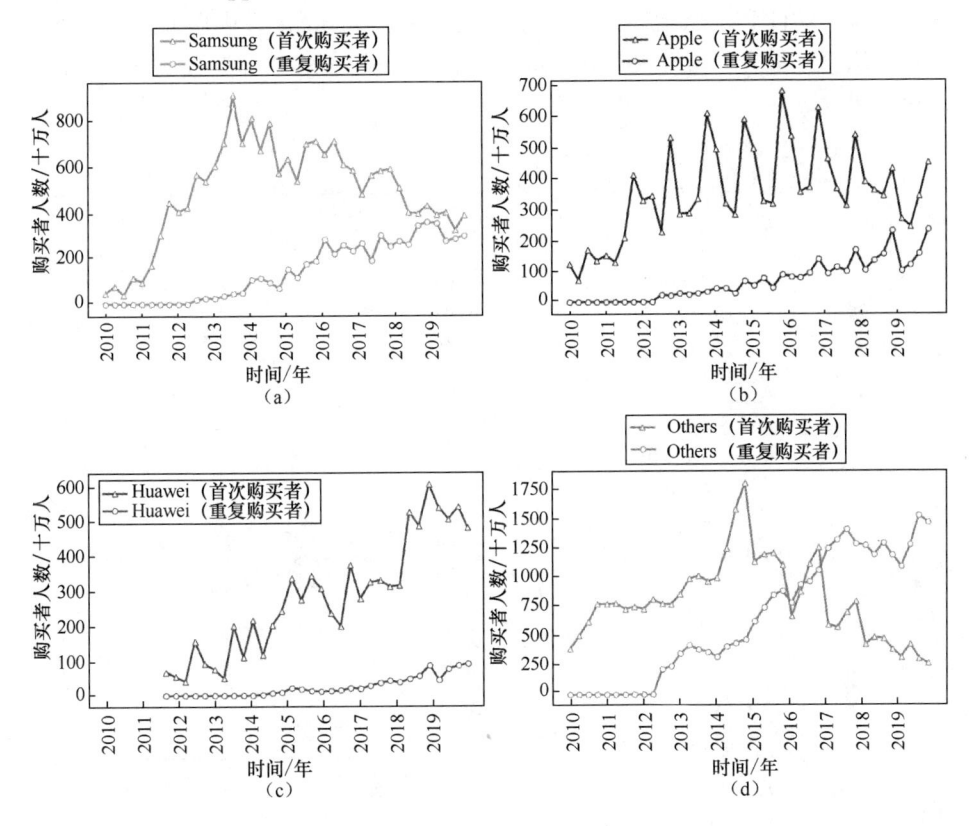

图 6-9 各品牌的首次购买者和重复购买者数量变化曲线

各品牌的转入者、保持者和转出者数量变化曲线如图 6-10 所示。从保持者数量曲线看，Samsung 和 Apple 前半程缓慢增长，后半程保持稳定；Huawei 始终缓慢增长；Others 前半程持续增长，后半程持续下降。上述表现说明，Huawei 客户始终较忠诚，Samsung 和 Apple 客户前半程较忠诚，后半程忠诚度有所松动，Others 客户前半程较忠诚，后半程流失严重。从转入者和转出者数量曲线看，Samsung 早期转入者数量增长很快，而转出者数量增长很慢，中期转入者数量快速减少，而转出者数量快速增加，晚期转入者数量缓慢下降，而转出者数量保持稳定，并且数量略高于转入者；Apple 早期的转出者和转入者的数量变化与 Samsung 相似，中期转出者增速超过转入者且数量赶上转入者，晚期也与 Samsung 相似；Huawei 的转入者始终保持单边增长，转出者数量前半程增速较快，后半程开始下降，并且数量被转入者超越；Others 的转入者数量和转出者数量均经历了缓慢增长、较快增长和保持稳定 3 个阶段，且转入者数量始终多于转出者数量。上述表现说明，Samsung 和 Apple 早期的竞争力最强，抢走了彼此和 Huawei 的不少客户，Huawei 和 Others 在中期和晚期的竞争力逐渐增强，抢走了彼此及 Samsung 和 Apple 的不少客户，并且 Huawei 抢走的份额更大。

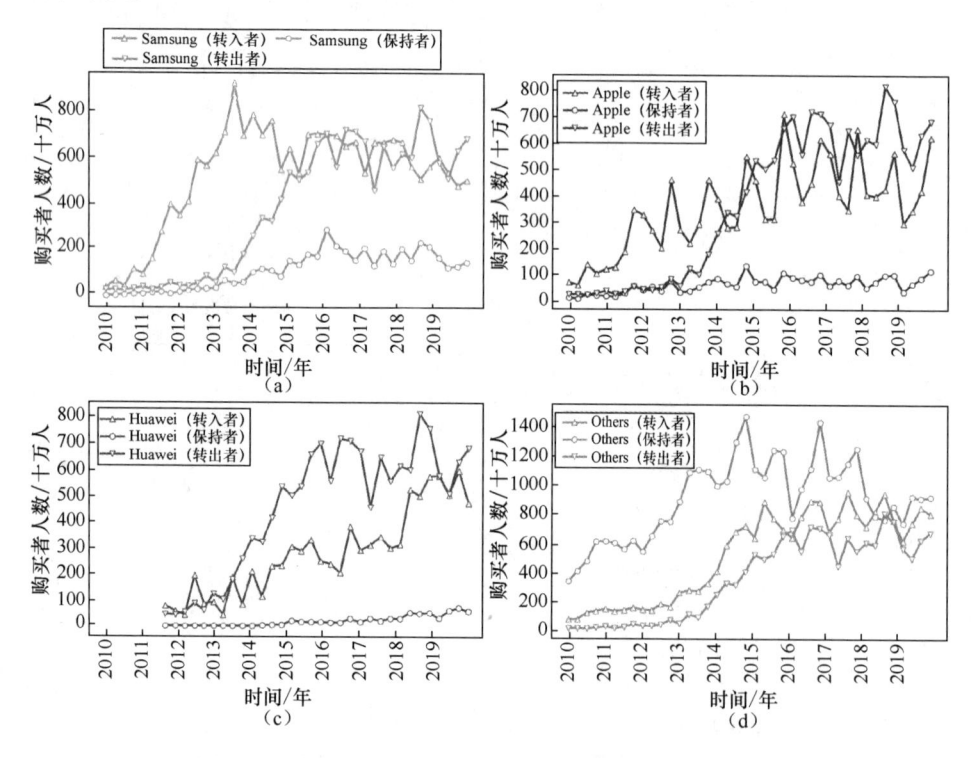

图 6-10 各品牌的转入者、保持者和转出者数量变化曲线

各品牌的高收入者、中收入者和低收入者数量变化曲线如图 6-11 所示。对比 4 个品牌可以发现两个特点。第一个特点是所有品牌均表现为早期低收入者占比最大，中期中收入者占比最大，晚期高收入者占比最大。其原因在于，本书根据世界银行的统计数据，假设消费者 Agent 的收入服从正态分布，并且随着时间推移呈线性增长趋势。本章设定仿真开始时的收入均值较低，因此大多数消费者 Agent 在早期属于低收入者，随着收入增长，大多数 Agent 在中期转变成了中收入者，在晚期转变成了高收入者。第二个特点是晚期高收入者相对于中期中收入者和早期低收入者的数量增幅不同，Huawei 增幅最大，其次

是 Apple，Samsung 和 Others 的增幅几乎为零。这说明，早期 Samsung 的竞争力最强，Apple 和 Others 居中，Huawei 最弱；中期 Samsung、Apple 和 Others 旗鼓相当，Huawei 仍然较弱；晚期 Huawei 最强，Apple 次之，Samsung 和 Others 最弱。

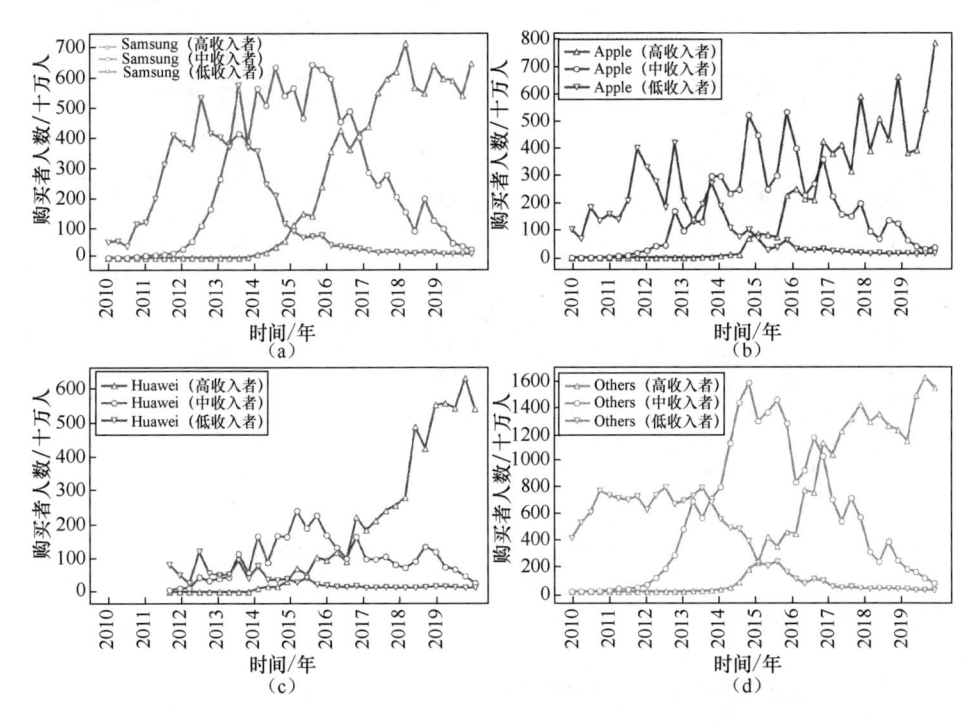

图 6-11 各品牌的高收入者、中收入者和低收入者数量变化曲线

各品牌的创新者和模仿者数量变化曲线如图 6-12 所示。从中可以发现以下特点：一是各品牌的创新者数量都远远少于模仿者数量，其原因之一是对于每种特定产品，在每个互为邻居的消费者 Agent 群体中只可能有一个创新者，之二是一旦有购买者发表了正面口碑，后续购买者均为模仿者；二是在创新者数量上，Huawei 一直呈缓慢增长态势，Samsung、Apple 和 Others 在前半程缓慢增长，在后半程不再增长，甚至有下降迹象；三是在模仿者数量上，Huawei 一直呈单边增长态势，Apple 在前半程稳定增长，而在后半程略有下降，Samsung 和 Others 均在前半程快速增长，而在后半程又单边下降。上述表现说明，Huawei 的竞争力越来越强，市场份额一直在扩张，而另外 3 个品牌的竞争力先强后弱，市场份额在前期扩张而在后期开始萎缩，尤其是 Samsung 和 Others。

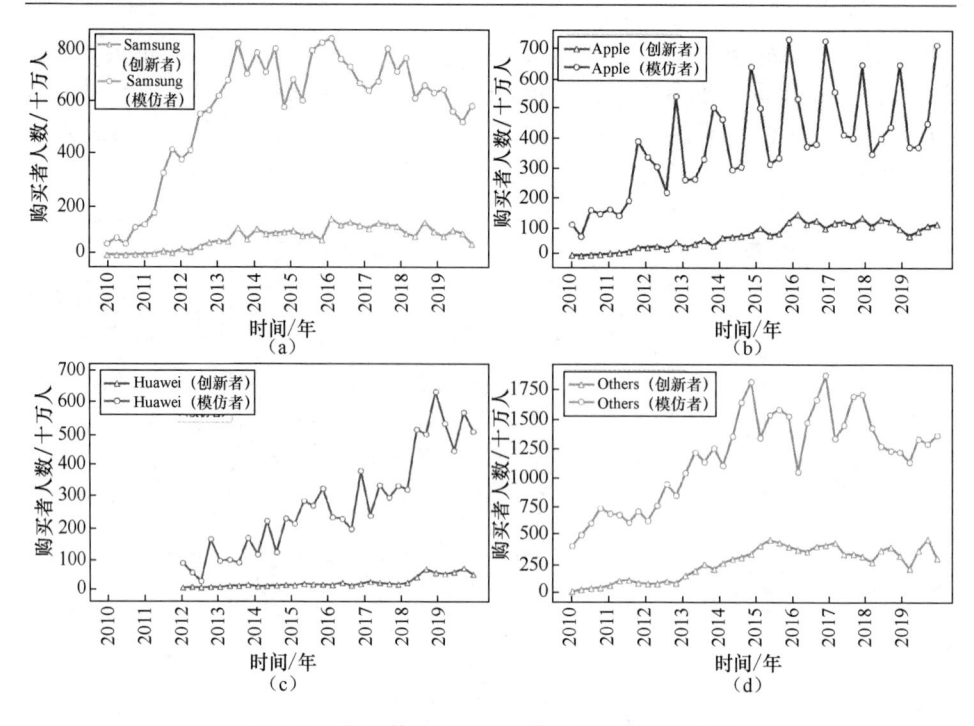

图 6-12　各品牌的创新者和模仿者数量变化曲线

6.2.4　延伸讨论

　　由价格敏感性分析可知，调价对销量的影响因价格而异。对于低价产品，提高价格导致的销量降幅大于降低价格带来的销量升幅；对于高价产品，提高价格导致的销量降幅小于降低价格带来的销量升幅。调价对销量的影响程度决定了利润的变化方向。因此，制定调价策略须兼顾销量和利润。由综合性能敏感性分析可知，提升产品性能带来的销量增幅最大。这说明，持续创新是保持甚至扩大竞争优势和利润最根本的途径。从退市时间敏感性分析可知，推迟退市时间增加了品牌销量，但减少了后代产品的销量，不利于新产品的发展；提前退市时间减少了品牌销量，但增加了后代产品的销量，有利于新产品的发展；推迟或提前退市时间对利润的影响与销量有关。因此制定退市策略须兼顾销量、利润和新产品的发展。由正负口碑、口碑发表系数和口碑阈值敏感性分析可知，从长远看，当所有品牌和代际产品的总销量不变时，无论购买者是否积极发表各种性质的线上口碑，只要对所有产品都一视同仁，就不会影响产品销售。如果消费者评论集中于特定产品，很可能对产品销售产生很大影响，而且负面口碑的影响远远大于正面口碑。因此，管理者应重视消费者评论，仔细分辨它们是正常评论，还是"水军"所为。

从 6.2.2 节可以总结出以下规律：当一个品牌由于某些原因销量发生变化时，其余品牌的销量必然向相反方向变化。当某品牌的某产品销量上升时，其他产品的竞争力越强，或者目标客户重叠度越低，其销量降幅越小；当某品牌的某产品销量下降时，其他产品的竞争力越强，或者目标客户重叠度越高，其销量升幅越大。

6.2.3 节通过描述购买者状态的变化显示出了各品牌的竞争力、购买者的忠诚度、新客户的来源和流失客户的去向。6.2.2 节则进一步描述了各品牌竞争力强弱、购买者忠诚度高低、新客户来自某处和流失客户去往某处的微观原因。掌握这些结果及其背后的原因对管理者制定新产品研发策略和市场营销策略至关重要。

6.3 本章小结

本章以第 3 章的消费者决策分析为依据，运用效用理论、网络科学和 ABMS 理论与技术，首先，设计了多品牌多代产品子模型、消费者 Agent 子模型和社交网络子模型，并将这些子模型集成为一个总体框架，形成完整的多品牌多代产品扩散模型；其次，在 Mesa 仿真框架下用 Python 语言编程实现了该扩散模型，用 10 年跨度的全球智能手机季度销量数据，仿真验证了多品牌多代产品扩散模型的有效性及合理性；然后，通过价格、综合性能、退市时间、正负口碑、口碑发表系数和口碑阈值的敏感性分析，探索了这些模型参数对多品牌多代产品扩散的影响规律；最后，针对 4 个品牌智能手机的竞争扩散过程，分析了首次购买者和重复购买者数量，保持者、转入者和转出者数量，高收入者、中收入者和低收入者数量，以及创新者和模仿者数量的变化规律。最终得出以下 5 点重要结论。

（1）调价对销量的影响因价格而异。对于低价产品，提高价格导致的销量降幅大于降低价格带来的销量升幅；对于高价产品，提高价格导致的销量降幅小于降低价格带来的销量升幅。调价对销量的影响程度决定了利润的变化方向。

（2）在各种产品属性中，提升产品性能带来的销量增幅最大，持续创新是保持甚至扩大竞争优势和利润最根本的途径。

（3）推迟退市时间增加了品牌销量，但减少了后代产品的销量，不利于新产品的发展；提前退市时间减少了品牌销量，但增加了后代产品的销量，有利于新产品的发展；推迟或提前退市对利润的影响则与销量有关。

（4）无论购买者是否愿意发表线上口碑，以及是否容易发表正面口碑或负面口碑，只要对所有产品都一视同仁，当所有品牌和代际产品的总销量不变时，从长远看就不会影响产品销售。如果线上口碑集中于某个特定产品，很可能对该产品的销售产生很大影响，而且负面口碑的影响远远大于正面口碑。

（5）当某品牌的某产品销量上升时，竞争者的竞争力越强或目标客户重叠度越低，其销量降幅越小；当某品牌的某产品销量下降时，竞争者的竞争力越强或目标客户重叠度越高，其销量升幅越大。

第 7 章 总结与展望

7.1 总结

同类多产品并存扩散是一种很普遍的市场现象，如智能手机、平板电脑、新能源汽车等。因此，掌握多产品扩散规律不仅对于企业制定研发计划和营销策略十分重要，对于消费者选购产品也很有参考价值。

对多产品扩散模型的研究有宏观和微观两种建模方法。基于宏观建模方法的多产品扩散模型已经有很多，但是这种模型存在一个很大的弊端，就是无法从微观层面解释宏观扩散结果，这严重限制了宏观模型的应用。另外，目前基于微观建模方法的多产品扩散模型还非常少，品牌竞争与代际替代并存的多产品扩散模型还未出现，而且仅有的少数模型均未经真实销售数据验证，只适用于理论分析，应用价值有限。基于上述情况，笔者用微观建模与仿真方法系统研究了 3 种情形下的多产品扩散问题。本书共分七个章节。

在第 1 章，首先论述了本书的研究背景及意义；其次从多产品扩散模型、线上口碑对扩散过程的影响和社交网络对扩散过程的影响 3 个方面回顾了多产品扩散模型的研究进展，并指出了现有研究的不足；接着详细介绍了本书的主要研究内容、研究思路及方法；最后列出了本书在 4 个方面的创新点。

在第 2 章，从效用理论、模糊集理论、网络科学和 ABMS 理论与技术 4 个方面简要介绍了笔者在研究过程中用到的主要理论与技术。

在第 3 章，运用文献分析法，首先从消费者属性、产品属性和社会环境 3 个方面详细分析了消费者购买决策的影响因素，其次详细分析了消费者评论决策的影响因素。

在第 4 章，首先以第 3 章的消费者决策分析为依据，运用效用理论、模糊集理论、网络科学和 ABMS 理论与技术构建了多代产品扩散模型，其次在 Repast Simphony 仿真平台上用 Java 语言实现了该扩散模型，然后用 IBM 主机和 iPhone 智能手机的销售数据验证了该扩散模型，并进行了 iPhone 智能手机的购买者动力学分析，最后通过敏感性分析研究了重要模型参数对多代产品扩散的影响规律。

在第 5 章，首先以第 3 章的消费者决策分析为依据，运用效用理论、模糊集理论、网络科学和 ABMS 理论与技术构建了多品牌产品扩散模型，其次在 Repast Simphony 仿真平台上用 Java 语言实现了该扩散模型，然后用 4 个品牌智能手机的销售数据验证了该扩散模型，最后通过敏感性分析研究了重要模型参数对多品牌产品扩散的影响规律。

在第 6 章，首先以第三章的消费者决策分析为依据，运用效用理论、网络科学和 ABMS 理论与技术构建了多品牌多代产品扩散模型，其次在 Mesa 仿真框架下用 Python 语言实现了该扩散模型，然后用 10 年跨度的智能手机销售数据验证了该扩散模型，并进行了 4 种品牌智能手机的购买者动力学分析，最后通过敏感性分析研究了重要模型参数对多品牌多代产品扩散的影响规律。

在第 7 章，对全文进行了总结并指出未来值得研究的方向。

本书通过系统深入的研究，初步掌握了多产品扩散的一些重要规律和微观原因，并得出以下主要结论。

（1）某代产品要追求销量最高，则该代产品的入市时间和前几代产品的退市时间越早越好，而该代产品的退市时间控制在下下代产品的入市时间前后最佳；要追求整体长远利益最大，则该代产品在前代产品销售高峰期前后入市，在上代产品销售尾声期且处于下代与下下代产品入市时间之间退市最佳。

（2）产品上市前广告渗透率越高，扩散速度和扩散范围越大，网络结构对扩散速度和扩散范围的影响越小；反之亦然。

（3）在异质产品市场中，领先者和跟随者的扩散量总能达到均衡状态，并且存在一个可使两者的利润达到帕累托最优的价格临界点。无论初始定价如何，经过双方博弈，最终价格将趋向于该临界点。

（4）产品的更新周期最好与消费者的购买周期同步。如果产品的更新周期大于消费者的购买周期，那么即使新产品的创新力度较大，也不利于产品扩散。

（5）调价对销量的影响因价格而异。对于低价产品，提高价格导致的销量降幅大于降低价格带来的销量升幅；对于高价产品，提高价格导致的销量降幅小于降低价格带来的销量升幅。调价对销量的影响程度决定了利润的变化方向。

（6）在各种产品属性中，提升产品性能带来的销量增幅最大，持续创新是保持甚至扩大竞争优势和利润最根本的途径。

（7）推迟退市时间增加了品牌销量，但减少了后代产品的销量，不利于新产品的发展；提前退市时间减少了品牌销量，但增加了后代产品的销量，有利于新产品的发展；推迟或提前退市时间对利润的影响与销量有关。

（8）产品上市前广告渗透率越高，在 BA 模型网络和 WS 模型网络中的扩散速度和范围差异越小，即网络结构对扩散速度和扩散范围的影响越小。在相同的网络环境下，产品上市前广告渗透率越高，扩散速度和范围越大。

（9）线上口碑发表量影响各品牌各代产品的扩散，影响的方向与产品性价比有关。线上口碑的发表量越大，高性价比产品的正面口碑越多，扩散速度越快，扩散量越大；低性价比产品的负面口碑越多，扩散速度越慢，扩散量越小。

（10）有 3 种因素决定了线上口碑影响各品牌各代产品扩散的方向和程度，一是具有由产品质量和性能决定的 4 种性质的满意度的购买者数量；二是具有 4 种性质的满意度的购买者发表线上口碑的积极性；三是市场潜量的规模。

（11）无论购买者是否愿意发表线上口碑，以及是否容易发表正面口碑或负面口碑，当所有品牌和代际产品的总销量不变时，只要购买者对所有产品都一视同仁，从长远看就不会影响产品销售。如果线上口碑集中于某个特定产品，那么很可能对该产品的销售产生很大影响，而且负面口碑的影响远远大于正面口碑。

（12）当某品牌的某产品销量上升时，其他产品的竞争力越强或目标客户重叠度越低，其销量降幅越小；当某品牌的某产品销量下降时，其他产品的竞争力越强或目标客户重叠度越高，其销量升幅越大。

7.2 展望

虽然本书对多产品扩散问题已进行了深入系统的研究，但仍难免有所疏漏。笔者认为，可以在以下 6 个方面对本书提出的几个扩散模型加以改进。

（1）本书在构建消费者 Agent 网络时，用 BA 模型和 WS 模型模拟该网络。然而，现实中消费者的交流环境要复杂得多，甚至是由多个网络叠加而成的多层消费者网络。多层消费者网络对多产品扩散的影响与单层消费者网络对多产品扩散的影响有何不同还有待研究。

（2）由于企业对产品销售数据保密等原因，各品牌各代产品的季度或年度数据难以获得，本书通过扩散总量来模拟销售情况会造成一定偏差，未来须扩大研究范围，搜集更详尽的产品销售数据，用于详细分析各品牌各代产品自身的扩散过程，以验证模型的适用性。

（3）本书的研究从如何增加各品牌各代产品的销量出发，在未来的研究中，可以引入各产品的成本因素，研究各因素之间如何组合才能使企业的总利润最大化。

（4）可以将多品牌多代产品扩散模型中的综合性能分解为更具体的属性，如质量、硬件性能、软件性能等，这种分解虽然增加了模型复杂性，但也增强了模型的解释力和适用性。

（5）放开多品牌多代产品扩散模型中所有品牌总销量已知的限制，可极大地增强模型的预测能力和拓展模型的应用场景，但这种模型的设计极具挑战性，因为必须考虑更多可能影响扩散的环境因素。

（6）在现有宏观扩散模型和微观扩散模型中隐含着一种假设，即任何产品的产能都是无限的。Huawei 高端智能手机芯片断供以来，其高端智能手机的产量大幅下滑，对 Huawei 智能手机销量造成致命打击，同时也给其他手机品牌让出了巨大的市场空间。因此，未来可以在模型中引入突发事件对产能的影响。

参 考 文 献

艾兴政, 唐小我. 广告媒介下两种产品竞争与扩散模型研究[J]. 管理工程学报, 2000, 14(3): 19-22+14-13.

丁士海, 韩之俊. 考虑竞争与重复购买因素的耐用品品牌扩散模型[J]. 系统工程理论与实践, 2011, 31(7): 1320-1327.

段文奇, 陈忠, 陈晓荣. 基于复杂网络的新产品赠样目标优化策略[J]. 系统工程理论与实践, 2006, 26(9): 77-82.

冯建英, 穆维松, 傅泽田. 消费者的购买意愿研究综述[J]. 现代管理科学, 2006(11): 7-9.

冯娇, 姚忠. 基于社会学习理论的在线评论信息对购买决策的影响研究[J]. 中国管理科学, 2016, 24(9): 106-114.

郭宇君, 徐怡婷, 江炀, 等. 浅谈各因素对手机购买的影响[J]. 科研, 2016, 000(004): 00042.

胡知能, 邓欢, 张弛, 等. 基于 Norton-Bass 模型的多代创新产品扩散研究[J]. 管理工程学报, 2012, 26(4): 127-136.

黄劲松, 赵平, 王高, 等. 中国顾客重复购买意向的多水平研究[J]. 管理科学学报, 2004, 7(6):79-86.

黄敏学, 冯小亮, 王峰, 等. 不满意消费者的网络负面口碑机制研究[J]. 武汉大学学报(哲学社会科学版), 2010, 63(3): 440-445.

黄玮强, 姚爽, 庄新田. 基于复杂社会网络的创新扩散多智能体仿真研究[J]. 科学学研究, 2013, 31(2): 310-320.

李东, 张耘堂, 唐桂. 消费者知识, 从众心理与来源国效应的关系研究[J]. 哈尔滨工业大学学报(社会科学版), 2015(1): 7.

李东进. 消费者搜寻信息努力与影响因素的实证研究——以广告媒体为中心[J]. 南开管理评论, 2000(4): 52-59.

李向辉, 周刺天. 基于品牌认知的顾客选择决策模型[J]. 统计与决策, 2013(8): 49-52.

李阳. 基于在线数据分析的产品创新策略计算实验研究[D]. 南京: 南京大学, 2016.

李英, 胡剑. 基于智能体的多类新能源汽车市场扩散模型[J]. 系统管理学报, 2014, 23(5): 711-716.

吕莉莉. 手机品牌转换行为影响因素研究[D]. 广州: 暨南大学, 2009.

米娜. 影响消费者对手机品牌购买的因素[D]. 北京: 清华大学, 2012.

谭建, 王先甲. 替代性产品在广告媒介下的扩散动态研究[J]. 软科学, 2014, 28(3): 110-113,118.

王家宝, 秦朦阳. 品牌知名度与品牌形象对消费者购买意愿的影响[J]. 企业研究, 2011, (2): 50-51.

武鹏飞, 闫强. 在线评论对社交网络中电子口碑采纳的影响研究[J]. 北京邮电大学学报: 社会科学版, 2015(1): 52-61.

张磊, 李一军, 闫相斌. 基于竞争的多代产品扩散模型及其实证研究[J]. 系统工程理论与实践, 2008, 28(12): 84-92,106.

Abrahamson E, Rosenkopf L. Social network effects on the extent of innovation diffusion: A computer simulation[J]. Organization Science, 1997, 8(3): 289-309.

Acs ZJ, Audretsch DB. An empirical examination of small firm growth[J]. Economics Letters, 1987, 25(4): 363-366.

Ahluwalia R, Burnkrant RE, Unnava HR. Consumer response to negative publicity: The moderating role of commitment[J]. Journal of Marketing Research, 2000, 37(2): 203-214.

Ahmad SN, Laroche M. Analyzing electronic word of mouth: A social commerce construct[J]. International Journal of Information Management, 2017, 37(3): 202-213.

Alba J, Lynch J, Weitz B, et al. Interactive home shopping: consumer, retailer, and manufacturer incentives to participate in electronic marketplaces[J]. Journal of Marketing, 1997, 61(3): 38-53.

Albert R, Barabási A-L. Statistical mechanics of complex networks[J]. Reviews of Modern Physics, 2002, 74(1): 47-97.

Alkemade F, Castaldi C. Strategies for the diffusion of innovations on social networks[J]. Computational Economics, 2005, 25(1-2): 3-23.

Alpert MI. Identification of determinant attributes: a comparison of methods[J]. Journal of Marketing Research, 1971, 8(2): 184-191.

Anderson EW. Customer satisfaction and word of mouth[J]. Journal of Service Research, 1998, 1(1): 5-17.

Arndt J. Role of product-related conversations in the diffusion of a new product[J]. Journal of Marketing Research [J], 1967a, 4(3): 291-295.

Arndt J. Perceived risk, sociometric integration, and word of mouth in the adoption of a new food product[M] //D COX, Risk taking and information handling in consumer behavior. Graduate School of Business Administration, Harvard University; Boston: 1967b: 289-316.

Arnould EJ, Price L, Zinkhan GM. Consumers [M]. McGraw-Hill/Irwin, 2002.

Ayanwale AB, Alimi T, Ayanbimipe MA. The influence of advertising on consumer brand preference[J]. Journal of Social Sciences, 2005, 10(1): 9-16.

参考文献

Ba S, Pavlou PA. Evidence of the effect of trust building technology in electronic markets: Price premiums and buyer behavior[J]. MIS Quarterly, 2002: 243-268.

Balci O. Verification validation and accreditation of simulation models[C] //Proceedings of the 29th conference on Winter simulation, 1997: 135-141.

Barabási A-L, Albert R. Emergence of scaling in random networks[J]. Science, 1999, 286(5439): 509-512.

Bass FM, Krishnamoorthy A, Prasad A, et al. Generic and brand advertising strategies in a dynamic duopoly[J]. Marketing Science, 2005, 24(4): 556-568.

Berger J, Sorensen AT, Rasmussen SJ. Positive effects of negative publicity: When negative reviews increase sales[J]. Marketing Science, 2010, 29(5): 815-827.

Berger JO. Utility and loss, Statistical Decision Theory and Bayesian Analysis[M]. Springer: 1985: 46-73.

Bernhardt KL, Wei Y. Customer satisfaction and loyalty measurement: A Two-Sided Approach, Assessing the Different Roles of Marketing Theory and Practice in the Jaws of Economic Uncertainty[M]. Springer: 2015: 38.

Bettman JR, Luce MF, Payne JW. Constructive consumer choice processes[J]. Journal of Consumer Research, 1998, 25(3): 187-217.

Bohlmann JD, Calantone RJ, Zhao M. The effects of market network heterogeneity on innovation diffusion: An agent-based modeling approach[J]. Journal of Product Innovation Management, 2010, 27(5): 741-760.

Bonabeau E. Agent-based modeling: Methods and techniques for simulating human systems[J]. Proceedings of the National Academy of Sciences, 2002, 99(suppl 3): 7280-7287.

Bordley R, Licalzi M. Decision analysis using targets instead of utility functions[J]. Decisions in Economics and Finance, 2000, 23(1): 53-74.

Borgatti SP. Centrality and network flow[J]. Social Networks, 2005, 27(1): 55-71.

Bowman D, Narayandas D. Managing customer-initiated contacts with manufacturers: The impact on share of category requirements and word-of-mouth behavior[J]. Journal of Marketing Research, 2001, 38(3): 281-297.

Bristor JM. Enhanced explanations of word of mouth communications: The power of relations[J]. Research in Consumer Behavior, 1990, 4(1): 51-83.

Brown DG, Riolo R, Robinson DT, et al. Spatial process and data models: Toward integration of agent-based models and GIS[J]. Journal of Geographical Systems, 2005, 7(1): 25-47.

Caldarelli G, Capocci A, De Los Rios P, et al. Scale-free networks from varying vertex intrinsic fitness[J]. Physical Review Letters, 2002, 89(25): 258702.

Casaló LV, Flavián C, Guinalíu M, et al. Avoiding the dark side of positive online consumer reviews: Enhancing reviews' usefulness for high risk-averse travelers[J]. Journal of Business Research, 2015, 68(9): 1829-1835.

Castagnoli E, Calzi ML. Expected utility without utility[J]. Theory and Decision, 1996, 41(3): 281-301.

Castro L, Araujo A. Marginal utility & its diminishing methods[J]. International Journal of Tax Economics and Management, 2019.

Chevalier JA, Mayzlin D. The effect of word of mouth on sales: Online book reviews[J]. Journal of Marketing Research, 2006, 43(3): 345-354.

Childers TL, Rao AR. The influence of familial and peer-based reference groups on consumer decisions[J]. Journal of Consumer Research, 1992, 19(2): 198-211.

Choi H, Kim S-H, Lee J. Role of network structure and network effects in diffusion of innovations[J]. Industrial Marketing Management, 2010, 39(1): 170-177.

Christodoulos C, Michalakelis C, Varoutas D. Forecasting with limited data: Combining ARIMA and diffusion models[J]. Technological Forecasting and Social Change, 2010, 77(4): 558-565.

Clemons EK, Gao GG, Hitt LM. When online reviews meet hyperdifferentiation: A study of the craft beer industry[J]. Journal of Management Information Systems, 2006, 23(2): 149-171.

Cohen R, Havlin S. Scale-free networks are ultrasmall[J]. Physical Review Letters, 2003, 90(5): 058701.

Collier N, North M. Parallel agent-based simulation with repast for high performance computing[J]. Simulation, 2013, 89(10): 1215-1235.

Danaher PJ, Hardie BGS, Jr WPP. Marketing-mix variables and the diffusion of successive generations of a technological innovation[J]. Journal of Marketing Research, 2001, 38(4): 501-514.

Datta PR, Chowdhury DN, Chakraborty BR. Viral marketing: New form of word-of-mouth through internet[J]. Business Review, 2005, 3(2): 69-75.

Davies RL. Effects of consumer income differences on shopping movement behavior[J]. Tijdschrift voor Economische en Sociale Eeografie, 1969, 60(2): 111-121.

Day GS. Attitude change, media and word of mouth[J]. Journal of Advertising Research, 1971, 11(6): 31-40.

Day RL, Landon EL. Collecting comprehensive consumer compliant data by survey research[C]// Advances in Consumer Research Volume 03, Cincinnati, OH : Association for Consumer Research, 1976: 263-268.

Debreu G. Representation of a preference ordering by a numerical function[J]. Decision processes, 1954, 3: 159-165.

参 考 文 献

Deffuant G, Huet S, Amblard F. An individual-based model of innovation diffusion mixing social value and individual benefit1[J]. American Journal of Sociology, 2005, 110(4): 1041-1069.

Dellarocas C. The digitization of word of mouth: Promise and challenges of online feedback mechanisms[J]. Management Science, 2003, 49(10): 1407-1424.

Delre SA, Jager W, Bijmolt TH, et al. Targeting and timing promotional activities: An agent-based model for the takeoff of new products[J]. Journal of Business Research, 2007, 60(8): 826-835.

Delre SA, Jager W, Bijmolt TH, et al. Will it spread or not? The effects of social influences and network topology on innovation diffusion[J]. Journal of Product Innovation Management, 2010, 27(2): 267-282.

Delre SA, Jager W, Janssen MA. Diffusion dynamics in small-world networks with heterogeneous consumers[J]. Computational and Mathematical Organization Theory, 2007, 13(2): 185-202.

Dolan RJ, Jeuland AP. Experience curves and dynamic demand models: Implications for optimal pricing strategies[J]. Journal of Marketing, 1981, 45(1): 52-62.

Duan W, Gu B, Whinston AB. The dynamics of online word-of-mouth and product sales—An empirical investigation of the movie industry[J]. Journal of Retailing, 2008a, 84(2): 233-242.

Duan W, Gu B, Whinston AB. Do online reviews matter? — An empirical investigation of panel data[J]. Decision Support Systems, 2008b, 45(4): 1007-1016.

Dubois DJ. Fuzzy sets and systems: theory and applications[M]. Academic Press, 1980.

Duesenberry JS. Income, saving, and the theory of consumer behavior[J]. Harvard University Press; Cambriage, Mass., 1949.

Erdös P, Rényi A. On the evolution of random graphs[J]. Publications of the Mathematical Institute of the Hungarian Academy of Sciences, 1960, 5(1): 17-61.

Erickson GM. An oligopoly model of dynamic advertising competition[J]. European Journal of Operational Research, 2009, 197(1): 374-388.

Fernandes DVDH, Santos CPD. The antecedents of the consumer complaining behavior (CCB) [J]. Advances in Consumer Research, 2008(35): 584-592.

Fienberg SE. A brief history of statistical models for network analysis and open challenges[J]. Journal of Computational and Graphical Statistics, 2012, 21(4): 825-839.

Fisher JC, Pry RH. A simple substitution model of technological change[J]. Technological Forecasting and Social Change, 1971, 3: 75-88.

Fortino G, Garro A, Russo W. A discrete-event simulation framework for the validation of agent-based and multi-agent systems[C] //WOA, 2005: 75-84.

Frank RH. Principles of microeconomics[M]. 北京: 清华大学出版社, 2004.

Fujimoto R. Parallel and distributed simulation[C] //2015 Winter Simulation Conference (WSC),

IEEE, 2015: 45-59.

Galán JM, Izquierdo LR, Izquierdo SS, et al. Errors and artefacts in agent-based modelling[J]. Journal of Artificial Societies and Social Simulation, 2009, 12(1): 1.

Gilbert EN. Random graphs[J]. The Annals of Mathematical Statistics, 1959, 30(4): 1141-1144.

Godes D, Mayzlin D. Using online conversations to study word-of-mouth communication[J]. Marketing Science, 2004, 23(4): 545-560.

Goh K-Y, Heng C-S, Lin Z. Social media brand community and consumer behavior: Quantifying the relative impact of user- and marketer-generated content[J]. Information Systems Research, 2013, 24(1): 88-107.

Goldenberg J, Han S, Lehmann DR, et al. The role of hubs in the adoption process[J]. Journal of Marketing, 2009, 73(2): 1-13.

Goldenberg J, Libai B, Moldovan S, et al. The NPV of bad news[J]. International Journal of Research in Marketing, 2007, 24(3): 186-200.

Golder PN, Tellis GJ. Beyond diffusion: An affordability model of the growth of new consumer durables[J]. Journal of Forecasting, 1998, 17: 259-280.

Grimm V, Berger U, Bastiansen F, et al. A standard protocol for describing individual-based and agent-based models[J]. Ecological Modelling, 2006, 198(1-2): 115-126.

Gross DB, Souleles NS. An empirical analysis of personal bankruptcy and delinquency[J]. The Review of Financial Studies, 2002, 15(1): 319-347.

Guidolin M, Guseo R. Technological change in the U.S. music industry: Within-product, cross-product and churn effects between competing blockbusters[J]. Technological Forecasting and Social Change, 2015, 99: 35-46.

Gulya'S LS, Szemes GB, Kampis G, et al. A modeler-friendly API for ABM partitioning[C]//International Design Engineering Technical Conferences and Computers and Information in Engineering Conference, 2009: 219-226.

Guseo R, Mortarino C. Within-brand and cross-brand word-of-mouth for sequential multi-innovation diffusions[J]. IMA Journal of Management Mathematics, 2014, 25(3): 287-311.

Guseo R, Mortarino C. Sequential market entries and competition modelling in multi-innovation diffusions[J]. European Journal of Operational Research, 2012, 216(3): 658-667.

Gustafsson L, Sternad M. Consistent micro, macro and state-based population modelling[J]. Mathematical Biosciences, 2010, 225(2): 94-107.

Hankin L. The effects of user reviews on online purchasing behavior across multiple product categories[D]. Master, UC Berkeley, 2007.

Hawkins D, Best RJ, Coney KA. Consumer behavior[M]. McGraw-Hill Publishing, 2009.

参考文献

Hennig-Thurau T, Walsh G. Electronic word-of-mouth: motives for and consequences of reading customer articulations on the internet[J]. International Journal of Electronic Commerce, 2003, 8(2): 51-74.

Homer PM, Kahle LR. A structural equation test of the value-attitude-behavior hierarchy[J]. Journal of Personality and Social Psychology, 1988, 54(4): 638.

Horsky D. A diffusion model incorporating product benefits, price, income and information[J]. Marketing Science, 1990, 9(4): 342-365.

Howard JA, Sheth JN. The theory of buyer behavior[M]. John Wiley and Sons; New York, 1969.

Hu Y, Li X. Context-Dependent Product Evaluations: An Empirical Analysis of Internet Book Reviews[J]. Journal of Interactive Marketing, 2011, 25(3): 123-133.

Islam T, Meade N. The diffusion of successive generations of a technology: A more general model[J]. Technological Forecasting and Social Change, 1997, 56(1): 49-60.

Jain DC, Rao RC. Effect of price on the demand for durables: Modeling, estimation, and findings[J]. Journal of Business & Economic Statistics, 1990, 8(2): 163-170.

Jiang G, Tadikamalla PR, Shang J, et al. Impacts of knowledge on online brand success: an agent-based model for online market share enhancement[J]. European Journal of Operational Research, 2016, 248(3): 1093-1103.

Jiang Z, Jain DC. A generalized Norton-Bass model for multigeneration diffusion[J]. Management Science, 2012, 58(10): 1887-1897.

Jonas E, Pu Q, Venkataraman S, et al. Occupy the cloud: Distributed computing for the 99%[C] //Proceedings of the 2017 Symposium on Cloud Computing, 2017: 445-451.

Joshi YV, Reibstein DJ, Zhang ZJ. Optimal entry timing in markets with social influence[J]. Management Science, 2009, 55(6): 926-939.

Jun DB, Kim SK, Park YS, et al. Forecasting telecommunication service subscribers in substitutive and competitive environments[J]. International Journal of Forecasting, 2002, 18(4): 561-581.

Jun DB, Park YS. A choice-based diffusion model for multiple generations of products[J]. Technological Forecasting and Social Change, 1999, 61(1): 45-58.

Kalish S, Lilien GL. A market entry timing model for new technologies[J]. Management Science, 1986, 32(2): 194-205.

Kamins MA, Marks LJ. The perception of kosher as a third party certification claim in advertising for familiar and unfamiliar brands[J]. Journal of the Academy of Marketing Science, 1991, 19(3): 177-185.

Kelman HC. Processes of opinion change[J]. Public Opinion Quarterly, 1961, 25(1): 57-78.

Kim J, Hur W. Diffusion of competing innovations in influence networks[J]. Journal of Economic

Interaction and Coordination, 2013, 8(1): 109-124.

Kim JO, Forsythe S, Gu Q, et al. Cross‐cultural consumer values, needs and purchase behavior[J]. Journal of Consumer Marketing, 2002.

Kim N, Chang DR, Shocker AD. Modeling intercategory and generational dynamics for a growing information technology industry[J]. Management Science, 2000, 46(4): 496-512.

Kim S, Lee K, Cho JK, et al. Agent-based diffusion model for an automobile market with fuzzy TOPSIS-based product adoption process[J]. Expert Systems with Applications, 2011, 38(6): 7270-7276.

Kim S, Srinivasan V. A multiattribute model of the timing of buyers' upgrading to improved versions of high technology products[D]. Graduate School of Business, Stanford University, 2003.

Kim SH, Srinivasan V. A conjoint-hazard model of the timing of buyers' upgrading to improved versions of high-technology products[J]. Journal of Product Innovation Management, 2009, 26(3): 278-290.

Kimball GE. Some industrial applications of military operations research methods[J]. Operations Research, 1957, 5(2): 201-204.

King RA, Racherla P, Bush VD. What we know and don't know about online word-of-mouth: A review and synthesis of the literature[J]. Journal of Interactive Marketing, 2014, 28(3): 167-183.

Klügl F. A validation methodology for agent-based simulations[C] //Proceedings of the 2008 ACM symposium on Applied computing, 2008: 39-43.

Kocsis G, Kun F. The effect of network topologies on the spreading of technological developments[J]. Journal of Statistical Mechanics: Theory and Experiment, 2008(10): P10014.

König D. Theory of finite and infinite graphs[M]. Theory of Finite and Infinite Graphs. Springer: 1990, 45-421.

Kreng VB, Wang BJ. An innovation diffusion of successive generations by system dynamics—An empirical study of Nike Golf Company[J]. Technological Forecasting and Social Change, 2013, 80(1): 77-87.

Kreng VB, Wang HT. A technology replacement model with variable market potential—An empirical study of CRT and LCD TV[J]. Technological Forecasting and Social Change, 2009, 76(7): 942-951.

Laczniak RN, Decarlo TE, Ramaswami SN. Consumers' Responses to Negative Word-of-Mouth Communication: An Attribution Theory Perspective[J]. Journal of Consumer Psychology, 2001, 11(1): 57-73.

Lattin JM, Roberts JH. The application of an individual level diffusion model prior to launch[W].

参考文献

Graduate School of Business, Stanford University, Palo Alto, CA: 2000.

Lawyer G. Understanding the spreading power of all nodes in a network: a continuous-time perspective[J]. arXiv preprint arXiv:1405.6707, 2014.

Layard R, Mayraz G, Nickell S. The marginal utility of income[J]. Journal of Public Economics, 2008, 92(8-9): 1846-1857.

Lee J, Park D-H, Han I. The effect of negative online consumer reviews on product attitude: An information processing view[J]. Electronic Commerce Research and Applications, 2008, 7(3): 341-352.

Lewis TG. Network science: Theory and application[M]. John Wiley & Sons, 2011.

Li HM, Armbruster D, Kempf KG. A population-growth model for multiple generations of technology products[J]. Manufacturing & Service Operations Management, 2013, 15(3): 343-360.

Liang LR, Lu S, Wang X, et al. FM-test: a fuzzy-set-theory-based approach to differential gene expression data analysis[J]. BMC Bioinformatics, 2006, 7(4): 1-13.

Lin CC, Peng SS. The role of diminishing marginal utility in the ordinal and cardinal utility theories[J]. Australian Economic Papers, 2019, 58(3): 233-246.

Lutz RJ. Changing brand attitudes through modification of cognitive structure[J]. Journal of Consumer Research, 1975, 1(4): 49-59.

Lysenko M, D'souza RM. A framework for megascale agent based model simulations on graphics processing units[J]. Journal of Artificial Societies and Social Simulation, 2008, 11(4): 10.

Mahajan V, Muller E. Timing, diffusion, and substitution of successive generations of technological innovations: The IBM mainframe case[J]. Technological Forecasting and Social Change, 1996, 51(2): 109-132.

Mahajan V, Muller E, Kerin RA. Introduction strategy for new products with positive and negative word-of-mouth[J]. Management Science, 1984, 30(12): 1389-1404.

Mamdani EH, Assilian S. An experiment in linguistic synthesis with a fuzzy logic controller[J]. International Journal of Man-Machine Studies, 1975, 7(1): 1-13.

Martins AC, Pereira CDB, Vicente R. An opinion dynamics model for the diffusion of innovations[J]. Physica A: Statistical Mechanics and its Applications, 2009, 388(15): 3225-3232.

Mas-Colell A, Whinston MD, Green JR. Microeconomic theory[M]. Oxford University Press New York, 1995.

Midgley DF. A simple mathematical theory of innovative behavior[J]. Journal of Consumer Research, 1976, 3(1): 31-41.

Minsky M. Society of mind[M]. Simon and Schuster, 1988.

Moldovan S, Goldenberg J. Cellular automata modeling of resistance to innovations: Effects and solutions[J]. Technological Forecasting and Social Change, 2004, 71(5): 425-442.

Moorthy S, Zhao H. Advertising spending and perceived quality[J]. Marketing Letters, 2000, 11(3): 221-233.

Moscati I. How cardinal utility entered economic analysis: 1909–1944[J]. The European Journal of the History of Economic Thought, 2013, 20(6): 906-939.

Mudambi SM, Schuff D. What Makes a helpful online review? A study of customer reviews on amazon.com[J]. MIS Quarterly, 2010, 34(1): 185-200.

Murgulets L, Eklöf J, Dukeov I, et al. Customer satisfaction and retention in transition economies[J]. Total Quality Management, 2001, 12(7-8): 1037-1046.

Myers JH, Alpert MI. Determinant buying attitudes: meaning and measurement[J]. Journal of Marketing, 1968, 32(4_part_1): 13-20.

Nejad MG, Amini M, Sherrell DL. The profit impact of revenue heterogeneity and assortativity in the presence of negative word-of-mouth[J]. International Journal of Research in Marketing, 2016, 33(4): 656-673.

Newman ME, Strogatz SH, Watts DJ. Random graphs with arbitrary degree distributions and their applications[J]. Physical Review E, 2001, 64(2): 026118.

Ni X, Xue G-R, Ling X, et al. Exploring in the weblog space by detecting informative and affective articles[C] //Proceedings of the 16th international conference on World Wide Web, 2007, 281-290.

Niazi MA. Towards a novel unified framework for developing formal, network and validated agent-based simulation models of complex adaptive systems[J]. arXiv preprint arXiv:1708.02357, 2017.

Norton JA, Bass FM. A diffusion theory model of adoption and substitution for successive generations of high-technology products[J]. Management Science, 1987, 33(9): 1069-1086.

Nyilasy G. Word of mouth: what we really know–and what we don'[M] //Kirby J, Marsden P, Connected Marketing. Elsevier; Amsterdam, 2006: 161-184.

Onggo BS, Karatas M. Test-driven simulation modelling: A case study using agent-based maritime search-operation simulation[J]. European Journal of Operational Research, 2016, 254(2): 517-531.

Pae JH, Lehmann DR. Multigeneration innovation diffusion: The impact of intergeneration time[J]. Journal of the Academy of Marketing Science, 2003, 31(1): 36-45.

Park CW, Young SM. Consumer response to television commercials: The impact of involvement and background music on brand attitude formation[J]. Journal of marketing Research, 1986, 23(1): 11-24.

Park D-H, Lee J, Han I. The effect of on-line consumer reviews on consumer purchasing intention:

The moderating role of involvement[J]. International Journal of Electronic Commerce, 2007, 11(4): 125-148.

Parker P, Gatignon H. Specifying competitive effects in diffusion models: An empirical analysis[J]. International Journal of Research in Marketing, 1994, 11(1): 17-39.

Pegoretti G, Rentocchini F, Vittucci Marzetti G. An agent-based model of innovation diffusion: network structure and coexistence under different information regimes[J]. Journal of Economic Interaction and Coordination, 2012, 7(2): 145-165.

Peres R. The impact of network characteristics on the diffusion of innovations[J]. Physica A: Statistical Mechanics and its Applications, 2014, 402: 330-343.

Rahmandad H, Sterman J. Heterogeneity and network structure in the dynamics of diffusion: Comparing agent-based and differential equation models[J]. Management Science, 2008, 54(5): 998-1014.

Ramezanian R, Magnani M, Salehi M, et al. Diffusion of innovations over multiplex social networks[C] //Artificial Intelligence and Signal Processing (AISP), 2015 International Symposium on, IEEE, 2015: 300-304.

Richins ML. Negative word-of-mouth by dissatisfied consumers: A pilot study[J]. Journal of Marketing, 1983, 47(1): 68-78.

Richmond P, Romano D. Agent based gpu, a real-time 3d simulation and interactive visualisation framework for massive agent based modelling on the gpu[C] //Proceedings International Workshop on Supervisualisation, 2008.

Rogers E. Diffusion of innovations[M]. 3rd ed. Free Press; New York, 1983.

Russell S, Norvig P. Artificial intelligence: a modern approach[M]. Prentice Hall; Englewood Cliffs, NJ, USA, 2002.

Savin S, Terwiesch C. Optimal product launch times in a duopoly: Balancing life-cycle revenues with product cost[J]. Operations Research, 2005, 53(1): 26-47.

Schramm ME, Trainor KJ, Shanker M, et al. An agent-based diffusion model with consumer and brand agents[J]. Decision Support Systems, 2010, 50(1): 234-242.

Sengupta A, Greetham D, Spence M. An evolutionary model of brand competition[C] //Symposium on Artifical Life, IEEE, 2007, 100-107.

Servedio VD, Caldarelli G, Buttà P. Vertex intrinsic fitness: How to produce arbitrary scale-free networks[J]. Physical Review E, 2004, 70(5): 056126.

Sharma A, Sheth JN. Web-based marketing: The coming revolution in marketing thought and strategy[J]. Journal of Business Research, 2004, 57(7): 696-702.

Shi X, Chumnumpan P. Modelling market dynamics of multi-brand and multi-generational products[J]. European Journal of Operational Research, 2019, 279(1): 199-210.

Shi XH, Fernandes K, Chumnumpan P. Diffusion of multi-generational high-technology products[J]. Technovation, 2014, 34(3): 162-176.

Shimp TA, Bearden WO. Warranty and other extrinsic cue effects on consumers' risk perceptions[J]. Journal of Consumer Research, 1982, 9(1): 38-46.

Shocker AD, Srinivasan V. Multiattribute approaches for product concept evaluation and generation: A critical review[J]. Journal of Marketing Research, 1979, 16(2): 159-180.

Shook E, Wang S, Tang W. A communication-aware framework for parallel spatially explicit agent-based models[J]. International Journal of Geographical Information Science, 2013, 27(11): 2160-2181.

Šikić M, Lančić A, Antulov-Fantulin N, et al. Epidemic centrality—is there an underestimated epidemic impact of network peripheral nodes?[J]. The European Physical Journal B, 2013, 86(10): 1-13.

Simon HA. The sciences of the artificial[M]. MIT Press, 2019.

Speece MW, Maclachlan DL. Application of a multi-generation diffusion model to milk container technology[J]. Technological Forecasting and Social Change, 1995, 49(3): 281-295.

Stummer C, Kiesling E, Günther M, et al. Innovation diffusion of repeat purchase products in a competitive market: An agent-based simulation approach[J]. European Journal of Operational Research, 2015, 245(1): 157-167.

Swan JE, Combs LJ. Product performance and consumer satisfaction: A new concept: An empirical study examines the influence of physical and psychological dimensions of product performance on consumer satisfaction[J]. Journal of Marketing, 1976, 40(2): 25-33.

Travençolo BaN, Costa LDF. Accessibility in complex networks[J]. Physics Letters A, 2008, 373(1): 89-95.

Tsai B-H. Modeling diffusion of multi-generational LCD TVs while considering generation-specific price effects and consumer behaviors[J]. Technovation, 2013a, 33(10–11): 345-354.

Tsai B-H. Predicting the diffusion of LCD TVs by incorporating price in the extended Gompertz model[J]. Technological Forecasting and Social Change, 2013b, 80(1): 106-131.

Van Eck PS, Jager W, Leeflang PSH. Opinion leaders' role in innovation diffusion: A simulation study[J]. Journal of Product Innovation Management, 2011, 28(2): 187-203.

Venkatesan M. Experimental study of consumer behavior conformity and independence[J]. Journal of Marketing Research, 1966, 3(4): 384-387.

Vidale M, Wolfe H. An operations-research study of sales response to advertising[J]. Operations Research, 1957, 5(3): 370-381.

Viscolani B. Pure-strategy Nash equilibria in an advertising game with interference[J]. European Journal of Operational Research, 2012, 216(3): 605-612.

Wakolbinger LM, Stummer C, Günther M. Market introduction and diffusion of new products: recent developments in agent-based modeling[J]. International Journal of Innovation and Technology Management, 2013, 10(05): 1340015.

Wangenheim FV, Bayón T. The chain from customer satisfaction via word-of-mouth referrals to new customer acquisition[J]. Journal of the Academy of Marketing Science, 2007, 35(2): 233-249.

Wathieu L, Bertini M. Price as a stimulus to think: The case for willful overpricing[J]. Marketing Science, 2007, 26(1): 118-129.

Watts DJ, Strogatz SH. Collective dynamics of "small-world" networks[J]. Nature, 1998, 393(6684): 440-442.

Wertheim KY, Puniya BL, La Fleur A, et al. A multi-approach and multi-scale platform to model CD4+ T cells responding to infections[J]. PLoS Computational Biology, 2021, 17(8): e1009209.

Williams JR. How sustainable is your competitive advantage? [J]. California Management Review, 1992, 34(3): 29-51.

Windrum P, Fagiolo G, Moneta A. Empirical validation of agent-based models: Alternatives and prospects[J]. Journal of Artificial Societies and Social Simulation, 2007, 10(2): 8.

Wooldridge M, Jennings N R. Intelligent agents: Theory and practice[J]. The knowledge engineering review, 1995, 10(2): 115-152.

Zadeh LA. The concept of a linguistic variable and its application to approximate reasoning—I [J]. Information sciences, 1975, 8(3): 199-249.

Zadeh LA, Klir GJ, Yuan B. Fuzzy sets, fuzzy logic, and fuzzy systems: selected papers[M]. World Scientific, 1996, 394-432.

Zaitsev D, Sarbei V, Sleptsov A. Synthesis of continuous-valued logic functions defined in tabular form[J]. Cybernetics and Systems Analysis, 1998, 34(2): 190-195.

Zhang J, Tong L, Lamberson PJ, et al. Leveraging social influence to address overweight and obesity using agent-based models: the role of adolescent social networks[J]. Social Science & Medicine, 2015, 125: 203-213.

Zhang JQ, Craciun G, Shin D. When does electronic word-of-mouth matter? A study of consumer product reviews[J]. Journal of Business Research, 2010, 63(12): 1336-1341.

Zsifkovits M, Gunther M. Simulating resistances in innovation diffusion over multiple generations: an agent-based approach for fuel-cell vehicles[J]. Central European Journal of Operations Research, 2015, 23(2): 501-522.

反侵权盗版声明

电子工业出版社依法对本作品享有专有出版权。任何未经权利人书面许可，复制、销售或通过信息网络传播本作品的行为；歪曲、篡改、剽窃本作品的行为，均违反《中华人民共和国著作权法》，其行为人应承担相应的民事责任和行政责任，构成犯罪的，将被依法追究刑事责任。

为了维护市场秩序，保护权利人的合法权益，我社将依法查处和打击侵权盗版的单位和个人。欢迎社会各界人士积极举报侵权盗版行为，本社将奖励举报有功人员，并保证举报人的信息不被泄露。

举报电话：（010）88254396；（010）88258888
传　　真：（010）88254397
E-mail：　dbqq@phei.com.cn
通信地址：北京市万寿路173信箱
　　　　　电子工业出版社总编办公室
邮　　编：100036